中等师范学校课本

教师口语训练手册

（修订本）

国家教委师范教育司　组织编写
教育部师范教育司　组织修订

首都师范大学出版社

图书在版编目（CIP）数据

教师口语训练手册（修订本）中师/国家教委师范教育司组织编写；万里，张锐主编．—北京：首都师范大学出版社，2001.

中等师范学校课本

ISBN 978-7-81039-349-2

Ⅰ.教… Ⅱ.①国… ②万… ③张… Ⅲ.汉语-口语-师范学校-教材 Ⅳ.H193.2

中国版本图书馆 CIP 数据核字（94）第 04317 号

JIAOSHI KOUYU XUNLIAN SHOUCE

教师口语训练手册（修订本）

首都师范大学出版社

（北京西三环北路 105 号　邮政编码100037）

北京嘉实印刷有限公司印刷　全国新华书店经销

2008 年 5 月第 4 版　2009 年 9 月第 2 次印刷

开本 890mm×1240mm　1/32　印张 13.5

字数 332 千　定价 25.00元

修 订 说 明

《教师口语》教科书及其系列教材《教师口语训练手册》问世以来，受到广大师范院校师生的欢迎和好评，得到社会各界的关怀和爱护。为了更好地适应师范教育课程改革和“教师口语”课教学的需要，国家教育部师范司在广泛征求意见的基础上，组织部分编者和有关专家、学者，对《教师口语》、《教师口语训练手册》作了进一步修订，体现了以下指导思想和特点。

1. 依据《师范院校“教师口语”课程标准》，进一步突出训练主线，注意处理好理论与实践的关系，力求做到理论精要，能够支持训练体系，训练设计注重系统性、科学性、综合性和实用性。

2. 在原教材体系的基础上、进一步优化知识结构和训练程序，使全书的知识体系和训练体系更趋合理，进一步加强了普通话训练，一般口语交际训练和教师职业口语训练的有机结合。

3. 概念表述力求准确、简明扼要。

针对师范教育改革现状和发展趋势，根据教育部师范司组织实施的“继续教育工程”的工作重点和要求，语文出版社、首都师范大出版社、北京师范大学出版社受师范司委托，组织专家对《教师口语》、《教师口语训练手册》又进行了修订。通过这次修订，可以更好地适应中小学课程改革的需要，满足各地中小学教师培养和培训的需要，为进一步提高教师的专业水平服务。

修订原则

1. 适应高新科技迅速发展时代对培养高素质人才的需求，贯彻教育部面向21世纪课程教材改革精神，符合时代特点。

2. 贯彻国家语言文字的方针、政策，遵循语言应用和发展的规律。

3. 贯彻中央关于全面推进素质教育的决定，适应全面提高教师素质的需要。

4. 以原国家教委颁布的《课程标准》为依据，更加突出教师职业技能训练特点。

5. 结合师范教育体制改革与基础教育改革的实际，不仅适应教师职前培养的需要，且适应中小学教师继续教育的需要。

修订内容

1. 增加内容

①体现现代教育理论、教育思想、教育观念的内容。

②体现时代特点、具有典型训练意义的教育教学案例及案例分析。

2. 删改内容

①缺乏时代特色、内容陈旧和缺乏典型意义的案例及案例分析。

②与其他学科教材重复的内容。

③训练目标不明确，编写体例不一致的内容。

④语言表述不精练、不准确的内容。

⑤教科书与训练手册重复、不一致的内容。

参加这次修订、研讨和编写的人员有：孟吉平、连秀云、唐京伟、赵建军、陈建民、张锐、吴天锡、应天常、李珉、彭红、周存、谢承志、李宇明、王建华、李新梯、李湘蓉、李晖旭、赵曾、杨鸿霄、傅德林等。

在编写、修订过程中，除了参阅、引用《中国大百科全书·语言文字卷》等权威著作外，还采集了国内出版物中有关教师口语的论述和案例，谨向原编著者表示感谢。

由于这是一本带有开创性的新教材，虽经过修订，书中难免有疏漏、不当之处，恳请使用本书的教师和广大师范生提出宝贵意见和建议，以便不断修订、不断完善，使这套教材在培养师范生在教师职业口语运用能力方面发挥更好的作用。

《教师口语》编写组

2001年5月

前　言

1991年国家教育委员会下发的教办(1991)522号文件规定，各级各类师范院校都要开设普通话课程。这一规定，在《国务院批转国家语委关于当前语言文字工作请示的通知》（国发［1992］63号文）中又进一步得以强调。根据以上规定和师范教育课程改革的实际需要，国家教委决定把这门课定为教师口语课。

教师口语是研究教师口语运用规律的一门应用语言学科，是在理论指导下培养师范学生在教育、教学过程中口语运用能力的实践性很强的课程，是师范类各专业学生教师职业技能训练的必修课。开设教师口语课程，是贯彻国家语言文字方针政策的需要，是我国改革开放、建立社会主义市场经济的需要，是师范院校加强教师职业技能训练、深化课程改革的需要。这门课的开设，对提高未来教师的口语表达水平、乃至提高全民族的口语素质都具有十分重要的意义。

为了加强对教师口语课程规格要求的宏观指导，确保课程开设质量，我们总结了各地的成功经验，广泛征求了语言应用理论、教育理论、课程论方面的专家和各级各类师范院校口语教师的意见，在此基础上，研究、制定了《师范院校教师口语课程标准》（以下简称《课程标准》），聘请万里教授、于根元研究员、于漪（特级教师）、刘兴策教授和刘照雄研究员（以上排名按姓氏笔画为序）组成的专家组审定通过，于1993年5月印发教师［1993］3号文件，要求在各地试行。

根据《课程标准》的精神和我国方言复杂的现状，遵循统一性与多样性相结合的原则，国家教委决定组织编制全国通用的主干教材，并要求各地根据不同方言区的实际情况，组织编写地方教材与之配套。为此，我司组织各级各类师范院校的普通话、口语教学和现代教育技术方面具有丰富实践经验和较高学术水平的专家、教授、高级讲师，形成一支结构合理、优势互补的教材编制队伍，经过将近一年多的辛勤劳动、研究、编制了第一套教师口语主干教材，并经过学术造诣深、熟悉师范教育和基础教育的语言应用研究专家、教授审定通过。

编制这套教材的指导思想是：

1. 全面、准确地体现《课程标准》的精神和要求；

2. 依据科学性、实用性和示范性等编写原则，建立以训练教师职业口语运用能力为主线的教材体系；

3. 概念的建立和表达，知识点、能力点和训练点的安排，要规范、科学；

4. 教学内容和教学要求要符合中小学和幼儿教育、教学实际，符合教育对象的认知规律和语言训练规律；

5. 注意借鉴和吸收国内外口语教学的成功经验，并注意处理好与相关课程之间的关系。

这套主干教材体现以下特点：

第一，是一套由《教师口语》教科书、《教师口语训练手册》和《教师口语音像教材》三部分组成的系列教材；

第二，形成了普通话训练、一般口语交际训练和教师职业口语训练三部分有机结合的知识结构和能力结构；

第三，在语言应用理论和教育理论指导下，形成一个融知识和训练为一体的全新的教材体系；

第四，文图结合。

《教师口语》教科书是课堂教学和考核教学成绩的主要依据，是师范生扩大知识领域和口语技能训练的重要基础。其内容侧重于教师口语训练的基础理论、基本知识以及技能训练的示范和基本要求；

《教师口语训练手册》是教科书的延续和补充，是这套教材的重要组成部分，遵循口语训练的规律，为师范生课内外（主要是课外）口语训练，提供丰富的训练材料，以保证师范生课外口语技能训练做到有序、有效。

《教师口语音像教材》是配合教科书和训练手册编辑、制作的系列教材之一。包括投影片、录音带和录像片，主要内容有：我国十大方言区示意图；3755个常用字的标准读音；典型的口语正误案例；优秀教师教育、教学口语范例；一般社会交际、教育教学口语和教师其他工作口语训练情境等。

教师口语课无论在理论研究还是教学实践方面，都还处于初级阶段。为使这门课的课程、教材建设逐步走上正轨，第一，要深入开展理论研究，进一步揭示教师口语的特点和规律；第二，在教学实践中不断总结经验，积极探索教师口语技能训练的方法、途径和内在规律；第三，主干教材形成以后，一方面要通过试用，不断修订、完善和提高。另一方面，还需要各地编制地方辅助教材与之配套。

我们热忱地欢迎广大语言应用理论研究专家和师范院校广大师生，积极参与教师口语课的教材建设，不断积累经验，提出使用这套教材的试用和修改意见，使教师口语教材日臻完善，使师范院校开设的这门新课发挥应有的效益。

国家教育委员会师范教育司

1994年1月

名人谈教师口语

不愤不启，不悱不发。举一隅不以三隅反，则不复也。

——孔　子

故君子之教喻也：道而弗牵，强而弗抑，开而弗达。道而弗牵则和，强而弗抑则易，开而弗达则思。和易以思，可谓善喻矣。

——孔　子

君子引而不发，跃如也。中道而立，能者从之。

——孟　子

古之学者，虽问于口，而其传以心；虽听以耳，而其授以意。故为师者不烦，而学者有得也……以谓问之不切，则其听之不专；思之不深，则其取之不固。不专不固，而可以入者，口耳而已矣。吾所以教者，非将善其口耳也。

——王安石

授书不在其多，但贵精熟耳。

——王守仁

教以言相感，化以神相感。有教而无化，无以顽格；化而无教，无以格愚。

——魏　源

我们教书，并不是像注水入瓶一样，注满了就算完事。最重要的是引起学生的兴味。做教员的，不可一句一句，或一字一字的，都讲给学生听。最好使学生自己去研究，教员竟不讲也可以，等到学生实在不能用自己的力量了解功课时，才去帮助他。

——蔡元培

注入式（就是先生讲，学生听），就是不跟学生商量，强迫学生接受，把学生已经知道了的东西，也照着书去灌输；不管学生听不听，还是照样的念下去，这是片面的东西，是封建的旧式的教学方式。

——徐特立

教师当然须教，而尤宜致力于“导”。导者，多方设法，使学生能逐渐自求得知，卒底于不待教师教授之谓也。

——叶圣陶

所谓教师之主导作用，盖在善于引导启迪，俾学生自奋其力，自致其知，非谓教师滔滔讲说，学生默默聆受。

——叶圣陶

无论什么人，受激励而改过是很容易的，受责骂而改过，比较不大容易，而小孩子尤其喜欢听好话，而不喜欢听恶言。

——陈鹤琴

语文教师不要做说书先生。讲课文，课前空讲一通之后，接着句句讲、段段讲，越讲越起劲，学生越不动脑筋，自己不动脑筋，怎么会得益呢？所以要尽量少讲，学生领悟不到之处才说一说……教师要永远留意——口头和笔下都要求准确和干净。

——叶圣陶

随时启发学生思考，评学生之答案，有鼓励，有指正，要言不繁。

——叶圣陶

须认明演说、辩论是国语与国语文的实用教法。凡能演说、能辩论的人，没有不会做国语文的。做文章的第一个条件只是思想有条理有层次。演说辩论最能帮助学生养成有条理系统的思维能力。

——胡　适

语文教学要培养听、说、读、写能力，这一点在道理上大概不会有多少人反对。但是在教学实践中，却往往是重读写而轻听说。听话、说话的训练与阅读、写作的训练比较起来，没有周密的计划，也没有严格的要求，处于一种放任自流、听其自然的状态……今天的时代，不容许我们对口头语言训练放任自流听其自然。必须采取有效措施，来提高青少年的听说读写能力。否则就不能适应社会发展的需要。

——张志公

从某种意义上说，讲课是一种科学演说，教学是一门表演艺术……一个好的教师要像演员那样，上了台就要“进入角色”、“目中无人”。一方面要用自己的话把书本上的东西讲出来；另一方面你尽可以“手舞足蹈”、“眉飞色舞”，进行一场绘声绘色的讲演。这样，学生们就会被你的眼色神情所吸引，不知不觉地进入到探索科学奥秘的意境中来。

——严济慈

善于说话不是一件简单的事。有思想，有丰富的知识，有敏捷而致密的思维能力，有丰富的语言材料的储备，有敏捷的驾驭语言的能力，有丰富的社会经验，知道在什么样的场合用什么样的语言是得体的，效果好的，有力量的，如此等等，这是善于说话必备的条件。至于听感灵敏，发音清晰，能说正确流畅的标准语等等那些基本功，更是不在话下的。

——张志公

教师的语言要深于传情。语言不是无情物，情是教育的根。教师的语言更是应该饱含深情。带着感情教，满怀深情说，所教的课，所讲的道理就能在学生中引起共鸣，从而，师生心心相印。

——于　漪

教师的语言要善于激趣，巧于启智。要用新鲜、优美、风趣的语言步步引导，激发学生的求知兴趣，带领他们不断进入求知新境地。

——于　漪

语调不是字调，更不是一个框框，语调同语句的词序序列、特别是同具体思想感情不应该有什么现成的、一成不变的公式。语气的丰富多彩决定了它的声音形式——语调的千变万化。如果硬要把丰富多彩的语气纳入某种简单、刻板的语调公式之中，那就无异于削足适履。

——张 颂

课堂朗读要用接近于生活中自然谈话的语言，不要要求学生用一种不同于自然谈话的不自然的声音朗读，就是说不要拿腔拿调。

——齐 越

严格要求发音正确，念字务“实”——即表情达意的语势有一定的限度，自然地适当地读出轻重、疾徐、抑扬、顿挫等等语调语气，却不过多地作艺术夸张，是质朴平正，字字落实的朗读，而非意气纵横，声情跌宕的表演。

——徐世荣

指导学生朗读要使用启发的方法，提示的方法，但提示的不是结果，不只是声音、语调等表达方式，而着重是在深入理解课文内容的过程中，引导学生围绕中心思想展开想象和联想，产生真情实感，从而使他们在教师的具体指导下研究并找到正确的声音表达形式。

——齐 越

最好的教师是最会运用语言的人。

——[古希腊] 色诺芬

他若能把平庸的题材谈得精彩，把崇高的内容讲得动人，把一般问题处理得不卑不亢，他就是一个口才好的人。

——[古罗马] 西塞罗

要想打动听众的心，切不可使用装腔作势的语句和啰啰嗦嗦的词汇。

——[古罗马] 贺拉斯

……关于谈话的艺术还应当了解：温和的语言其力量胜过雄辩，

不善问者是笨拙的，但没有原则的诡辩却是轻浮的。讲话转弯子太多令人生厌，但过于直截了当会显得唐突。能掌握分寸的人，才算精通了谈话艺术。

——［英］培　根

一个能够动听地、明晰地教学的教师，他的声音就该像油一样浸入学生的心里，把知识一道带进去。

——［捷克］夸美纽斯

做导师的人自己更应该具有良好的教养，随人、随时、随地，都有适当的举止和礼貌。导师自己如果任情任性，那么教育儿童克制感情便是白费力量的；自己如果行为邪恶，举止无礼，则儿童的行为邪恶，举止无礼，也就无法改正。

——［英］洛　克

千万不要干巴巴地同年轻人讲什么理论，如果你想使他懂得你所讲的道理，你就要用一种东西去标示它。应当使思想的语言通过他的心，才能为他所了解。

——［法］卢　梭

运用简练、有吸引力和新闻报导式的语言。学生每天都要接受大量的、各种各样的新知识，如果每个问题的描述都是由编织的词语笼罩着他们，那么，他们会变得不知所措和心智衰竭。

——［英］恰尔德、

教学的艺术不在于传授的本领，而在于激发、唤醒、鼓舞。

——［德］第斯多惠

从根本上讲，声音并不是教师的技能和设备中一个重要部分，但是一种不好听的或低沉的声音很可能阻碍教师的事业成功。有时教师的失败，是由于他的声音太弱，学生听不清他的话，而他也不能用他的声音来控制学生的注意。另一方面，有些教师的声音如粗糙的晨号声，听着就非常刺耳。

——［美］塞门斯

真正有力量的语言，有时它温柔动人，有时它又严峻锋利；有时它热情奔放，有时它又生动活泼。

——［俄］列夫·托尔斯泰

如果语言保持平铺直叙的枯燥形式，语言就不能给人以任何真实的感觉。

——［印度］泰戈尔

我认为，高等师范学校应当用其他的方法来培养我们的教师们。如怎样站、怎样坐、怎样从桌子旁边的椅子上站起来、怎样提高声调、怎样笑和怎样看等等“细微末节”，在实际工作中，这些技巧对于我和对于你们这些有许多经验的教师一样，是具有决定意义的……如果没有这些技巧，就不能成为一个好教师。

——［俄］马卡连柯

只有在学会用 15 种至 20 种声调来说“到这里来!”的时候，只有学会在脸色、姿态和声音的运用上能作出 20 种风格韵调的时候，我就变成一个真正有技巧的人了。

——［俄］马卡连柯

用学者的语言写作，用老百姓的语言说话。

——［美］富兰克林

要散布阳光到别人心里，先得自己心里有阳光。

——［法］罗曼·罗兰

教师的语言修养在极大程度上决定着学生在课堂上的脑力劳动的效率。我们深信，高度的语言修养是合理地运用时间的重要条件。

——［苏联］苏霍姆林斯基

教师对概念的意义揭示得愈鲜明，他的表述（讲解）愈生动，学生对应当记忆的东西领悟得愈深刻，它在以巩固知识记忆为目的的专门工作开始以前就愈能被记住。

——［苏联］苏霍姆林斯基

在拟定教育性谈话的内容的时候，你时刻也不能忘记，你施加影响的主要手段是语言，你是通过语言去打动学生的理智与心灵的。

然而，语言可以是强有力的、锐利的、火热的，也可以是软弱无力的。

——［苏联］苏霍姆林斯基

教师的语言，是什么东西也不可取代的感化学生心灵的一种手段。教育的艺术首先应该包括说话的艺术——跟人的心灵打交道的艺术。我坚信，学校里酿成大乱子的许多冲突，都含有教师不善于跟学生谈话这个根源。

教育不文明的现象常常表现于，一位教育者在用语言跟学生打交道时，往往只有两三个目的：允许、禁止、斥责。而一位教育行家在跟学生打交道时，却有许多目的，其中最常见的目的之一是阐明道德真理、概念、规范。

——［苏联］苏霍姆林斯基

善于用简单、明了、群众易懂的语言讲话。应当坚决抛弃晦涩难懂的术语和外来的字眼，抛弃记得烂熟的、现成的、但是群众还不懂的、还不熟的口号和结论。

——［苏联］列　宁

一个句子里只能有一个主要的逻辑重音。如果不能清楚地、确切地分辨出逻辑重音，就会影响准确地表达一句话的意思。

——［苏联］符·阿克肖诺夫

目　录

第一部分

普通话训练

一、发声技能训练

训练总目标：

了解和掌握语言表达中正确的呼吸方式、共鸣方式，并做到吐字准确、归音到位。

（一）用气发声训练

1．吸气训练

训练目的：通过训练，使学生掌握有控制的胸腹联合呼吸的科学发声方法。

训练要领：扩展两肋，小腹微收，将气吸到肺底。

训练方法：

（1）深呼吸练习

仰卧床上，双肩自然并拢，体会呼吸状态。（小腹如不会收，可用双手帮助由两侧向丹田推动）。

吸气，数“一”，呼气，数“一”；吸气，数“一”，呼气，数“一、二”；吸气，数“一”，呼气，数“一、二、三”……以此类推。

【提示】

吸气时要注意气息下沉，两肩不能耸起。要鼻吸口呼，双手可以自由摆动。

（2）闻花香练习

站立，胸部自然挺起，两肩下垂，小腹微收；

从容地如闻花香一样地吸气。感觉两肋渐开，气吸进肺底，腰带周围胀满；

控制一两秒钟，再缓缓呼出；

反复作。

【提示】

要舒适自如，避免紧张僵硬。吸气时要深沉而安静，使五脏六腑都感到舒服。

（3）急吸气练习

体会用力抬起一件笨重物体之前，先要憋住一口气的感觉：气息自然下沉，腹肌收缩，腰带周围有胀满的感觉。

（4）半打哈欠练习

不张大嘴地打哈欠，体会进气最后一刻的感觉。腰带周围也有明显的胀满的感觉。

2. 呼气训练

训练目的：呼气过程就是说话时的用气过程。锻炼学生调节吸气、呼气肌肉群，控制气息流速和压力的能力。

训练要领：呼气要平稳、有控制，要随内容和情感的变化调节呼气的快慢、强弱。

训练方法：

（1）模拟练习

模仿吹桌面上的灰尘。

模仿撮起双唇吹响空瓶。

气息要均匀而缓慢地流出，呼气时间逐渐延长，达到 25～30 秒为合格。

（2）数数字练习

一口气从 1 数到 30。声音要规整、圆润，不感到挤压、力竭。

（3）数葫芦练习

边呼气边说“一口气数不了十个葫芦，一个葫芦，两个葫芦，三个葫芦，四个……”，一口气能数到 25 个葫芦为合格。

（4）喊人练习

想象喊 80～100 米以外的熟人：

“小——强——”

“小——光——”

由远渐近、由近渐远地喊名字，由实声较多到逐渐加大回声，并且带着感情色彩喊，使情、气、声自然地融为一体。

(5) 齿缝放气

慢慢吸好气后，蓄气、保持气息片刻，嘴微张开，上下开一点小缝，发出“丝——”声，要细要匀，坚持用一口气，或用耳语声音数数，记录延续的时间。气快用完时，要自然放松，不要紧张，这样便可使呼气的控制力量大大增强。

3. 有控制的胸腹联合呼吸训练

训练目的：通过训练，使学生学会有控制的胸腹联合呼吸，从而使声音丰满圆润、刚柔相济。

训练要领：运用胸腹联合呼吸的关键是吸气时吸气肌肉群体工作，呼气时吸气肌肉群体仍然要持续工作，这样才能较好地控制气息，不致迅速外流。

训练方法：

(1) 快吸慢呼练习

突然发现远处来了一个人，是多年不见的老朋友，惊喜万分，急吸一口气，停住，然后缓缓呼出。吸气时两肋突然张开。重复作此项练习，要逐渐延长呼气时间。

(2) 补气练习

快速吸气。

呼气 5～6 秒钟后补气：收小腹，口鼻进气，两肋张开。反复十几次。

呼气时从容发声（“V”为吸气记号）。

V一二三四V五六七八V

二二三四V五六七八V

三二三四五六七八V

四二三四五六七八

长句子补气练习。吸足气后，一口气将一段话说完，中间采取带进少量气息的方法补气。可用短文进行练习。

（3）诗词练习

床前明月光，疑是地上霜；

举头望明月，低头思故乡。

【提示】

朗读此诗，应体会作者在静静的夜晚，思念故乡的深沉感情。先用一口气读一句，再用一口气读两句，最后用一口气读完全诗。

（4）长句练习

我们日常生活中所见的统一，比如：团结、联合、调和、均势、相持、僵局、静止、平衡、凝聚、吸引等等，都是事物处在量变状态中所显现的面貌。

【提示】

读长句之前，吸气量要大；读的过程中，要控制好气息，避免出现气不够用的状态，并注意在适当的地方补气。

（二）共鸣控制训练

训练目的：通过训练，使学生掌握以口腔共鸣为主，口腔、胸腔、鼻腔“三腔”共鸣的方式。

训练要领：气息下沉，两肋打开，喉部放松，胸部自然，声音通畅，可挂于前腭，使发出的声音明亮、结实、圆润、清晰。

训练方法：

1. 口腔共鸣训练

（1）牙关练习

做牙关开合的咀嚼练习。

放松下巴。用手扶住放松而微收的下巴，缓缓抬头以打开口腔，再缓缓低头以闭上口腔。

从容地读复韵母，比如 ai、ei、ao、ou。

【提示】

打开后槽牙，不是张大嘴；上下槽牙呈⊂型。读韵母时体会声束沿上腭中线前滑，挂在前腭的感觉。

（2）竖起后咽壁练习

调节颈部姿势，使后咽壁竖起来，读单韵母，比如 i、u、e、o，体会上下贯通的共鸣感觉。

【提示】

颈部的角度要适中，不直不僵，不松不软，才能把声音从喉咙中“吊”出来，使声音“站得住”。

（3）声束冲击练习

读较短促的 ba、bi、bu、pa、pi、pu、ma、mi、mu，或学汽笛的长鸣声“di——”，体会声束集中冲击硬腭前部的感觉和声音的力度。

2. 胸腔共鸣训练

（1）音高练习

使声音有层次地爬高降低。选一句话，在自己感觉舒适的音域内，先用低调说，一级一级地升高，然后再一级一级地下降。

一句高，一句低，高低交替。

一句话内由低到高，再由高到低。体会胸腔共鸣的加强。

（2）低读韵母练习

放松胸部，用低音读韵母，产生声音从胸腔透出的感觉，浑厚省力。

a——a——a——

iao——iao——iao——

ang——ang——ang——

用同样状态读，体会声音在胸部回荡和气息压力的变化。

（3）加强胸部响点的练习

用较低的声音弹发音节 ha，感觉声音像从胸部发出，体会胸部的响点。由低到高一声声地弹发，体会胸部响点的上移。然后由高到低地弹发，体会胸部响点的下移。

3. 鼻腔共鸣训练

（1）提腭练习

半打哈欠。做半打哈欠状打开牙关，提起上腭，再缓缓闭拢。

软腭升降。先提起软腭，读单韵母，a、o、e，再垂下软腭发鼻化元音 ã、õ、ẽ，体会发音时软腭的不同状况。

（2）口音鼻音交替练习

交替发口音 a 和鼻音 ma。

a——ma——a——ma——

发口音时软腭上挺，堵住鼻腔通路，体会口腔共鸣；发鼻音时，软腭下垂，打开鼻腔通路，体会鼻腔共鸣。反复练习，体会软腭上挺或下垂的不同感觉。

4. “三腔”共鸣综合训练

（1）拔音练习

由本人的最低音拔向最高音读 a、i、u，体会共鸣状态的变化。

（2）绕音练习

上绕音　由低至高螺旋形向上读 a、i、u。

下绕音　由高至低螺旋形向下读 a、i、u。

体会共鸣状态的变化。

（3）夸张四声练习

选择韵母音素较多的成语或词语，运用共鸣技能作夸张四声的训练：山——明——水——秀——，黑——白——分——明——，融——会——贯——通——。

（4）大声呼唤练习

假设一个目标在 80～100 米处，呼唤以下句子：

老——王——，等——一——等——！

苗——苗——，早——点——回——家——！

小——明——，快——回——来——！

呼唤时注意控制气息，并注意体会延长音节时“三腔”共鸣的体会。

（5）绕口令练习

桃子李子梨子栗子桔子柿子榛子栽满院子村子和寨子。

蚕丝生丝熟丝缫丝染丝晒丝纺丝织丝自制粗丝细丝人造丝。

名词动词数词量词代词副词助词连词组成诗词唱词和快板词。

长扁担，短扁担，
长扁担比短扁担长半扁担。
短扁担比长扁担短半扁担。
长扁担捆在短板凳上，
短扁担捆在长板凳上。
长板凳不能捆在比短扁担长半扁担的长扁担上。
短板凳也不能捆在比长扁担短半扁担的短扁担上。

【提示】

绕口令中间略微停顿，快速吸气，进行补气练习；放慢语速，声音洪亮，体会共鸣效应。

（三）吐字归音训练

训练目的：通过训练，使学生努力做到口语发音吐字准确、清晰、明亮、圆润、集中、流畅。

训练要领：吐字有弹性，干净利落；字字有立度①，圆润饱满；字尾弱收，趋向鲜明，泛音适度。

训练方法：

1. 唇的训练

（1）撮唇练习

双唇前撮，再展开；反复进行。

（2）增强唇力练习

噘起嘴，向上、下、左、右动，噘起嘴，转唇360°。

（3）双唇打响练习

嘴唇微闭，上唇向中间缩，力量集中于上唇中部，然后反复发ba，有清晰的爆破声，除阻时能感觉到唇上肌向两侧斜上方的牵动。

（4）四呼发音练习

面对镜子，按照四呼的口形要求，依次发开口呼、齐齿呼、合口呼、撮口呼韵母，听声音，看口形；声音要准确圆润，口形要自然、美观。

2. 舌的训练

（1）弹舌。舌尖上翘，以较快速度来回弹上齿下缘。

（2）刮舌。先将舌尖抵下齿背，上齿缘接触舌叶；然后舌前部逐渐挺起，上齿缘沿舌的中纵线向后刮，口腔好像被撑开，直至不能再张大。

（3）伸卷。用力伸舌出口外，使舌前端呈尖型；向上卷回。

（4）舌左右立。舌在口内翻动90°，使左边缘向上立起；再反方向翻动180°，使右边缘向上立起。

（5）顶腮接围口转。闭唇，以舌尖用力顶左腮，再用力顶右腮，

① 立度：指韵腹的发音成“拉开立起之势”，能够“立”得住。

然后将舌前端置于齿外唇内，舌尖依上→左→下→右的方向转动，再以反方向转动。

（6）发音。用短促的声音反复读音节 di——da。

（7）绕口令。

调到敌岛打特盗，特盗太刁投短刀，挡推顶打短刀掉，踏盗得刀盗打倒。

谭家谭老汉，挑蛋到蛋摊，卖了半担蛋；买了半担炭；挑蛋到炭摊，买了半担炭；满担是蛋炭。老汉往家赶，脚下绊一绊，跌了谭老汉。破了半担蛋，翻了半担炭，脏了新衣衫。老汉看一看，急得满头汗，炭蛋完了蛋，怎吃蛋炒饭。

3．吐字归音综合训练

（1）声母力度练习

将声母与 a、i、u 相拼，要求声母的发音明亮、清晰、有力度，有弹动感。

（2）韵母立度练习

按四呼顺序发韵母。要随着韵腹的拉开，使韵母在口腔中“立”起来。

（3）借助声调进行综合调控练习

参照《教师口语训练手册》上编“普通话水平测试”中双音节词声调练习，进行吐字归音综合调控训练。练读时要注意字头（即声母）叼住弹出，快速有力；字腹（即韵腹）拉开立起，圆润饱满；字尾（即韵尾）归音到位弱收，趋向鲜明使吐字呈“枣核形”，清晰圆润，音色饱满。

（4）借助成语进行吐字归音综合调控练习

不同声韵四声依序练习

花团锦簇　三足鼎立　吞云吐雾

心直口快　风调雨顺　深谋远虑

按声母顺序排列的练习

百炼成钢　排山倒海　满园春色

发奋图强　斗志昂扬　推陈出新

鸟语花香　龙飞凤舞　高瞻远瞩

快马加鞭　和风细雨　继往开来

气壮山河　响彻云霄　专心致志

超群绝伦　生龙活虎　日新月异

再接再厉　灿烂光明　所向无敌

这项训练的要求与声调综合控制练习相同。

（5）借助短文进行吐字归音综合调控练习

海上日出

在船上，为了看日出，我特地起个大早。那时天还没有亮，周围是很寂静的，只有机器房的声音。

天空变成了浅蓝色，很浅很浅的；转眼间天边出现了一道红霞，慢慢扩大了它的范围，加强了它的光亮，我知道太阳要从那天际升起来了，便目不转睛地望着那里。

果然过了一会儿，在那里就出现了太阳的一小半，红是红得很，却没有光亮。这太阳像负着什么重担似的，慢慢儿，一步一步地，努力向上面升起来。到了最后终于冲破了云霞，完全跳出了海面。那颜色真红得可爱。一刹那间，这深红的东西，忽然发出夺目的光亮，射得人眼睛发痛，同时附近的云也添了光彩。

有时太阳走入云里，它的光线却仍然从云里透射下来，直射到水面上。这时候，人要分出何处是水，何处是天，很不容易，因为只能够看见光亮的一片。

有时天边有黑云，而且云片很厚，太阳出来了，人却不能够看见它。然而太阳在黑云里放射出光芒，透过黑云的周围，替黑云镶了一道光亮的金边，到后来才慢慢透出重围，出现在天空，把一片片黑云变成了紫云或红霞。这时候，光亮的不仅是太阳、云和海水，连我自己也变成光亮的了。

这不是很伟大的奇观么？

（普通话水平测试朗读作品1号·选自《巴金文集》）

【提示】

这是一篇写景的短文，作者用清新、质朴、舒展的笔触为读者展现了海上日出时瞬息万变的壮丽景色。朗读时气流徐缓，吐字清晰，声音柔和，归音应有一定的延续性。还要体会向前流动的音流，每一个字都是向前流动的；在流动中成“珠”，“挂”于硬腭前部，“弹”出口外，汩汩不绝，像一串珍珠的溪流，晶莹、活跃、充满生命力。

二、普通话水平测试应考训练

训练总目标：

了解普通话水平测试各部分内容的测查目的、应考难点，并通过训练攻克发音难关，达到规范使用普通话的目的。

（一）读单音节字词100个

训练目标

通过训练，做到声母发音部位、发音方法正确；韵母发音口形、开口度正确，动程明显，韵尾归音到位；声调调值准确，音高协调统一。

本项测试是为了测查应试人普通话声母、韵母、声调发音的准确度。总分为10分。读错一个声母、韵母或声调扣0.1分；语音有缺陷每字扣0.05分。因此，本项测试的应考难点有两个，一是避免读音错误，二是避免读音缺陷。

1. 避免读音错误

读音错误是指把普通话里的某一个音读成普通话里已有的另一个音。出现读音错误的主要原因是由于方言的影响，其他原因还有比较生疏的字、多音字及因怯场而看错等等。

(1) 读准 z、c、s 和 zh、ch、sh

训练要领

①发平舌音 z、c、s 时，舌尖抵住或接近上齿背（或下齿背），舌尖平伸。

②发翘舌音 zh、ch、sh 时，舌头放松，舌尖轻巧地翘起来接触或靠近硬腭前部。

训练方法

①集中练习

z——总则　宗族　罪责　自尊
　　藏族　自作　祖宗　栽赃
c——参差　苍翠　粗糙　草丛
　　层次　从此　仓促　摧残
s——琐碎　松散　思索　色素
　　诉讼　洒扫　撕碎　搜索
zh——战争　种植　政治　郑重
　　中转　壮志　茁壮　专职
ch——车床　超产　查抄　拆除
　　戳穿　出产　长城　驰骋
sh——事实　史诗　适时　山水
　　神圣　声势　受伤　伤势

②对比练习

字的对比练习：

平—翘　孜—知　仔—纸　字—挚

最—缀　增—蒸　赠—正

尊—谆　赞—占　澡—找

才—豺　村—春　忖—蠢

参—搀　惨—铲　曹—潮

崔—吹　窜—串　四—市

素—树　桑—伤　嗓—晌

隧—睡　散—闪　撒—傻

词的对比练习：

平—翘　资助—支柱　栽花—摘花

早稻—找到　木材—木柴

擦嘴—插嘴　乱草—乱吵

死记—史记　自力—智力

赞助—站住　暂时—战时

大字—大志　一层—一成

三哥—山歌　塞子—筛子

散光—闪光　丧生—上升

平舌音和翘舌音的组词练习：

z—zh　在职　杂质　载重　增长

总账　奏章　阻止　诅咒

组织　罪证　尊重　佐证

遵照　坐镇　做主　作者

zh—z　渣滓　张嘴　种族　长子

沼泽　振作　争嘴　正字

知足　职责　指责　治罪

著作　铸造　壮族　准则

c—ch　财产　操场　裁处　采茶

彩绸　餐车　残春　残喘

磁场　辞呈　粗茶　催产

	错处	存查	促成	存车				
ch—c	车次	唱词	蠢才	纯粹				
	差错	场次	陈词	成材				
	出操	除草	楚辞	储存				
	储藏	揣测	穿刺	春蚕				
s—sh	散失	桑葚	丧失	扫射	私塾	死水	四声	四时
	素食	肃杀	算式	算术	随身	岁首	损伤	琐事
sh—s	上诉	哨所	山色	深思	深邃	申诉	神思	神速
	声速	生涩	生死	绳索	誓死	收缩	守岁	疏松

③声旁类推练习

选取声旁为平舌音或翘舌音声母的字，做成类推记字卡片，在课外随时可进行多种方式的记忆练习。这个练习可结合各地具体情况，由同学们自己来做。

【示例】

①

*B. NO. 004　　声旁类推　sh.

山—舢讪汕疝

少—沙莎纱痧砂裟鲨（例外：娑 suō；莎 suō）

市—柿铈

申—伸呻绅珅砷神审婶胂

生—牲笙甥胜

式—试拭轼弑

师—狮筛（例外：蛳 sī）

④利用普通话声韵拼合规律练习

本项训练可参照本书后的《普通话声韵配合表》进行类推练习。

例如：普通话里，sh 不能与 ong 相拼，所以“松、嵩、怂、耸、宋、讼、颂、送、诵”等字都念平舌音。

* 卡片中的“B”为“辨正”一词第一个字母的大写，以示分类。下同。

⑤绕口令练习

z —zh

红砖堆、青砖堆，砖堆旁边蝴蝶追，蝴蝶绕着砖堆飞，飞来飞去蝴蝶钻砖堆。

c —ch

紫瓷盘，盛鱼翅。一盘熟鱼翅，一盘生鱼翅。迟小池拿了一把瓷汤匙，要吃清蒸美鱼翅。一口鱼翅刚到嘴。鱼刺刺进齿缝里，疼得小池拍腿挠牙齿。

s —sh

石、斯、施、史四老师，天天和我在一起。石老师教我大公无私，斯老师给我精神粮食；施老师叫我遇事三思，史老师送我知识钥匙。我感谢石、斯、施、史四老师。

（2）读准 n 与 l

训练要领

①鼻音 n 与边音 l 都是舌尖中音，发音部位相同，发音时舌尖抵住上齿龈。

②鼻音 n 与边音 l 的区别在于发音方法不同：发 n 时，舌的两侧与口腔上部完全闭合，封闭口腔通道，气流从鼻腔出来；发 l 时，舌的两侧松开，气流从舌头两边透出。

训练方法

①对比练习

字的对比练习

n—l	那—辣	讷—乐	奈—赖
	馁—磊	内—类	孬—捞
	挠—牢	脑—老	闹—烙
	南—蓝	难—兰	囊—狼
	你—里	逆—立	聂—裂
	鸟—了	尿—料	妞—溜

碾—脸　念—恋　娘—凉
奴—炉　努—鲁　怒—路
挪—罗　糯—洛　暖—卵
女—吕　虐—略

词的对比练习

n—l　脑子—老子　男鞋—蓝鞋
大怒—大路　浓重—隆重
女客—旅客　一年—一连
难住—拦住　水牛—水流
无奈—无赖　南宁—兰陵
男女—褴褛　小牛—小刘
留念—留恋　泥巴—篱笆
允诺—陨落　闹灾—涝灾
鸟雀—了却　老农—老龙

鼻边音组词练习

n—l　奶酪　耐劳　脑力　内力
内陆　奴隶　努力　女郎
能量　年历　年轮　年龄
暖流　鸟类　农林　农历
l—n　冷暖　留念　流年　老年
老衲　老娘　老牛　老农
来年　烂泥　凌虐　利尿

②声旁类推练习

选取声旁为鼻音或边音声母的字，做成类推记音卡片，随时进行记忆练习。

【示例】

B. NO. 011	声旁类推 1.
仑—伦抡轮囵纶论	
兰—拦栏烂	
览—揽缆榄	
龙—咙聋笼陇垄拢	
卢（户）—泸庐芦炉轳颅驴	
录—禄碌绿氯	
劳—捞痨涝	

③记单边练习

方言里的某一类音，在普通话里分为两类，往往一类字数少，一类字数多。记住少的那一类，其余的就属另一类，可以大胆推知它们的声母。

例如：普通话里，声母 n 与韵母 ü、ei、in 相拼的字极少，而 l 与它们相拼的字较多，记住字少的一部分，其余的字就可以放心地读边音声母了。

nü 女—lü 驴旅屡缕褛吕铝履率虑滤律

nei 馁内—lei 雷累垒儡磊泪类勒肋擂

nin 您—lin 林淋琳临邻凛吝

④绕口令练习

分清鼻 边音，由慢到快反复练读。

念一念，练一练，n、l 的发音要分辨。l是边音软腭升，n 是鼻音舌靠前。你来练，我来念，不怕累，不怕难，齐努力，攻难关。

有座面铺面朝南，门口挂个蓝布棉门帘。摘了蓝布棉门帘，看了看，面铺面朝南；挂上蓝布棉门帘，看了看面铺还是面朝南。

（3）读准 f 与 h

训练要领

①发唇齿音 f 时，上齿与下唇内缘接近，唇形向两边展开。

②发舌根音 h 时，舌头后缩，舌根抬起接近软腭，注意唇齿部位不能接触。

训练方法

①对比练习

字的对比练习：

f—h　发—哈　烦—寒　方—夯
　　　粉—很　冯—横　父—户
　　　斧—虎　防—杭　愤—恨
　　　饭—汗　扶—壶　夫—呼

词的对比练习：

f—h　理发—理化　发现—花线
　　　舅父—救护　附注—互助
　　　防虫—蝗虫　斧背—虎背
　　　飞机—灰鸡　复员—互援

②声旁类推练习

联系自己的方音实际，选取声旁为 f 或 h 声母的字，做成类推记字卡片，随时进行记忆练习。

【示例】

B. NO. 019	声旁类推　h.
胡—湖葫猢瑚糊蝴	
化—花哗华骅铧桦货	
灰—恢诙	
回—茴蛔徊	
会—绘烩荟桧	
奂—涣换唤焕痪	
皇—凰湟惶徨煌蝗隍	

③利用普通话声韵配合规律练习

本项训练可参照本书后的《普通话声韵配合表》进行类推练习。

【示例】

普通话里，声母 f 不跟韵母 ai 相拼，因此，方言中念“fai”音的字，都应念成 huai 音，如“怀、踝、槐、淮、徊、坏”等字。

④声旁联想辨记训练

利用 b、p、f 都是唇音，g、k、h 都是舌根音的规律，通过声旁联想辨记 f 和 h。给一个字加、换其他偏旁后，声母能读成 b、p，那么这个字的声母是 f；声母能读成 g、k，那么这个字的声母是 h。本项训练也可根据辨音难点做成卡片进行辨记训练。

【示例 1】

B. NO. 023　　声旁联想　　f

b 播—f 番蕃藩翻
b 逼—f 幅富副
b 扮—f 分芬氛粉汾份纷忿
b 板—f 反返饭贩
p 排—f 非匪绯痱
p 蓬—f 逢蜂锋峰
p 旁—f 方房防访纺放妨

【示例 2】

B. NO. 025　　声旁联想　　h

g 该—h 骇骸氦孩
g 故—h 葫糊怙湖瑚蝴猢胡
g 刽—h 会桧荟烩绘
g 感—h 撼憾
g 盔—h 灰恢
g 魁—h 槐魂
k 空—h 红虹讧

⑤绕口令练习

加“。”的字是 f 声母，加“·”的字是 h 声母，先分辨清楚，再由慢到快练习。

风吹灰飞，灰飞花上花堆灰。风吹花灰灰飞去，灰在风里飞又飞。

笼子里面有三凤，黄凤红凤粉红凤。忽然黄凤啄红凤，红凤反嘴啄黄凤，粉红凤帮啄黄凤，你说是红凤啄黄凤，还是黄凤啄粉红凤。

丰丰和芳芳，上街买混纺。红混纺，粉混纺，黄混纺，灰混纺。红花混纺做裙子。粉花混纺做衣裳。穿上新衣多漂亮。丰丰和芳芳喜洋洋。感谢叔叔和阿姨，多纺红、粉、灰、黄好混纺。

（4）读准不送气音 b、d、g、j、zh、z 和送气音 p、t、k、q、ch、c。

训练要领

①发不送气音 b、d、g、j、zh、z 时呼出的气流较弱。

②发送气音 p、t、k、q、ch、c 时呼出的气流较强。

训练方法

①对比练习

字的对比练习

b—p 拔—爬 败—派 伴—盼
倍—配 避—僻 捕—普

d—t 蛋—炭 稻—套 笛—提
毒—涂 堤—踢 夺—砣

g—k 规—亏 柜—匮 刽—愧
公—空 怪—快 姑—哭

j—q 集—齐 歼—千 截—茄
近—沁 局—渠 净—庆

zh—ch 铡—茶 招—超 丈—唱
植—迟 轴—稠 撞—创

z—c 字—刺 罪—脆 凿—曹
坐—错 在—菜 灾—猜

组词练习

b—p 逼迫 摆谱 被迫 半票

p—b 拍板 旁边 排比 判别

d—t 顶替 地毯 动弹 灯塔

t—d　坦荡　态度　糖弹　特点

g—k　功课　孤苦　高亢　工楷

k—g　凯歌　看管　考古　刻骨

j—q　机器　佳期　嘉庆　坚强

q—j　千斤　曲剧　清剿　群居

zh—ch　支持　展翅　战车　章程

ch—zh　插针　查证　车站　诚挚

z—c　字词　早操　造次　杂草

c—z　擦澡　刺字　才子　参赞

词语对比练习

b—p　败兵——派兵　鼻子——皮子

部位——铺位　辫子——骗子

d—t　淡化——碳化　肚子——兔子

毒药——涂药　稻子——套子

g—k　米缸——米糠　怪事——快事

工地——空地　孤树——枯树

j—q　犟人——呛人　净利——庆历

坚强——牵强　掬水——渠水

zh—ch　直到——迟到　仗着——唱着

侄子——池子　质子——赤子

z—c　座位——错位　在场——菜场

自序——次序　大字——大刺

②绕口令练习

注意不送气音和送气音发音方法的区别，由慢到快练习。带“。”的是不送气声母字，带“·”的是送气声母字。

白猫黑鼻子，黑猫白鼻子。黑猫的白鼻子，碰破了白猫的黑鼻子。白猫的黑鼻子破了，剥个秕谷皮儿补鼻子；黑猫的白鼻子不破，不必剥秕谷皮儿补鼻子。

（5）读准前鼻韵母和后鼻韵母

训练要领

①发前鼻韵母时，发出元音后舌尖前伸，抵住上齿龈，从口腔

前部造成阻碍，气流从鼻腔透出，用鼻铺音-n 作韵尾。

②发后鼻韵母时，发出元音后舌头后缩，舌根抬起抵住软腭，从口腔后部造成阻碍，气流从鼻腔透出，用鼻辅音-ng 作韵尾。

训练方法

①衬音练习

在前鼻韵母或后鼻韵母的音节之后衬一个特定的音节，发音时利用舌位向后一个音节声母的移动趋向，读准这两类韵母。例如：

在前鼻韵母的音节后衬一个 na 音节：

看哪 kàn na　人哪 rén na　进哪 jìn na　滚哪 gǔn na

在前鼻韵母的音节后衬一个声母是 d、t、n、l 的音节。

品德 pǐn dé　面条 miàn tiáo　粪土 fèn tǔ　门类 mén lèi

在后鼻韵母的音节后衬一个轻声的 ge 或 guo：

等个人 děng gerén　听过戏 tīng guo xì　通个信 tōng ge xìn　帮过忙 bāng guo máng

在后鼻韵母的音节后衬一个声母是 g、k、h 的音节：

能够 néng gòu　请客 qǐng kè　迎合 yíng hé　丰厚 fēng hòu

②对比练习

字的对比练习

-n—-ng	山—伤	班—帮	沾—张
	奔—崩	盆—蓬	门—盟
	份—奉	跟—耕	镇—政
	音—婴	斌—兵	频—瓶
	民—名	今—京	信—幸
	裙—穷	勋—兄	寻—雄

词的对比练习

-n—ng	反问—访问	开饭—开放
	心烦—心房	铲子—厂子
	清真—清蒸	伸张—声张
	瓜分—刮风	终身—钟声
	禁地—境地	临时—零食
	民生—名声	信服—幸福

勋章—胸章　运费—用费

③声旁类推练习

选取前后鼻韵母作声旁的字，制成类推记字卡片，随身携带，随时正音。

【示例】

B.NO.029　　　　　声旁类推　　-ng
平—评苹坪枰萍
令—令苓玲瓴铃聆蛉翎零龄岭泠领
廷—庭蜓霆挺梃铤艇
圣—泾茎经颈到劲（刚劲）
冥—溟暝瞑螟
青—菁睛精靖静清情晴氰请
婴—樱嘤撄缨鹦

④利用声韵母拼合规律练习

a. 普通话里，声母 t 决不与韵母 en 相拼，所以方言中念 ten 音的字，都应改念 eng 韵。如誊、腾、藤、滕、疼等。

b. 普通话里，声母 d 不与韵母 en 相拼（只有一个不常用的“扽”字），所以方言中念 den 音的字，都应改念 eng 韵。如灯、登、噔等，瞪、凳、邓等。

c. 普通话里，声母 f 决不与韵母 ong 相拼，因此，方言中念成 fong 音的字，都应改念 eng 韵。如：丰、封、峰、锋、烽、蜂、风、疯、枫，逢、缝，讽，奉、俸、凤等。

d. 普通话里，声母 d、t 决不与韵母 in 相拼，因此，方言中念 din、tin 的字，都应改念 ing 韵。如：丁、疔、玎、叮、盯、钉、仃，顶、鼎，定、锭、订；厅、汀，庭、蜓、亭、停、婷、挺、艇等。

e. 普通话里，声母 n 与韵母 en 相拼的字，只有一个“嫩”字（“恁”不常用）；声母 n 与韵母 eng 相拼的字，只有一个“能”字。

f. 普通话里，声母 l 决不与韵母 en 相拼，所以方言中念 len 音的字，都应改念 eng 韵。如“棱、冷、愣”等。

g. 普通话里，声母 s 与韵母 en 相拼的字，只有一个“森”字；

声母 s 与韵母 eng 相拼的字，只有一个“僧”字。

⑤记单边练习

a. 普通话里，声母 g 与前鼻韵母 en 相拼的字，常用的只有“根、跟、亘”（哏、艮、茛不常用）三个字，其余的“庚、赓、羹、耕、更（更改），耿、埂、梗、哽、颈（脖颈儿），更（更加）”等字都是 eng 韵。

b. 普通话里，声母 z 与前鼻韵母 en 相拼的字，只有一个“怎”字（“谮”不常用），其余的“曾、憎、增，甑（甑子）、赠”等字都是 eng 韵。

c. 普通话里，声母 c 与前鼻韵母 en 相拼的字，只有一个“参（参差）”字（岑、涔不常用），其余的“曾，层，蹭（磨蹭）”等字都是 eng 韵。

d. 普通话里，声母 r 与后鼻韵母 eng 相拼的字只有“扔”和“仍”（礽不常用）两个字，其余的“人、仁、任、忍、认、刃、韧、纫”等字都是 en 韵。

e. 普通话里，声母 n 与前鼻韵母 in 相拼的字，常用的只有一个“您”字，其余的“宁、柠、拧（拧毛巾）、咛（叮咛）、狞、凝，拧（拧螺丝），宁（宁可）、泞、佞”等字都是 ing 韵。

⑥绕口令练习

加“。”的是前鼻韵母，加“·”的是后鼻韵母。

陈是陈，程是程，姓陈不能说成姓程，姓程也不能说成姓陈。禾旁是程，耳朵是陈。程陈不分，就会认错人。

人寻铃声去找铃，铃声紧跟人不停，到底是人寻铃，还是铃寻人。

（6）读准 i 和 ü

训练要领

①i 和 ü 发音的共同点：它们发音时舌位相同，都要使舌头前伸，舌面前部抬高接近硬腭前部。

②i 和 ü 发音的不同点：i 是不圆唇音，发音时嘴角明显向两边展开；而 ü 是圆唇音，发音时嘴唇撮成一个小圆孔。

训练方法

①对比练习

字的对比练习

i—ü　击—居　级—局　挤—举

　　　离—驴　立—律　你—女

ü—i　鱼—姨　许—喜　绿—丽

　　　剧—纪　去—气　雨—蚁

词的对比练习

i—ü　客机——客居　前期——前驱

　　　风气——风趣　里程——旅程

ü—i　女人——拟人　序曲——戏曲

　　　渔民——移民　比喻——比翼

组词练习

i—ü　寄居　七律　积蓄　西域

　　　器具　鲫鱼　奇遇　喜剧

ü—i　履历　嘘唏　淤泥　渔利

　　　羽翼　玉器　余地　聚集

②声旁类推练习

联系自己的方言实际，选取声旁为 ü 或 i 作声母的字，制成类推记字卡片，随身携带，随时练读记忆。

【示例】

B. NO. 32　　声旁类推　ü

具—俱惧

于—迂竽盂宇芋吁

居—裾据踞剧锯倨

吕—侣铝

俞—愉榆愈逾喻

句—拘驹

③绕口令练习

加“。”的是i韵母，加“·”的是ü韵母。

这天天下雨，体育运动委员会穿绿雨衣的女小吕，去找计划生育委员会不穿绿雨衣的女老李。体育运动委员会的穿绿雨衣的女小吕，没找着计划生育委员会不穿绿雨衣的女老李，计划生育委员会的不穿绿雨衣的女老李，也没有见着体育运动委员会穿绿雨衣的女小吕。

（7）读准多音字和异读词

在100个单音节字词试题中，一般有20个左右多音字和异读词，假如对这一类字词的读音不熟悉或对其在某种语境中的读音判断失误，也会出现读音错误。

训练要领

对误读频率较高的统读异读词和多音字进行组词造句练习，对多音字在不同语境中的读音查词典并进行造句练习，以便巩固记忆。

训练方法

①误读频率较高的异读词正音练习

榈 lǘ	馁 něi	澎 péng	湃 pài	剖 pōu	瀑 pù
期 qī	龋 qǔ	淆 xiáo	哮 xiào	癣 xuǎn	穴 xué
寻 xún	驯 xùn	亚 yà	咱 zán	暂 zàn	召 zhào
指 zhǐ	质 zhì	秩 zhì	诌 zhōu	拙 zhuō	卓 zhuó

②误读频率较高的多音字正音练习

挨　挨（āi）近　挨（ái）打

钉　钉（dìng）钉（dīng）子

佛　佛（fó）教　仿佛（fú）

矩　矩（jǔ）形　规矩（ju）

角　角（jué）色　三角（jiǎo）

卷　卷（juàn）宗　卷（juǎn）起来

尿　尿（niào）布　尿（suī）泡（pāo）

呛　烟味呛（qiàng）人　慢点喝，别呛（qiāng）着了

苔　舌苔（tāi）　青苔（tái）

伺　伺（cì）候　伺（sì）机

薄　绵薄（bó）　薄（báo）片　薄（bò）荷

露　露（lòu）馅　露（lù）骨

逮　逮（dài）捕　逮（dǎi）住了

血　血（xiě）流了出来　血（xuè）迹

着　着（zhāo）数　着（zháo）急　着（zhuó）想　听着（zhe）

校　学校（xiào）　校（jiào）对

翘　翘（qiáo）首　翘（qiào）尾巴

似　似（sì）乎　似（shì）的

纤　纤（xiān）维　纤（qiàn）夫

作　作（zuō）坊　作（zuò）用

2. 避免读音缺陷

读音缺陷是指发音不够准确，但还没有把普通话里的某一个音读成普通话里已有的另一个音。出现读音缺陷的主要原因是方言的影响。

(1) 纠正平舌音和翘舌音的读音缺陷

训练要领

找准这两类声母发音部位造成阻碍的接触或接近点，掌握好舌尖运动的“度”。

训练方法

①图示对比

平舌音的发音

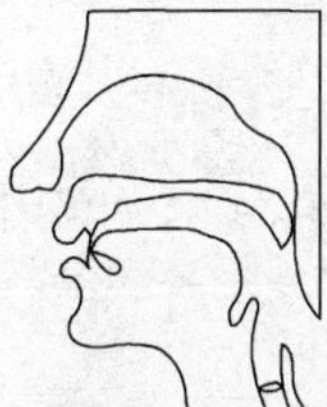

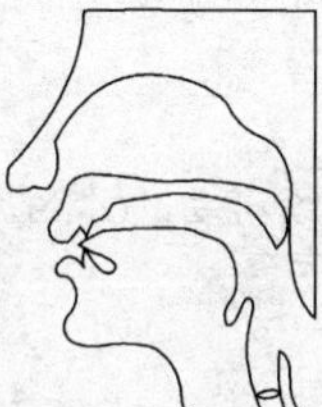

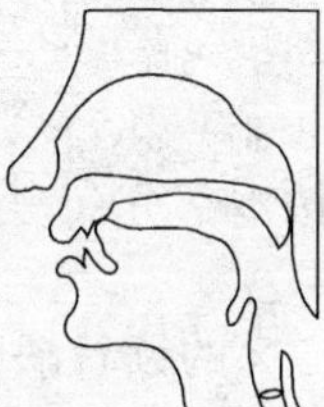

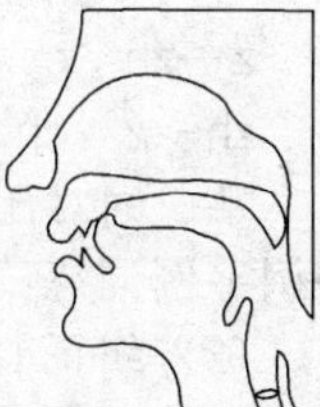

图 1　正确　　图 2　缺陷　　图 3　缺陷　　图 4　错误

从图中可以看到：

图 1：发音正确。舌尖前伸，抵住或接近上齿背。

图 2：发音缺陷。舌尖前伸过多，发成了齿尖音。

图 3：发音缺陷。舌尖略后缩，抵住或接近上齿龈，发音介于平舌音、翘舌音之间。

图 4：发音错误。舌身略后缩，舌尖翘起，抵住或接近硬腭前部，发成了翘舌音。

翘舌音的发音

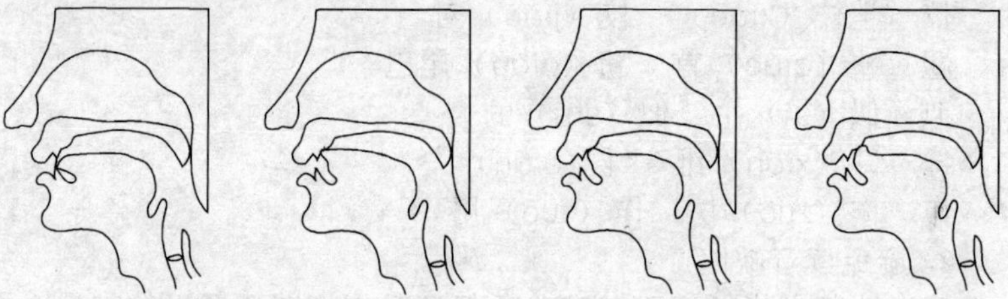

图 1　错误　　图 2　缺陷　　图 3　正确　　图 4　缺陷

从图中可以看到：

图 1：发音错误。舌尖前伸，抵住或接近上齿背，发成了平舌音。

图 2：发音缺陷。舌尖略后缩，抵住或接近上齿龈，发音介于平舌音、翘舌音之间。

图 3：发音正确。舌身缩，舌尖翘起，抵住或接近硬腭前部。

图 4：发音缺陷。舌身后缩过多，舌尖明显卷起，发成了卷舌音。

②发音对比

对比读下列声母，读平舌音时依据平舌音发音部位示意图 1，读翘舌音时依据翘舌音发音部位示意图 3。

z—zh　c—ch　s—sh

zh—z　ch—c　sh—s

字、词对比可按本部分（一）“读准 z、c、s 和 zh、ch、sh”中的例字例词练读。

（2）纠正 j、q、x 的读音缺陷

训练要领

发舌面音 j、q、x 时，舌尖下垂，抵住下齿背，舌面前部抬高与硬腭前部造成阻碍。注意：舌尖不要浮起，否则气流在舌尖与上齿背部位造成阻碍，就会发出近似于 z、c、s 的音，也就是通常所说的

"尖音"。

训练方法

①词语练习（注意加"·"字的读音）

即兴　精神　国际　笑星　秋季

嫁接　欢心　修车　超群　家长

济世　书签　借债　湘西　消息

②利用声韵母拼合规律练习

在普通话里，舌尖前音z、c、s不能与韵母i、ü或i、ü开头的韵母相拼，凡遇到方言里此类音节，应将声母改读为j、q、x。

③绕口令练习（注意加"·"字的读音）

小金到北京看风景，小京到天津买纱巾。看风景，用眼睛，还带一个望远镜；买纱巾，带现金，到了天津把商店进。买纱巾，用现金，看风景，用眼睛，巾、金、京、津、睛、景都要读标准。

小芹手脚灵，轻手擒蜻蜓。小青人精明，天天学钢琴。擒蜻蜓，趁天晴，小芹晴天擒住大蜻蜓。学钢琴，趁年青，小青精益求精练本领。你想学小青，还是学小芹？

（3）纠正韵母的读音缺陷

训练要领

韵母发音时要正确掌握舌位的高低前后唇形的圆展，读复韵母时动程要明显，读带韵尾的韵母时归音应该准确到位。

训练方法

①单韵母练习

a——大厦　沙发　喇叭　大妈　拉杂

o——薄膜　磨破　伯伯　婆婆

e——苛刻　特色　合格　色泽　割舍

i——汽笛　利息　奇迹　笔记　提议

u——祝福　出租　舒服　无辜　初步

ü——须臾　区域　女婿　伛偻　絮语

-i（前）——自私　此次

-i（后）——制止　支持　史诗　失事　日食

er——然而　偶尔　十二　耳机　儿歌

【提示】

单韵母由一个元音构成，发音时舌位、唇形不变。发 o、u、ü 时要圆唇；发 i、ü 时舌位虽然高但不能与上齿背产生摩擦；发 er 时舌尖自然卷起，但口不能张得太大。

②复韵母练习

ai——摆开　晒台　买卖　海带　灾害

ei——北非　肥美　蓓蕾　配备　黑煤

ao——报到　糟糕　牢靠　操劳　高潮

ou——守候　走漏　漏斗　收购　抖擞

ia——恰恰　假牙　加价　压价

ie——乜斜　铁鞋　贴切　结业　姐姐

ua——耍滑　挂画　花袜　娃娃

uo——磋砣　过错　罗锅　骆驼　没落

üe——雪月　约略　雀跃　决绝

iao——巧妙　妙药　教条　吊桥　逍遥

iou——悠久　绣球　久留　求救　优秀

uei——灰堆　鬼祟　推毁　归队　回味

【提示】

复韵母由两个或三个元音构成，发音时舌位、唇形要随着从一个音到另一个音的移动而变化。主要元音要拉开、立起，念得准确响亮。韵尾的归音位置要准确。

③鼻韵母练习

an——漫谈　繁难　淡蓝　坦然　橄榄

ian——变迁　偏见　电线　连绵　沿线

uan——贯穿　宽缓　专断　转变　婉转

üan——渊源　全权　圆圈　源泉　轩辕

ang——钢厂　方糖　螳螂　上当　盲肠

iang——将相　想象　向阳　湘江　襄阳

uang——狂妄　网状　装潢　状况　双簧

en——人参　本分　深圳　愤恨　沉闷

uen——温顺　温存　昆仑　论文　分寸

in——亲近　尽心　殷勤　金银　琴音

ün——均匀　逡巡　芸芸　军训

【提示】

鼻韵母由一个或两个元音再加一个鼻韵尾构成，鼻韵母的发音也应该有明显的动程。韵尾造成阻碍的部位应该准确：前鼻韵尾——舌尖和上齿背造成阻碍，后鼻音尾——舌根和软腭造成阻碍。

（4）纠正声调的读音缺陷

训练要求

掌握普通话四个调类的调值，根据不同调值的要求读出不同音节的高低升降，做到同一类声调的音高协调统一。

训练方法

①声调分类练习

阴＋阴	今天	沙滩	分钟	春耕
	哀伤	冰川	听说	穿插
阳＋阳	雷霆	岩石	儿童	学习
	才能	仍然	从容	寻求
上＋上	感慨	美好	手表	所有
	引起	也许	品种	可以
去＋去	报告	现代	目录	再见
	训练	判断	热烈	近代

【提示】

阴平调值为55，调型是高而平的；阳平调值为35，调型是中升的；上声调值为214，调型是降升的；去声调值为51，调型是全降的。

②入声字改读练习

a. 对比练习

知—汁　低—滴　沙—杀

查—察　扶—福　斜—胁

比—笔　古—谷　锁—索

义—亿　寓—育　务—物

【提示】

每组字声调相同。加“·”的是古入声字，练读时应先把入声字按普通话归调类，然后改读为普通话调值。

b. 绕口令练习

葛立在屋外扫积雪，白雪在屋里做作业。白雪见葛立在屋外扫积雪，急忙放下手里的作业，去到屋外帮助葛立扫积雪，白雪扫完了积雪，立即进屋再做作业。

岳伯伯特有德，读书千百册，摘要写心得，博学阅历多，跟谁也谐和。岳伯伯不在家中坐，要上街去买笔和墨，遇见好友祝玉国，玉国拉着伯伯进宅把水喝，二人谈得很随合，话就格外多。岳伯伯和祝玉国一谈谈到鸡上窝，伯伯也没买成笔和墨。

【提示】

加“·”的字是古入声字，用普通话读它们时，应该读准调值，不要读成短促急收的入声。

【资料】　**常用中古入声字普通话声调归类简表**

阴平 55	只一～织汁吃虱湿失逼劈～开滴剔踢激缉通～击积唧七柒漆沏缉～鞋口吸夕熄惜息蟋蜥晰析膝锡一壹扑督秃突凸窟哭忽出叔屋鞠屈曲弯～八捌发出～搭答～应塌拉垃哈～腰扎包～插杀扎～辫子咂擦撒～手夹～子掐瞎押鸭压刮刷挖拨剥～削泼摸托脱捋郭桌捉拙戳说作～坊撮勒～索搁胳疙割鸽嗑喝蜇～人鳖憋撇～开跌贴捏揭结～果子接疖切～开歇蝎楔噎缺薛削剥～约拍摘拆塞瓶～儿勒～紧黑剥～皮儿着～急雀～子削切～粥。
阳平 35	执职识的～确级吉急疾即棘脊～梁媳拂福幅～员蝠辐竹烛足卒菊桔答～复轧～钢扎挣～札察砸夹～裤荚博搏驳伯膜掇国酌灼琢啄得～到德格阁蛤～蜊革隔葛纠～咳壳果～貉折～断哲辙蜇海～则责洁劫睫节结拮诘胁决诀厥爵脚～色镢攫觉感～角～逐没～有
上声 214	尺笔匹劈～柴给供～脊山～乙朴骨～肉谷嘱辱曲歌～法塔哈姓眨撒～种甲抹索葛姓渴恶～心撇一～铁帖血出～雪百柏窄色～儿北得～去给～你郝脚手～角三～骨～头

续表

去声 51	质窒蛭拆赤叱式室释适饰必壁璧毕碧辟复～僻辟开～秘泌惕鲫绩寂迹泣讫戚隙益邑忆亿抑臆不腹复酷祝筑触畜家～束促簇肃速宿粟畜～牧蓄恤发理～踏栅诧煞萨卅恰洽吓～唬轧～棉迫魄阔括扩廓霍绰硕作工～错握沃各克客刻赫吓戚～淅撤彻设摄侧测册策恻塞闭～涩色～彩瑟啬扼鄂恶～劣怯切一～窍泄谒却确雀麻～鹊血～压率～领蟀觉睡～壳地～日密蜜匿弱逆力立粒笠栗沥历厉亦役疫逸翼译轶幕木目牧睦苜鹿辘碌陆戮褥入物勿率效～律绿氯育域浴欲吁呼～玉狱纳捺呐辣瘌蜡腊划计～袜末沫茉莫漠默墨没沉～寞诺洛络骆落或惑获弱若乐快～热灭蔑镊列烈裂猎劣叶页业虐疟略惊悦阅越粤跃月乐音～岳麦脉肋烙酪药钥肉六

转自《普通话水平测试指南》

3. 读单音节字词综合训练

shùn yǒng kuān cí xiōng lǚ tuó shí

舜 涌 宽 词 兄 铝 砣 石（石板）

ā bié chuāi huán shēng nüè

阿（阿姨） 别（区别） 揣（怀揣） 环 笙 虐

qiā guàng pāi èr pō rùn huàng

掐 逛 拍 贰 颇 润 晃（晃动）

chē juàn zēng guài bèi ǎo

车（车床） 圈（猪圈） 曾（曾孙） 怪 被 袄

cāo míng kuī bō yìn fā qiān

操 名 亏 拨 荫 发（发表） 铅（铅笔）

jūn diào sī xìn jí wēn zhěn mō jiǎn

军 吊 司 信 急 温 枕 摸 茧

niè liáng gōu fèi biǎo méng

聂 凉（凉快） 勾（勾结） 肺 表 蒙（蒙蔽）

niū cún zhàng zǐ yāng sè cù wō

妞 存 帐 子 秧 涩 醋 窝

huá fǒu sòng liú rèn chàn

划（划船） 否（否定） 宋 留 纫 颤（颤抖）

tiě wēng kuǎ xiāng nì liǎ shuàn piān
铁 翁 垮 襄 腻 俩（咱俩） 涮 篇

mī píng fàn chuǎng diū zǒng rǎn
眯（眯眼） 瓶 犯 闯 丢 总 染

yú shěn tà kāi hé chǐ
余 沈 榻 开（开办） 核（核桃） 尺（尺寸）

tuì gǔ zhuó zuì zhì sāi liǎo
褪（褪色） 鼓 浊 醉 痣 鳃 了（了解）

ōu qín rǎng děi
鸥 秦 嚷（叫嚷） 得（得一小时）

wǔ dìng xuē qún
捂（捂着） 定 薛 群

【提示】

声母、韵母的发音要准确，韵尾归音要到位，声调调值要正确，语速要适中。可以计时练读。

（二）读双音节字词 50 个

训练目标

通过训练，在读准每个音节的声、韵、调的前提下，掌握普通话变调、轻声和儿化韵的读音。

本项测试除测查应试人普通话声母、韵母、声调发音的准确度以外，还测查应试人对于普通话变调、轻声和儿化韵的掌握和运用情况。总分为 20 分。读错一个声母、韵母或声调扣 0.2 分；语音有缺陷每字扣 0.1 分。本项测试的应考难点有三个，一是上声音节的读法，二是找出并读准轻声音节，三是读准儿化韵。

1. 上声音节的训练

训练要领

上声音节在非上声音节（阴平、阳平、去声）之前调值变为 21，调型是低降的，又叫“半上”。上声音节在上声之前调值变为 35，类似于阳平，调型是中升的，上声音节在各类声调的音节之后不变调，调值仍为 214。

训练方法

(1) 上声与非上声音节组词练习

上＋阴	喜欢	展出	组织	等车	老师
	口腔	北方	小心	主张	普通
上＋阳	指责	卷云	羽毛	口才	草原
	祖国	敏捷	考查	果茶	语流
上＋去	笔画	丑恶	满意	好像	努力
	脚步	体育	考试	等待	美丽

【提示】

非上声音节之前的上声只降不升，调值为 21。

(2) 上声音节在后的词语练习

阴＋上	书法	山谷	千古	艰苦
	商场	终点	思想	中午
阳＋上	没有	即使	鼻孔	民主
	宏伟	游览	言语	长远
上＋上	感慨	美好	手表	所有
	引起	也许	品种	可以
去＋上	彻骨	汉语	赞美	作品
	父母	矿产	贷款	酷暑

【提示】

这些词语中的后一个音节调值为 214，不发生变调现象。如果将它们读作 21 调值，就会出现声调读音缺陷。两个相连的上声，第一个变得类似于阳平，第二个不变。

2. 轻声音节的训练

训练要领

(1) 当前一个音节的声调是非上声时，后一个轻声音节的调型是短促的、低降的，调值为31。

(2) 当前一个音节的声调是上声时，后一个轻声音节的调型是短促的半高平调，调值为44。

训练方法

(1) 轻声音节调值练习

阴·轻——煎饼　薪水　先生　猩猩

提防　差事　掂量　眯缝

阳·轻——能耐　糊涂　俗气　勤快

阎王　寒碜　行家　毛病

去·轻——闹腾　利索　上司　硬朗

亲家　厚实　阔气　进项

【提示】

加“。”的都是轻声音节，要读成短促的低降调。

上·轻——补丁　响动　扁担　苤蓝

扭搭　摆设　口袋　搅和

【提示】

上声之后的轻声音节要读成短促的半高平调。

(2) 四字短语练习

他的师傅　关上抽屉　三个亲戚

知道消息　干净衣服　擦擦玻璃

吃的东西　天上星星　烟筒通吗

风筝飞吧　收拾妥当　摔个跟头

谁的 裙子　　容易 明白　　什么 毛病

葡萄 甜吗　　学生 来了　　麻烦 伯伯

喜欢 打扮　　打个 比方　　怎么 搞的

（3）语句练习

同学们！把窗户打开透透气，把玻璃擦擦再关上。听明白了吗？

天上的星星像眼睛似的，眨呀眨的，那么亮堂，真有意思！

公园里什么花儿都有：牡丹、月季、玫瑰、芍药，红的、白的、黄的、紫的，漂亮极了！

我的朋友从东边儿来，穿着一身漂亮的衣裳，大老远就叫了一声，看他那快活的样子，也不知道为了什么，倒把我弄湖涂了。

伙计！你搞什么名堂？别那么冒失，免得惹麻烦。有那图热闹的功夫，还不如老实学点儿知识呢！

（4）轻声词重点记忆练习

有规律可循的轻声词比较好掌握，比如助词、带词缀的名词、部分方位词或方位语素、趋向动词、单音节动词的重叠形式和叠音词的后一个音节等等。难度最大的是无规律可循、只是普通话里习惯上读轻声的那一类词语。练习时可以对自己感到最生疏的轻声词进行强化记忆。例如：

耽误　　服侍　　周到　　脾气　　商量　　得罪

知道　　福气　　本事　　本钱　　势力　　在乎

快活　　妥当　　爽快　　招牌　　将就　　提防

棉花　　硬朗　　书记　　生日　　能耐　　莲蓬

侥幸　　芥末　　算计　　月饼　　下巴　　赏钱

3. 儿化韵的训练

训练要领

儿化韵中的“儿”不是一个独立的音节，而是依附在前一个音节的末尾，给这个音节加上一个卷舌动作，使这个音节的读音因“儿化”而发生了变化。卷舌时，舌尖迅速卷起靠近硬腭前部，嘴唇不圆。

读儿化韵时要注意不同韵母的儿化变化具有不同的规律，并不是简单地理解为在一个音节后面加一个卷舌动作。

训练方法

（1）主要元音为 a 的韵母儿化练习

ar：鲜花儿　油画儿　笑话儿　刀把儿
　　纸匣儿　豆芽儿　壶盖儿　女孩儿
　　一块儿　花篮儿　好玩儿　花瓣儿

【提示】

主要元音为 a 的韵母儿化时，在“a”后快速加一个卷舌动作，儿化后这个主要元音读作 ar（r 为卷舌动作。下同）。若主要元音 a 后有韵尾，要丢掉韵尾，直接在 a 后卷舌。

（2）主要元音为 e 的韵母儿化练习

er：山歌儿　柜门儿　一会儿　小腿儿
　　花纹儿　麦穗儿　墨水儿　墙根儿
　　零碎儿　花盆儿　台阶儿　树叶儿

【提示】

主要元音为 e 的韵母儿化时，在“e”后加卷舌动作，读作 er。若主要元音 e 后有韵尾，要丢掉韵尾，直接在 e 后卷舌。

（3）主要元音为 i、ü、ê、-i（前）、-i（后）的韵母儿化练习

er　米粒儿　差不离儿　金鱼儿　唱曲儿
　　孙女儿　马驹儿　　小米儿　小鸡儿

瓜子儿　挑刺儿　　树枝儿　锯齿儿

【提示】

主要元音为i、ü、ê、-i（前）、-i（后）的韵母儿化时，直接在它们后面加一个er，并快速连读。

（4）主要元音为u、o的韵母儿化练习

ur：眼珠儿　白兔儿　细末儿　小曲儿

短袖儿　笔头儿　小猴儿　衣兜儿

打球儿　袖口儿　一撮儿　干活儿

【提示】

主要元音为u、o的韵母儿化时，在它们后面直接快速加一个卷舌动作。

（5）后鼻韵母儿化练习

铜铃儿　帮忙儿　药方儿　唱腔儿

瓜秧儿　蛋黄儿　竹筐儿　借光儿

门缝儿　头绳儿　板凳儿　麻绳儿

【提示】

后鼻韵母儿化时，丢掉后鼻韵尾-ng，同时主要元音鼻化（发音时鼻腔通气），加卷舌动作。比如"帮忙儿"的实际读音应该是bāngmãr。

（6）儿化韵对话练习

甲：昨天晚上玩儿得开心吗？

乙：听听歌儿，聊聊天儿，嗑嗑瓜子儿，怎么不开心？

甲：人家请你去联欢，怎么不唱个小曲儿，露一手儿？

乙：这儿人才济济，请来了好几个名角儿，我可不想去凑趣儿。

甲：咳！大家一块儿乐乐呗，谁跟你较劲儿啦。

乙：哪儿的话，我向来胆儿小，上不得台面儿。

甲：好，下次咱俩合伙儿，我使劲儿，你加油儿，唱一出"看花灯儿"、"走西口儿"。　（摘自江苏省语委办主编《普通话训练指导》）

4. 读双音节词语综合训练

zìjué 自觉	tūrán 突然	jiàoxùn 教训	gòuzào 构造	péngyou 朋友
xiázhǎi 狭窄	huàxué 化学	páiqiú 排球	zhǔnshí 准时	pòhuài 破坏
lǎotóur 老头儿	pèihé 配合	érqiě 而且	zhǐhuī 指挥	jiàgé 价格
cōng·míng 聪明	nèiróng 内容	bǎishù 柏树	sīxiǎng 思想	guǎngkuò 广阔
nàiyòng 耐用	bènzhuō 笨拙	qúntǐ 群体	gànhuór 干活儿	cǎifǎng 采访
kuàilè 快乐	bīnguǎn 宾馆	lǎngdú 朗读	jīlěi 积累	cāochǎng 操场
qīnlüè 侵略	fǔdǎo 辅导	miáoxiě 描写	sùshè 宿舍	liáotiānr 聊天儿
mǒshā 抹杀	píngfán 平凡	juānkuǎn 捐款	chúncuì 纯粹	qǐngjiǎn 请柬
chǔxù 储蓄	miǎnqiǎng 勉强	qióngrén 穷人	duǎnzàn 短暂	fènghuáng 凤凰
nàmènr 纳闷儿	xuánlǜ 旋律	guàniàn 挂念	dēnglong 灯笼	chēnghu 称呼

【提示】

除声、韵、调准确，读准变调、轻声、儿化韵以外，还要注意两个音节一气呵成，不能一字一顿；词与词之间要注意停顿；语速要适中。可以计时练读。

（三）读短文

训练目标

读短文时做到语音准确流畅、音变正确、语速适中、停连合理、准确表达文意。

本项测试除测查应试人声、韵、调的准确度以外，重点测查连读音变、语气、语调以及停顿、断句、全篇朗读语速和流畅程度。总分为30分。读错一个音节（指声、韵、调方面的错误）、漏读或增读一个音节均扣0.1分。方言语调按其程度扣1～3分。停顿、断句不当或语调错误，每次扣1分。语速过快或过慢，一次性扣2分。超时扣1分。本项测试的应考难点除语音准确度以外，还有三个，一是语流音变知识在朗读中的正确运用，二是读得熟练、流畅，三是音译外来词以及数字的准确读法。

1. 语流音变训练

训练目标

对短文中涉及到的变调、轻声、儿化及语气词“啊”的音变等一系列语流音变现象进行准确的表达。

训练方法

（1）读准短文中的上声变调

又过了十来天，老鼠又说：“我二姐又要生孩子，请我去吃饭。”猫说：“早去早回。”老鼠边答应边往外走。

天黑了，老鼠回来了，腆着肚子，满嘴都是油。猫问：“你二姐生了啥呀?”“生个白胖丫头。”“起个什么名字?”“叫一半。”

作品28号：《猫和老鼠》

小鸟啾啾戏柳枝，春花遍地开。妈妈每在新春之前，总是要为自己定下一个计划，今年要在那亩地开辟一片瓜地，让瓜结得大大的，甜甜的，让儿女们假期美美地吃上好瓜；或者在田埂上种些高粱、玉米，好让儿女们过节能吃上甜甜的高粱饴、香喷喷的玉米棒。妈妈总是想着让我们能吃上可口美味的东西，从不说她要吃什么。

作品34号：王胜厚《献给母亲的歌》

雪地中一位年轻的母亲拉着身后的小女儿跑着，笑着。忽然，母亲脚下一滑，摔倒在雪地上。我忙跑过去拉起她，她却不顾自己，而是马上扶起坐在地上的小女儿。女儿也很懂事地给妈妈拍去头发上的雪，轻轻地问了一声："妈妈，您疼不疼？"母亲由衷地笑了，笑得那么舒心。

望着雪片纷飞中母女俩紧紧相偎的身影，我的脑海里立刻映出了十年前似曾相似的一幕：那时，我也曾十分乖巧地为妈妈拍雪，扶妈妈走路。可十年后同样的雪天，我却只顾自己的兴致把妈妈的关心搁在一边。也许妈妈并未留意我的话，但17岁的我应该理解父母的苦心，因为在他们的眼里我永远是个长不大的孩子。

作品36号：曹展《雪花飘啊飘……》

啊，是对我的美好前途的憧憬支撑着她活下去，为了给她那荒唐的梦至少加一点真实的色彩，我只能继续努力，与时间竞争，直到1938年我被征入空军。巴黎很快失陷，我辗转调到英国皇家空军。刚到英国就接到了母亲的来信。这些信是由在瑞士的一个朋友秘密地转到伦敦，送到我手中的。

作品37号：罗曼·加里《我的母亲独一无二》

燕子的巢便是山珍美味中的燕窝，与熊掌、鱼翅享有同等声誉。燕窝所以贵重，除其营养价值外，还在于其少，更在于其难采。所以到燕子洞参观的人，最难得的机缘是观看采燕窝。每年春分时节，燕子纷纷飞归洞中。为了保护燕子繁衍，一直到入秋是不允许采燕窝的。入秋后新一代小燕飞去暖和的地方过冬，采燕窝的活动才开始。采燕窝是靠人矫健的手脚，在五十多米高的悬崖绝壁间攀援，抬手动足都随时有险情发生，连观看的人也都为采燕窝的人捏着一把汗。

采集高手一天能采五公斤燕窝，他们说，那艰险自己也担一份心呢！不过需要的是大胆细心，镇定。采燕窝的绝技，一代代地传下来了，可真是一方水土养一方人啊。

作品40号：钦文《神奇燕子洞》

【提示】

①上声在非上声（阴平、阳平、去声）音节前变半上，调值为21。如例文中的以下加点字：

早去早回　我二姐　腆着　起个什么名字　柳枝　跑着　那亩地　每在新春之前　田埂上　总是想着　母亲　我却只顾自己　父母的苦心　走路　努力　很快　美味　保护　采燕窝　矫健　也都一把汗　采集　可真是　养一方人

②上声在上声音节前面，前一个上声变得类似于阳平，调值为35。如例文中的以下加点字：

老鼠　满嘴　美美地　小女儿　紧紧　很懂事　理解　眼里　永远　美好　辗转　我手中　享有　所以　允许　手脚　水土

③三个上声音节相连，前两个变得类似阳平，后一个不变。如例文中的以下加点字：

母女俩　脑海里

（2）读准短文中"一"的变调

接着又来了一头大狮子，跟庙门前的大石头狮子一模一样，也是那么大，也是那样蹲着，很威武、很镇静地蹲着。可是一转眼就变了。

作品9号：萧红《火烧云》

巴尼打量了一下周围的树木，决定把一棵直径超过两英尺的松树锯倒。出人意料的是：松树倒下时，上端猛地撞在附近的一棵大树上，一下子松树弯成了一张弓，旋即又反弹回来，重重地压在巴尼的右腿上。

…………

巴尼把断腿简单包扎了一下，他决定爬回去。一路上巴尼忍着巨痛，一寸一寸地爬着；他一次次地昏迷过去，又一次次地苏醒过来，心中只有一个念头：一定要活着回去！

作品21号：沈亚刚译《难以想象的抉择》

小脚又一次地踏上了人行道，另一只脚也费力地提到了空中，这回可真是憋足了劲。

“加油！加油！”旁边的小姑娘喊着。

终于两只脚都站到人行道上去了，这也许是孩子一生中拿下的第一个高地，小胖脸同时绽开了笑容——了不起的胜利！

“好一个登山者！”胡子老爷爷幽默地说，他摸摸孩子的头，“一开头总是困难的，但现在总算对付过去了。乖孩子，祝你永远向新的高度进军！”

作品25号：孙继梓译《第一次》

江南有位书生，他父亲在国子监里当助教，他也随父亲住在京城。有一天，他偶然路过寿字大街，见有一间书肆，便走了进去。书肆里有一个少年书生，挑中了一部《吕氏春秋》，点数铜钱交付时，不小心，一个铜钱掉在地上，轱辘到一边去了，少年并没有发觉。江南书生看见了，暗中把钱踩在脚下，没有作声。等买书少年走后，他俯下身子把铜钱拾了起来，装入自己的衣袋中。他以为自己做得巧妙，没人看见。其实旁边坐着的一位老者，早就看见了，老者忽地起来，问他姓啥名甚。书生办了昧心事，只得如实说出自己的姓名。老者听罢，冷笑一声走了。

作品30号：《贪得一钱丢了官》

【提示】

①“一”在单用或在词句末尾时读原调阴平。例如“九九八十一”、“全国第一”。

②“一”在非去声（阴平、阳平、上声）音节前变为去声。如例文中的以下词语：

一模一样	一转眼	一棵	一张
一只	一生	一开头	一天
一间	一边	一声	一间

③“一”在去声音节前面变阳平。如例文中的以下词语：

一模一样　一下　一寸　一个　一次

一部　一位

④“一”夹在重叠动词中间读轻声。例如“看一看”、“试一试”、“尝一尝”等。

(3) 读准短文中“不”的变调

父亲接下去说：“所以你们要像花生，它虽然不好看，可是很有用，不是外表好看而没有实用的东西。”

作品 8 号：许地山《落花生》

从山沟沟里跨进大学那年，我才 16 岁，浑身上下飞扬着土气。没有学过英语，不知道安娜·卡列尼娜是谁；不会说普通话，不敢在公开场合讲一句话；不懂得烫发能增加女性的妩媚；第一次看到班上男同学搂着女同学跳舞，吓得心跳脸红……

作品 19 号：艾菲《我不再羡慕……》

商人则认为应属水果，据理力争：西红柿有丰富的果汁，这是一般蔬菜所不具备的；它又可以生食，同一般蔬菜也不一样；形状色泽也都应当属于水果范畴。双方为此争执不下，最后只好把它作为被告，送进美国高等法院，接受审判。

作品 24 号：《美国历史上的西红柿案件》

反省我自己吧：我正在做的那件事一再失利，我该学得聪明一点，不能再闷着头蛮干一气了——我是个有头脑的人，可不是虫子。

第三个人询问智者：“观察同一只虫子，两个人的见解和判断截然相反，得到的启示迥然不同。可敬的智者，请您说说，他们哪一个对呢？”

智者回答："两个人都对。"

询问者感到困惑："怎么会都对呢？您是不愿还是不敢分辨是非呢？"

智者笑了笑，回答道："太阳在白天放射光芒，月亮在夜晚投洒清辉——它们是相反的；你能不能告诉我：太阳和月亮，究竟谁是谁非？"

作品27号：伊人《启示的启示》

听师父说，水的温度已经刚好，看见桶里还剩有冷水，做弟子的就随手倒掉了。正在澡盆里的师父眼看弟子倒掉剩水，不禁语重心长地说："世界上的任何东西，不管是大是小，是多是少，是贵是贱，都各有各的用处，不要随便就浪费了。你刚才随手倒掉的剩水，不就可以用来灌浇花草树木吗？这样水得其用，花草树木也眉开眼笑，一举两得，又何乐而不为呢？"

作品29号：《珍视自己的存在价值》

【提示】

①"不"单用或在词句末尾读原调去声。例如"不！""我不！"

②"不"在非去声（阴平、阳平、上声）音节前面也读原调去声。如例文中的以下词语：

不好看　不知道　不敢　不懂得　不一样　不禁　不为　不管　不同

③"不"在去声音节前面变阳平。如例文中的以下词语：

不是　不会　不具备　不愿　不要　不就　争执不下

④"不"夹在词语中间读轻声。例如"看不看"、"好不好"、"能不能"、"高不高"等。

（4）读准短文中"啊"的音变

人生会有多少个第一次啊（a）！

作品25号：孙继梓译《第一次》

雪花飘啊（wa）飘，我目送那对母女远去，便急切地回转身，我要回家去对父母说："爸爸、妈妈，雪大路滑，当心啊（na）！"

作品36号：曹展《雪花飘啊飘……》

啊（a），是对我的美好前途的憧憬支撑着她活下去，为了给她那荒唐的梦至少加一点真实的色彩，我只能继续努力，与时间竞争……

作品37号：罗曼·加里《我的母亲独一无二》

郊外的景色真美啊（ya）！湛蓝的天空，像一池倒映的湖水……

作品41号：庞秀玉《爱痕》

满桥豪笑满桥歌啊（ya）！……我仰望一碧蓝天，心底轻声呼喊：家乡的桥啊（wa），我梦中的桥！

作品42号：郑莹《家乡的桥》

一轮血色的太阳，从多少耸立着的高楼背后冉冉升起，觉得它离自己好近啊（na），还猜测着纵横交错排列成一长串队伍的高楼里，也应该有数不清的人们……

作品47号：林非《高楼远眺》

采燕窝的绝技，一代代地传下来了，可真是一方水土养一方人啊（na）。

钦文：《神奇燕子洞》

大雪下了整整一夜。今天早晨，天放晴了，太阳出来了。推开门一看，嗬！好大的雪啊（ya）

峻青：《第一场雪》

早上我起来的时候，小屋里射进两三方斜斜的太阳。太阳他有脚啊（wa）轻轻悄悄地挪移了。

作品 23 号：朱自清《匆匆》

一只小小的虫子，这样的执著、顽强，失败了，不屈服；跌倒了，从头干；真是百折不回啊（ya）！

作品 27 号：伊人《启示的启示》

老鼠说："猪油放在家里，我嘴馋，不如藏到远一点的地方去，到冬天再取来吃。"猫说："行啊（nga）。"

作品 28 号：《猫和老鼠》

奇怪啊（ya），怎么楼前凭空涌起那么多黑黝黝的小山，一重一重的，起伏不断？

杨朔《荔枝蜜》

【提示】

①"啊"之前的末尾音素是舌面元音（除 u 外）时，"啊"音变为 ya。如例文中的以下词语：

真美啊　好大的雪啊　满桥歌啊

奇怪啊　百折不回啊

②"啊"之前的末尾音素是 u（包括 ao、iao、ou）时，"啊"音变为 wa。如例文中的以下词语：

有脚啊　飘啊飘　家乡的桥啊

③"啊"之前的末尾音素是前鼻韵尾-n 时，"啊"音变为 na。如例文中的以下词语：

当心啊　好近啊　人啊

④"啊"之前的末尾音素是后鼻韵尾-ng 时，"啊"音变为 nga。如例文中的"行啊"。

⑤“啊”之前的末尾音素是-i（前）、-i（后）时，把-i（前）或-i（后）作为“啊”的韵头，连读成音。如例文中的“人生会有多少个第一次啊！”

⑥“啊”作叹词时不发生音变，仍然读作 a。如例文中的“啊，是对我的美好前途的憧憬支撑着她活下去……”

（5）读准短文中的轻声音节

燕子去了，有再来的时候；杨柳枯了，有再青的时候；桃花谢了，有再开的时候。但是，聪明的你告诉我，我们的日子为什么一去不复返呢？——是有人偷了他们罢：那是谁？又藏在何处呢？是他们自己逃走了罢：现在又到了哪里呢？

作品 23 号：朱自清《匆匆》

我和太太在马来西亚槟榔屿参加一个游览团体。向导带我们到橡胶园参观割胶。一个男童爬上一棵椰树，正打算用弯刀割下一个椰子，他母亲便在附近房子里叫嚷。

我告诉太太：“她说‘孩子，小心啊，别把手指割掉’。”

向导惊讶地问：“原来你懂马来话。”

作品 20 号：言者《轻轻的一声叮咛》

年岁逐增，渐渐挣脱外在的限制与束缚，开始懂得为自己活，照自己的方式做一些自己喜欢的事，不在乎别人的批评意见，不在乎别人的诋毁流言，只在乎那一分随心所欲的舒坦自然。

作品 7 号：杏林子《朋友和其他》

我说：“花生的价钱便宜，谁都可以买来吃，都喜欢吃。这就是它的好处。”

…………

父亲说："花生的好处很多，有一样最可贵：它的果实埋在地里，不像桃子、石榴、苹果那样，把鲜红嫩绿的果实高高地挂在枝头上，使人一见就生爱慕之心。你们看它矮矮地长在地上，等到成熟了，也不能立刻分辨出来它有没有果实，必须挖出来才知道。

作品8号：许地山《落花生》

【提示】

①助词和名词、代词的后缀读轻声。如例文中的以下词语：

助词：自己的　惊讶地　去了　逃走了罢　何处呢　小心啊

名词的后缀：燕子　日子　孩子　桃子　房子

代词的后缀：他们　我们　你们

②名词、代词后的方位词一般读轻声。比如：

房子里　地里　枝头上　地上　哪里

③动词、形容词之后的趋向动词一般也读轻声。比如：

分辨出来　挖出来

④叠音词的第二个音节往往读轻声。比如例文中的"太太"一词。

⑤个别数量词读轻声。比如例文中的"一个"。

⑥还有一些是普通话习惯上必须要读轻声的音节，需要特别记忆。比如：

聪明　槟榔屿　打算　告诉　懂得　喜欢　在乎　舒坦　价钱　便宜　好处　石榴　知道

(6) 读准短文中的儿化词

喂猪的老头儿在墙根靠着，笑盈盈地看着他的两头小白猪变成小金猪了……………

这地方的火烧云变化极多，一会儿红彤彤的，一会儿金灿灿的，一会儿半紫半黄，一会儿半灰半百合色。葡萄灰，梨黄，茄子紫，这些颜色天空都有，还有些说也说不出来、见也没见过的颜色。

作品9号：萧红《火烧云》

大雪整整下了一夜。今天早晨，天放晴了，太阳出来了。推开门一看，嗬！好大的雪啊！山川、河流、树木、房屋，全都蒙上了一层厚厚的雪，万里江山，变成了粉妆玉砌的世界。落光了叶子的柳树上挂满了毛茸茸、亮晶晶的银条儿；而那些冬夏常青的松树和柏树上，则挂满了蓬松松、沉甸甸的雪球儿。一阵风吹来，树枝轻轻地摇晃，美丽的银条儿和雪球儿簌簌地落下来，玉屑似的雪末儿随风飘扬，映着清晨的阳光，显出一道道五光十色的彩虹。

作品10号：峻青《第一场雪》

吃鲜荔枝蜜，倒是时候。有人也许没听说过这稀罕物儿吧……热心肠的同志送给我两瓶。一开瓶子塞儿，就是那么一股甜香；调上半杯一喝，甜香里带着股清气，很有点鲜荔枝的味儿。

作品45号：杨朔《荔枝蜜》

最有趣的是在酷暑的中午，带着牛儿去水里游泳。太阳热热地晒着，蝉儿高唱，稻花飘香。为了不弄湿衣裤，我们一律脱光身子，在银色的浪花里嬉戏。会游的，畅快地与水里的牛儿为伴，游来游去，累了就爬到牛背上让牛驮着游来游去。

作品35号：华宣飞《放牛的日子》

忽然，母亲脚下一滑，摔倒在雪地上。我忙跑过去拉起她，她却不顾自己，而是马上扶起坐在地上的小女儿。女儿也很懂事地给妈妈拍去头发上的雪，轻轻地问了一声："妈妈，您疼不疼？"

作品36号：曹展《雪花飘啊飘……》

【提示】

①在音节后直接加卷舌动作的词语是：

老头儿　银条儿　雪球儿　雪末儿　稀罕物儿

②去掉末尾音节的韵尾，再加卷舌动作的词语是：

一会儿　瓶塞儿　有点儿　味儿

③有些词语中的“儿”并不是儿化韵，而是名词的后缀，应该将它读作 er（轻声），不产生“儿化”这种音变。比如：

牛儿　蝉儿　女儿

2. 朗读长句训练

《普通话水平测试大纲》规定的朗读作品中往往有一些较长的句子，朗读前要根据表情达意的需要合理安排顿连。生理上需要的顿歇（如换气）必须服从内容表达的需要，不能因句子过长而随意停顿，造成“断句不当”的失误，破坏语意的完整性。我们可以用下列语段练习长句的朗读。

到纽约，不去看看闻名世界的自然历史博物馆，将会是件憾事。这个由一百多个国营、民营基金会、∧两百多家大公司∧及五十多万会员鼎力相助支持的∧民营机构，收藏了数十万件价值连城的物品，实在值得一看再看，其中包括中国周口店发现的∧史前人类头盖骨等。

作品 6 号：爱薇《一言既出》

乔治·华盛顿∧是美利坚合众国的第一任总统。就是他∧领导美国公民∧为了自由为了独立∧浴血奋战，‿赶走了统治者。

作品 12 号：刘喜云译《上将与下士》

蜚声于世的悉尼歌剧院，坐落在澳大利亚著名港口城市悉尼∧三面环海的贝尼朗岬角上。

…………

1956年，当时的澳大利亚总理凯希尔∧应担任乐团总指挥的好友古申斯的请求，决定∧由政府出资∧在贝尼朗建造一座现代化的歌剧院。有30个国家的建筑师∧送来了223个设计方案，由美国著名建筑师沙里宁等人组成的评委会∧负责评选。

作品22号：司徒一凡《悉尼歌剧院建设轶事》

爸爸等于给我一个谜语，这谜语∧比课本上的“日历挂在墙壁，一天撕去一页，使我心里着急”∧和“一寸光阴一寸金，寸金难买寸光阴”还让我感到可怕；也比作文本上的“光阴似箭，日月如梭”∧更让我觉得有一种说不出的滋味。

作品14号：林清玄《和时间赛跑》

在闽西南苍苍茫茫的崇山峻岭之中，点缀着数以千计的圆形土楼，充满神奇的山寨气息。这就是∧被誉为“世界民居奇葩、世上独一无二的神话般的∧山区建筑模式的∧客家人民居。

作品39号：张宇生《世界民居奇葩》

【提示】

①“∧”表示无标点符号处的短暂停顿。

②“‿”表示在有标点符号处缩短停顿时间，连起来读。

③“—”是词组号，表示这个词或词组需要连起来读，以免影响语意的完整性。

3. 关于短文中音译外来词的读音

短文中出现的音译外来词（主要是人名、地名等一些专有名词）应该按所用汉字的声母、韵母、声调读，不能按外语的发音习惯改变汉字的声母、韵母或声调。比如：

人名：

乔治·华盛顿
安娜·卡列尼娜
巴尼·罗伯格
凯希尔
耶尔恩·乌特松
彼得·弗雷特
伊丽莎白
卡廷
约翰·克里斯朵夫
沙里宁
古申斯
俄罗拉答利
罗伯特·吉本·约翰逊

地名：

悉尼
威尔斯
摩根纪念馆
苏格兰
大不列颠
纽约
渥太华
贝尼朗岬角
耐斯城
萨文河畔
巴黎
伦敦
澳大利亚

4. 读短文时应该注意的其他问题

（1）自然流畅。
（2）不添字、漏字、改字。
（3）避免回读。

（四）说话

训练目标

围绕一个话题单向说话不少于3分钟，语音准确，语流自然流畅，用词规范得当，表意清楚明白。

本项测试的目的是测查应试人在无文字凭借的情况下说普通话的能力和达到的规范程度，着重测查语音标准度、词语语法规范度和言语流畅度。总分为40分，其中语音标准度30分，词语、语法规范度5分，言语流畅度5分。本项测试是在没有任何文字凭借的情况下应试人的单向临场表达，因此，它的应考难点除语音准度以外，还有两个，一是选择词语、句式符合普通话的规范，二是言语自然流畅，突出口语化特点。

1. 词语和语法规范训练

训练目标

通过对普通话词语和语法的选择、判断等训练，了解普通话词语、语法和方言词语、语法的区别，能够在口语表达中娴熟地运用普通话规范的词语和语法。

训练方法

(1) 词语规范训练

①从每组词中选出普通话规范词语。

a. 谈谈闲　攀讲　谝闲传　聊天儿　摆龙门阵　唠嗑　讲张　拍嘴鼓　白话

b. 提起来　拎起来　提溜起来

c. 洗面　沐面　揩面　洗脸

d. 双胞儿　双棒儿　双胞胎　双生子

e. 老面　面酵子　面头　面肥　起子

f. 鼻子　鼻　鼻公　鼻哥　鼻头

g. 爹爹　爹　阿爹　爸爸　阿伯　大

h. 厨屋　灶屋　厨房　伙房　灶火

i. 手巾　绢头　手捏仔　汗巾　手绢儿　手巾仔

②从下列词语中选出普通话的"子尾词"。

a. 梨子　栗子　啥子　李子　妹子

b. 街子　椅子　打摆子　屉子　麻雀子

c. 鸡子　辣子　粉面子　鸡娃子　鸭子

d. 耗子　脸蛋子　刷子　茅子　半拉子

e. 锁子　镜子　宅子　门子　刀刀子

③从下列词语中选出普通话的"头尾语"。

a. 灶头　码头　名头　擦头

b. 盼头　花头　挡头　纸头

c. 宅头　热头　来头　讲头

d. 夜头　鼻头　竹头　甜头

e. 锅头　房头　里头　木人头

④从下列词语中选出普通话的"儿化词"。

a. 杏儿　虫虫儿　冰棍儿　床沿儿

b. 邪门儿　自个儿　麦挺儿　猫娃儿

c. 取灯儿　大前儿　今儿　够本儿

d. 谁个儿　饱嗝儿　手巾儿　前年个儿

e. 找茬儿　面叶儿　擦黑儿　背抄手儿

f. 好好儿　草草儿　皮皮儿　罐罐儿

⑤对比下列普通话词语和方言词语的词素排列次序。

普通话词语	方言词语
喜欢	欢喜
诚实	实诚
热闹	闹热
规定	定规
监牢	牢监
比较	较比
腐乳	乳腐
应该	该应
公鸡	鸡公
佯装	装佯
客人	人客

流传　　　　　　　传流

⑥从下列短语中选出普通话规范成语。

a. 自说自话　　自言自语　　寿头寿脑　　沙声沙气

b. 鼻暴脸肿　　舌尖嘴快　　冰灰冷灶　　粗茶淡饭

c. 三头六臂　　七翘八裂　　三推四靠　　三对六面

d. 搞七搞八　　瞎三说四　　说三道四　　自五搭六

e. 一丝一毫　　一搭一档　　一式一样　　一次一滑

f. 神经兮兮　　贼忒嘻嘻　　笑眯嘻嘻　　温情脉脉

g. 点点戳戳　　夹夹绕绕　　沸沸扬扬　　累累堆堆

⑦从下列词义中选出普通话的词义。

面汤——a：洗脸的热水。b：煮过面条的水。c：汤面。

紧张——a：精神处于高度准备状态、兴奋不安，激烈或紧迫。b：照顾，帮助。

方圆——a：打圆场、疏通。b：指周围或周围的长度。

生活——a：进行各种活动。b：生存。c：活儿（主要指工业、农业、手工业等方面的）。

口头——a：味道（专指吃生的瓜果）。b：出入通过的地方。c：用说话的方式来表达的。

苗子——a：比喻继承某种事业的年轻人。b：初生的种子植物。c：苗头。

巴结——a：趋炎附势、讨好奉承。b：节省、节俭。c：做事情努力。

鼻——a：鼻子或鼻涕。b：鼻子。

车——a：陆地上有轮子的运输工具或机器等。b：指身体的转动。c：指缝纫机。

⑧对译训练。

将家乡话中与普通话词义相同而词形不同或词形相同而词义不同的词语一一进行对译（同乡结对训练或独自训练均可）。

【示例】

方言词语————对译成————普通话

小娃儿（成都）　　　　小孩儿

汏浴（上海）　　　　洗澡

冇（武汉）　　　　没有

垢痂（西安）　　　　污垢

泼烦（兰州、重庆）　　　　讨厌、麻烦

雪条（广州）　　　　冰棍儿

辰光（上海、苏州）　　　　时间

类扫（福州）　　　　垃圾

蛐蟮子（长沙）　　　　蚯蚓

叔子（南昌）　　　　叔叔

咒鬼（梅州）　　　　发誓

米羊（石家庄）　　　　蚂蚁

【提示】

在选择、判断时要特别注意普通话词语词形、词义、构词方式等方面与方言词语的区别。

（2）语法规范训练

①正确搭配下面的量词和名词。

只　　　　医院

间　　　　窗户

所　　　　房子

部　　　　老鼠

扇　　　　杯子

架　　　　电影

张　　　　桥

只　　　　桌子

座　　　　飞机

②将普通话规范量词填写在括号里。

一管笔（　　）　一棵树（　　）　一张门（　　）　一挂车（　　）

一泡灯（　　）　一根猪（　　）　一只鱼（　　）　一匹山（　　）

一夫田（　　）　一只人（　　）　一粒星（　　）　一砣肉（　　）

一只客人（　　）　一个事情（　　）　一条钥匙（　　）

③从每组词中选出普通话的规范词语。

a. 盖盖　瓶瓶　勺勺　娃娃

b. 毛毛雨　尖尖嘴　崮崮头　毛毛交

c. 写写好　试试看　看看看　坐坐好

d. 酸溜溜　咸塔塔　臭西西　瘪塌塌

e. 急燎燎　白刺刺　湿搭搭　汗津津

f. 蜡黄蜡黄　蜡蜡黄　雪白雪白　雪雪白

g. 绷绷硬　硬梆梆　铁铁紧　紧绷绷

h. 一点点　一点儿　一丁点儿　一些些

i. 实在在　亮堂堂　干净净　齐整整

j. 尴里尴尬　龌里龌龊　老里老早　糊里糊涂

④指出下列句中的普通话代词。

a. 啥　什么　么子　啥子

b. 咋个　咋　咋咋　怎么　咋着

c. 你　侬　我　阿拉　伊　他

d. 哪点儿　哪达　啥浪　哪里　啊达

e. 这达　这块儿　这里　格唧厢

⑤分析下列句中表示动作状态持续的词，找出普通话的规范表达方式。

a. 他发得写信。

b．伊正勤浪写信。

c．他正写着信。

d．他正写子信。

e．他正写信着呢。

⑥下列句中哪种表示数量的说法是普通话规范的表达方式？

a．这台洗衣机一千六百元。

这台洗衣机一千六。

这台洗衣机千六元。

b．一共有一十六只鸭子。

一共有十六只鸭子。

c．二百一十三个方案被淘汰了。

二百十三个方案被淘汰了。

d．这里有一百一十块瓷砖。

这里有一百十块瓷砖。

e．我家住在两层。

我家住在二层。

f．下午两点三刻。

下午二点三刻。

g．现在的比分是二比六。

现在的比分是两比六。

h．我有两本辞典。

我有二本辞典。

⑦指出下列句子中使用普通话规范语气助词的句子。

a．你听老师的话嗄！

b．他还有好多话要说哩！

c．你看这孩子写得多认真哪！

d．人呢？都到哪里去了？

e．好舒服好漂亮哦！

f. 我说过我不会唱的呀！

g. 你走路小心一点嗄！

h. 我们一定要争取呀！

i. 小事情我从来不计较的啦！

j. 比从前省得多哉！

k. 先生，香蕉要哦？

⑧指出下列句子中使用普通话规范叹词的句子。

a. 哇，我今天好高兴哦！

b. 啊，太美啦！

c. 嗄，太好瞧了！

d. 啊波，好贵哟！

e. 哎，大家快来看哪！

⑨从下列各组句中选择一种语序符合普通话语法规范的句子。

a. 你也太把人看不起了！
你也太看不起人了！

b. 你去不去？
你去呀，不？
你啊去？

c. 多穿一件衣服。
着多一件衫。

d. 到快哉。
快到了。

e. 我比你大。
我大过你。

f. 今天你有没有练字？有练。
今天你练字了吗？练了。

g. 只要他肯来，我就没的说了。
只要他肯来，我就没说的了。

h. 我没有钱了。
我不有得钱了。
i. 我唱不来歌。
我不会唱歌。
j. 你认识路吗？
侬路认得哦？
k. 从前有的做，没的吃；现在有的做，也有的吃。
从前没有干的，也没有吃的；现在有干的，也有吃的。
⑩从下列句子中找出语法符合普通话规范的句子。
a. 这件事我不晓得。
这件事我知不道。
这件事我晓不得。
这件事我不知道。
b. 这沙发坐得三个人。
这沙发会坐三个人。
这沙发能坐三个人。
这沙发会坐得三个人。
c. 不要客气，你先头走。
不要客气，你走在先。
不要客气，你先走。
不要客气，你走去先。
不要客气，你走先。
d. 拿一张报纸到我。
给一张报纸给我。
报纸一张给我。
给我一张报纸。
给张报纸我。
把张报纸我。

e. 我说得过他。
我说他得过。
我说得他过。

f. 这盘菜咸不？
这只菜啊咸？
这盘菜咸吗？

【提示】

在训练中要特别注意普通话在量词与名词的搭配、词语重叠形式、语序等方面与方言的区别。

2. 言语自然流畅训练

训练目标

通过学习和训练，了解并掌握选词、择句、避免口头禅等能够使言语自然流畅、富于口语化的方法。

训练方法

(1) 选用口语色彩较浓的词语

一般说来，口语语体的词比较浅显、朴素、自然，富有生活气息；书面语体的词语比较严谨、庄重、简洁。本项测试不能凭借书面材料，也不是口头作文，因此要求具有鲜明的口语色彩。

①判断。下列词语哪些常用于口头，哪些常用于书面？

聊天—谈话	畏惧—害怕	看—观看
心—心扉	遗忘—忘记	恐吓—吓唬
愤怒—生气	口角—顶嘴	市肆—商店
穷—贫穷	吝啬—小气	来—莅临
冷—寒冷	住—居住	飞—飞翔
哭—啼哭	丢掉—遗忘	望—凝望
长相—容貌	擅长—拿手	爸爸—父亲
便—就	和—与	嘴—口腔

②下面一段话中哪些词语不够口语化，请用口语化词语替换它们。

我们家是一个三口之家，格外和睦、温馨。我父亲在一家公司供职，我母亲是一位护士。我父母对我颇为疼爱。有一件事情令我久久难以忘怀。那年盛夏的一个傍晚，母亲采购了许多蔬菜和水果……

③把下面一段话改为口语化的表述。

那是一个非常寒冷的黄昏，我孤独地在小河边徘徊，心中思念着远在家乡的慈母。落日的余晖映照在流淌着的河水上，河水反射出千万道跃动着的眩目的金光。这时，一个非常美丽的小女孩挑着一对小桶来到河边挑水，打断了我的遐想……

（2）选择口语化句式

口语语体的常用句式和书面语体的常用句式存在着一定的差别。一般说来，口语句式比较松散，短句多；较少使用关联词语；经常使用非主谓句；较多使用追加和独立语，句间关联不密切；停顿较多；语气词较多；修辞成分较少。

试比较下列各组句子，分析它们在语体风格上有什么不同？在句式构成方面有什么不同？

①前面来了一个高个子、大眼睛、穿一身灰布衣服的人。

前面来了一个人，高个子，大眼睛，穿一身灰布衣服。

②中国人民是勤劳的勇敢的伟大的人民。

中国人民是勤劳的人民，是勇敢的人民，是伟大的人民。

③他们都是怀有远大理想而又德才兼备、志愿到祖国最需要的地方去、把青春献给伟大祖国的应届大学毕业生。

他们都是应届大学毕业生，怀有远大的理想，德才兼备，志愿到祖国最需要的地方去，把青春献给伟大的祖国。

（3）避免口头禅

口语化表达的重要特点是简洁、明快，但由于组织语言的即时性，有时候不可避免地会出现短暂的思维滞后，这时，不少应试人往往会以一些无表意作用的口头词为思维提供缓冲的时间，以便组织下面要说的话。在一段口语中，偶尔出现这样的情况是正常的，但当这些词语在言语表达中形成定势，机械地、反复地出现，就形成“口头禅”。口头禅不仅提供大量无用的信息，还使句子支离破碎，严重影响语意的完整性和流畅度。

找出下面常见的口头禅中你自己口语里习惯使用的那些，在日常口语交际中有意识地避免它们的出现。

嗯……嗯　呀……呀　这个　这一个　那个　那种　那么　然后　后来　反正　是不是　是吧　是吗　对吧　对吗　对不对　就是　就是说　基本上　啊……啊　当然　当然啦　本来　本来嘛　……的时候

3. 说话综合训练

分析下列资料中的三则说话测试实况录音，分别指出其在词语、语法规范及流畅度方面的不足之处，并分别进行论说。

资料一

我看语言美

语言是这个人的交际的工具，啊，人们每天工作也好，生活也好，都离不开使用语言。语言美，也是我们社会主义精神文明建设的一项内容。那么，怎么叫语言美？我想这里包括了多方面的内容。因为时间关系呢，我们不能展开，把它方方面面都说到，我想谈谈其中一个重要的方面呢，就是说，语音要正确。要能说一口流利的普通话，我想呢，这是语言美的一个重要形式，或者说一个重要内容。语言是一个人的，是不是可以这样说，是一个人的第二外貌。当我们了解一个人的时候，或者说，原来跟这个人并不认识的时候，第一次接触，那么首先是这个人的长相、衣着、气度，那么再继续往下交往呢，必然要进行交谈，那么当他讲出来的话，如果是一口非常纯正的、流利的普通话，那么就给人一种感觉：这个人的文化层次是比较高的。我曾经听过这样的说法，就是说上海人呢比较欺生，如果他们听到哦有人讲的不是上海话，那么他们可能说有歧视，说看不起，就有一种看不起他、有一种排外情况。我由于工作关系呢，也多次到上海出差，但是，从我的亲身感受来说，我就从来没有哦这样一种感觉，就是说，因为我不是讲上海话而受到歧视，而是不管我到单位去联系工作，还是到商店去购买商品，还是在路上向老大爷、老大娘问路，他们对我都是非常的客气。我想，这里边恐怕有一个主要的原因呢，就是因为我讲的是普通话，所以我觉得语言美呢，首先要有一个标准的语音，这是一个语音的面貌问题。但是学一口标准纯正的普通话不是一件很容易的事情，这个因为受到方方面面的影响。比如说生活方言区内，那么就不可避免地受到一些个方言的影响。啊，再比如说，习惯势力，这个多年形成的习惯势力，有时改正起来是很困难的。举个简单的例子来说，比如说，我们一般吃饭的时候，我们一般是用右手用筷子，如果我们强迫你用左手用筷子，那么这时候呢，你可能饭都吃不起来。

注意：……用现场录音。为了保存说话的实际情况，口误、破句、口头语全部照录。

资料二

一个愉快的假日

这个，我想这个题目，我们老师做起来比我们更容易些，因为老师有寒假，有暑假。那么，作为我们，作为广播电视工作者来说，尤其作为我们播音员、主持人，我们也有假日，就是现在是大礼拜、双休日，啊，那么我们工作超过10年的同志呢，每年有10天的，啊，10天以上的休假。但是，往往这些假日都被我们比较零散的这个班次，有的时候上早班的、上晚班的，也就是说，不管是寒假、暑假、双休日，包括春节，我们广播和电视是不能停的，我们的整点节目每天都是要按时播出的。那么，也就是说，我们这些播音员、主持人每天都要钉在自己的班次上，要保证工作，工作的运转。那么，愉快的假日对于我们来说也是有的，只是很难得。那么我就说一下我四月份的一个愉快的假日。今年四月份，我经常被朋友相约去钓鱼。因为我是天津人，我在家乡的时候经常钓鱼，但是，来到江苏以后，在四月份之前还从来没有钓过鱼，因为没有时间，啊，因为没有时间。那么到四月份，朋友啊左邀右邀，啊，非得让我陪他们去钓鱼，那么我就去了。但是我作为一个钓鱼的人，我却连鱼竿儿、鱼篓子、鱼食什么都没有，啊，都全都依赖别人。那么到了那个江浦的垂钓中心以后，他们把这鱼竿儿、鱼线都给我拴好了，啊，把这个喂食的窝子也打在那儿去，啊，然后我把这个、把这个蚯蚓给我上这个鱼钩上边，然后我把竿儿甩下去。我左等着鱼也不上钩，右等着鱼也不钩，啊，老看不见那个漂儿在动。但是，我就看人家却是一条一条地往上钓，我心里很着急，怎么就我钓不着呢？在一个塘里边，人家都有鱼，难道我这儿没有鱼嘛？就是在我甩呀往下甩钩的这一刹那的时间里面，我这个这小鱼钩上那个蚯蚓被一根草给带下去了，就空钓哇到这鱼塘里去了。那，那么，当时我自己我就觉得啊比较呆了，你这鱼老不上钩，你把这鱼钩提上来看看上面还有没有鱼食在上面，是不是啊，要总结总结经验，调查一下到底怎么一回事。

资料三

我和电视

我和电视机，嗯，在我读初中，大概是初二的时候哇，我爸爸，我们家买了一台黑白电视机，十二吋的哇。那时候，人家买一台电视机很不容易的哇，一台十二吋的那个黑白电视机也要四五百块钱的啦，我记得是五百十哇。那么、那么那个时候家里能有架电视机是很骄傲的哇，我也就常常在同学面前炫耀哇，炫耀。想要炫耀总是要有内容的啦，我于是我就经常看电视。那个时候哇，电视节目，好看的节目很少的啦，不像现在广告多得不得了，烦死了哇。我从电视里得到了很多东西。后来结婚了，爸爸妈妈送了我一台彩电，我很喜欢的啦。爸爸妈妈不允许我看电视，说是在影响读书的，我有时就偷偷地看。嗯、嗯、嗯，那个时候最好看的电视可能就是大西洋，从大西洋底下来的人了，美国的呀，很好看。唔，那个电视，我先生是学无线电的啦，他，嗯，经常要被人家叫去修电视的，修电视的，嗯……

（以上资料均摘自郝凝主编《普通话水平测试》）

（五）模拟测试

按照测试程序和读单音节字词、读双音节词、读短文及说话四项内容的要求，进行模拟测试。

1. 读单音节字词 100 个

额 贵 装 自 惹 掐 枕 秦

挎 街 尝 啊 密 操 痣 习

润 翻 二 灾 涌 餐 杨 六（六月）

猜 熔 斩 曰 翁 乳 申 否（否定）

腻 犬 瓶 丢 框 铝 嘭 色（色彩）

胸 池 关 近 乖 莫 嘣 圈（猪圈）

舔 跃 零 荫 浆 涮 旬 晃（晃动）

聊 亏 段 渠 刁 踹 砣 曾（曾孙）

握 拨 面 幅 俊 鸥 索 画（油画）

口 舜 防 不 品 虐 司 胜（胜利）

供（供给） 石（石板）

并（合并） 委（委派）

朝（朝代） 叶（叶片）

刺（讽刺） 撒（撒播）

俩（咱俩）　那（口语音）
挑（挑战）　嘿（嘿嘿一笑）
屯（屯兵）　得（得一小时）
闷（苦闷）　咳（咳！真怪）
撇（撇开）　拗（拗不过）
降（降伏）　扎（扎裤脚）

2．读双音节词语 50 个

小曲儿	罚款	脾气	血渍	知遇	动员
强度	死亡	下午	搅扰	亚军	婆婆
课本	舅舅	障碍	奶水	搜查	中间儿
分蘖	凶狠	特别	回头	修女	赞成
随时	快乐	穷人	帮忙	竹笋	民用
漂亮	安全	群体	没错		
劳驾	稳定	刮脸	匪首		
仍然	拐弯	陶瓷	侵略		
尺寸	恒星	广博	冲刷		
打嗝儿	因而	做活儿	命运		

3．读短文

作品 49 号

夕阳落山不久，西方的天空，还燃烧着一片橘红色的晚霞。大海，也被这霞光染成了红色，而且比天空的景色更要壮观。因为它是活动的，每当一排排波浪涌起的时候，那映照在浪峰上的霞光，又红又亮，简直就像一片片霍霍燃烧着的火焰，闪烁着，消失了。而后面的一排，又闪烁着，滚动着，涌了过来。

天空的霞光渐渐地淡下去了，深红的颜色变成了绯红，绯红又变为浅红，最后，当这一切红光都消失了的时候，那突然显得高而远了的天空，则呈现出一片肃穆的神色。最早出现的启明星，在这蓝色的天幕上闪烁起来了。它是那么大，那么亮，整个广漠的天幕上只有它在那里放射着令人注目的光辉，活像一盏悬挂在高空的明灯。

夜色加浓，苍空中的“明灯”越来越多了。而城市各处的真的灯火也次第亮了起来，尤其是围绕在海港周围山坡上的那一片灯光，从半空倒映在乌蓝的海面上，随着波浪，晃动着，闪烁着，像一串流动着的珍珠，和那一片片密布在苍穹里的星斗互相辉映，煞是好看。

在这幽美的夜色中，我踏着软绵绵的沙滩，沿着海边，慢慢地向前走去，海水，轻轻地抚摸着细软的沙滩，发出温柔的刷刷声。晚来的海风，清新而又凉爽。我的心里，有着说不出的兴奋和愉快。

夜风轻飘飘地吹拂着，空气中飘荡着一种大海和田禾相混合的香味，柔软的沙滩上还残留着白天太阳炙晒的余温。那些在各个工作岗位上劳动了一天的人们，三三两两地来到这软绵绵的沙滩上，他们浴着凉爽的海风，望着那缀满了星星的夜空，尽情地说笑，尽情地休憩。

（峻青：《海滨仲夏夜》）

4. 说话（任选一题，时间不得少于 3 分钟）

（1）我的业余爱好

（2）一次难忘的旅行

三、朗读技能训练

训练总目标：

把握朗读韵文和散文的指导思想和要点，做到：不读错、不丢字、不颠倒、不重复，语句流畅，富有情感，切合内容和表意的需要。掌握朗读符号的使用。

朗读不同体裁的作品，要从作品的思想内容出发，适当照顾体裁特点。除了韵文和散文（这里散文指的是，区别于“韵文，不讲究韵律的文章）因语体的差异而对语言的处理有所不同外，其余文体的作品，并无迥异之处。徐世荣先生对这一问题说得非常透彻："有些老师常常提出这样的问题：各种体裁、形式的文章，各有什么不同的读法？如故事与小说，童话与寓言等。我认为不必做这些考虑，因为这些类别都是从文学的角度来划分的，如都是用散文写的，朗读时应该注意的地方都一样。不能说小说的读法与寓言有什么不同。"（《朗读·默读·背诵》福建教育出版社）

（一）朗读训练材料与提示

1. 送孟浩然之广陵

李　白

故人西辞黄鹤楼，
烟花三月下扬州。
孤帆远影碧空尽，
惟见长江天际流。

【提示】

（1）这是一首送别诗，表现了作者李白对诗友孟浩然依依不舍的深情。朗读这首诗，节奏宜舒缓，以体现诗中所蕴含的惜别之情。

诗的前两句是叙事，朗读时音调宜稍低。"西辞"点明了老友的去向，"三月"点明了辞去的时间，所以"西"、"三"要读得略重。可是"西辞"和"三月"又各在句子中腹，一般说来，句子中腹的词语要比其前后成分读得稍轻，以轻重交错来表现格律诗的音乐美。"辞"、"月"二字应稍延长，以突出"黄鹤楼"、"扬州"两个地名，鲜明地表现作者对故人远去千里之外的深深的遗憾之情。

后两句是写景，要从空阔恢宏的景色描述中渲染出作者真切浓重的感情。"孤"和"远"二字表现了故人独自远行的情景和诗人惆怅寂寞的内心，可用重读进行强调。"碧空尽"要读成升调，以衔接下句，使这两句所描绘的画面浑然一体。最后一句“惟见长江天际流”语速应渐慢，音量也渐弱，显示舟行渐远渐小，慢慢地消失在水天相接的地方。“天际流”三字要读得轻柔舒展，如静静的流水、绵绵的情意，声止而情不尽。

(2) 旧体诗，无论绝句还是律诗，都讲求严整的格律。如押韵、平仄、对仗等。朗读时，要通过有声言语，体现旧体诗音乐旋律的和谐美，造型整饬的复迭美。

(3) 平仄指声调的抑扬。古汉语的四声是“平上去入”，它不同于现代汉语的阴阳上去。粗略地讲：“平”指阴平、阳平声调，“仄”指上、去声调。平声字声调高扬而音程较长，仄声字的声调有的高低起伏，有的匆急短促，犹如山路的险仄不平。

这首七绝一、二、四句末的“楼、州、流”三字是平声，第三句末的“尽”为仄声。朗读时注意平仄声调的相互映衬调节和节奏的均匀多变，以加强其音乐性和艺术感染力。

(4) 这首诗押 ou、iu 韵，朗读时要注意读清韵脚：“楼 lóu、州 zhōu、流 liú”三字的韵腹发音要饱满，归音趋向要鲜明，唇形要准确。

(5) 切忌把丰富多彩的诗歌读成千篇一律的“八股”

通过朗读赋于诗中的人物、事物、情景以鲜活的生命力，关键是朗读者应该理解作品内容、把握作品主题，明确朗读目的。只有这样，才能确定恰当的语调，找出突出目的的重音。诗歌的节奏、韵律，只能是朗读者为实现目的而表达感情的辅助手段，绝不是束缚朗读者感情表达的枷锁。有些朗读初学者片面追求格律，把内容不一，感情各异的诗歌，框在固定的两字一停、三字一顿的格式之中，造成千诗一调，使其枯燥乏味，是特别应该注意的。

2. 再别康桥

徐志摩

轻轻的我走了
　正如我轻轻的来；
我轻轻的招手，
　作别西天的云彩。

那河畔的金柳，
　是夕阳中的新娘；
波光里的艳影，
　在我的心头荡漾。

软泥上的青荇，
　油油的在水底招摇；
在康河的柔波里，
我甘心做一条水草！

那榆荫下的一潭，
　不是清泉，是天上虹。
揉碎在浮藻间，
　沉淀着彩虹似的梦。

寻梦？撑一支长篙，
　向青草更青处漫溯，
满载一船星辉，
　在星辉斑斓里放歌。

但我不能放歌，
　悄悄是别离的笙箫；
夏虫也为我沉默，
　沉默是今晚的康桥！

悄悄的我走了，
　正如我悄悄的来；
我挥一挥衣袖，
　不带走一片云彩。

【提示】

(1) 现代诗也叫自由诗，其格律不像古体诗那样严格，平仄、押韵、句数及句子长短都是依表情达意的需要而确定的。但诗毕竟不同于散文，还是应该讲究意境、韵律和音步。

(2) 这首诗是我国现代文学史上“新月诗派”代表诗人徐志摩的代表作品。作者以整齐的形式、匀称的音节、和谐的韵律、自然的节奏、丰满的抒情表达了对母校深深的留恋和默默的伤感之情。朗读时，要抓住诗人的这一思想脉胳，用自然、柔和的语气表达。

（3）这首诗在用韵方面采用了换韵的手法，第一段和第七段押 ai 韵，第二段押 iang 韵，第三段和第六段押 ao、iao 韵，第四段押 eng、ong 韵，第五段不押韵。正因为它用韵自由，全诗朗读起来才有一种如行云流水般飞动飘逸的美感。朗读时要注意韵脚音节发音的准确与协调，对需要进行语意强调的韵脚，比如“云彩”、“荡漾”、“水草”、“梦”、“康桥”等，可以采用稍稍延长音程、轻读等方法处理，切忌“重锤”，以免破坏诗歌的意境，影响朗读效果。

（4）朗读时还要注意诗行里的音步。一般来说，不长不短的诗行大致可分为两三个音步，一个音步可以包括两三个或更多音节。音节多，读得坚促些；音节少，读得舒缓些。音步间、诗行间的停连，应该依据语意表达的需要而有疏有密。这首诗的音节可以这样分析（“‖”为两个音步间较长的停歇，“|”为两个音步间较短的停歇）：

轻轻的‖我走了，
　正如‖我轻轻的来；
我轻轻的|招手，
　作别|西天的‖云彩。

那‖河畔的金柳，
是|夕阳中的‖新娘；
波光里的艳影，
　在我的心头‖荡漾。

软泥上的青荇，
　油油的‖在水底|招摇；
在康河的柔波里，
　我甘心‖做一条水草！

那榆荫下的一潭，
　不是清泉，是天上虹，
揉碎在|浮藻间，
　沉淀着‖彩虹似的|梦。

寻梦？撑一支长篙，
　向青草更青处‖漫溯，
满载一船星辉，
　在星辉斑斓里‖放歌。

但|我不能放歌，
　悄悄‖是别离的|笙箫；
夏虫‖也为我|沉默，
　沉默‖是今晚的|康桥！

悄悄的‖我走了，
　正如‖我悄悄的|来；
我挥一挥|衣袖，
不带走‖一片|云彩。

3. 听潮

鲁 彦

一年夏天，我和妻坐着海轮，到了一个有名的岛上。

这里是佛国，全岛周围三十里内，除了七八家店铺以外，全是寺院。岛上没有旅店，每一个寺院都特设了许多房间给香客住宿。而到这里来的所谓香客，有很多是游览观光的，不全是真正烧香拜佛的香客。

我们就在一个比较幽静的寺院里选了一间房住下来，——这是一间靠海湾的楼房，位置已经相当的好，还有一个露台突出在海面上，朝晚可以领略海景，尽够欣幸了。

每天潮来的时候，听见海浪冲击岩石的音响，看见空际细雨似的，朝雾似的，暮烟似的飞沫升落；有时它带着腥气，带着咸味，一直冲进我们的窗棂，粘在我们的身上，润湿着房中的一切。

"现在这海就完全属于我们的了！"当天晚上，我们靠着露台的栏杆，赏鉴海景的时候，妻欢心地呼喊着说。

大海上一片寂静。在我们的脚下，波浪轻轻吻着岩石，像曚眬欲睡似的。在平静的深黯的海面上，月光辟开了一款狭长的明亮的云汀，闪闪地颤动着，银鳞一般。远处灯塔上的红光镶在黑暗的空间，像是一颗红玉。它和那海面的银光在我们面前揭开了海的神秘，——那不是狂暴的不可测的可怕的神秘。我们的脚下仿佛轻松起来，平静地，宽廊地，带着欣幸与希望，走上了那银光的路，朝向红玉的琼台走去。

这时候，妻心中的喜悦正和我一样，我俩一句话都没有说。

海在我们的脚下沉吟着，诗人一般。那声音仿佛是朦胧的月光和玫瑰的晨雾那样温柔；又像是情人的蜜语那样芳醇；低低地，轻轻地，像微风拂过琴弦；像落花飘在水上。

海睡熟了。

大小的岛拥抱着，偎依着，也静静地恍惚入了梦乡。

星星在头上眨着慵懒的眼睑，也像要睡了。

许久许久，我俩也像入睡了似的，停止了一切的思念和情绪。

不晓得过了多少时候，远寺的钟声突然惊醒了海的酣梦，它恼怒似的激起波浪的兴奋，渐渐向我们脚下的岩石掀过来，发出汩汩的声音，像是谁在海底吐着气，海面的银光跟着晃动起来，银龙样的。接着我们脚下的岩石上就像铃子、铙钹、钟鼓在奏鸣，而且声音愈响愈大。

没有风，海自己醒了，喘着气，转侧着，打着呵欠，伸着懒腰，抹着眼睛。因为岛屿挡住了它的转动，它狠狠地用脚踢着，用手推着，用牙咬着。它一刻比一刻兴奋，一刻比一刻用劲。岩石也仿佛渐渐战栗，发出抵抗的嗥叫，击碎了海的鳞甲，片片飞散。

海终于愤怒了。它咆哮着袭击过来，猛烈地冲向岸边，冲进了岩石的罅隙里，又拨刺着岩石的壁垒。

音响就越大了。战鼓声，金锣声，呐喊声，叫号声，啼哭声，马蹄声，车轮声，机翼声，掺杂在一起，像千军万马混战了起来。

银光消失了。海水疯狂地汹涌着，吞没了远近大小的岛屿。它朝我们的脚下扑了过来，响雷般地怒吼着，一阵阵地将满含着血腥的浪花泼溅在我们的身上。

“彦，这里会塌了！”妻战栗起来叫着说，“我怕！”

“怕什么，这是伟大的乐章！海的美就在这里。”我说。

退潮的时候，我扶着她走近窗边，指着海说：“一来一去，来的时候凶猛；去的时候又多么平静啊！一样的美。”

然而她怀疑我的话。她总觉得那是使她觉得恐惧的。但为了我她仍愿意陪着我住在这个危楼。

我喜欢海，溺爱着海，尤其是潮来的时候。因此即使是伴妻一道默坐在房里，从闭着的窗户内听到外面隐约的海潮音，也觉得满意，算是尽够欣幸了。

（九年义务教育三年制初中教科书《语文》第三册）

【提示】

（1）朗读散文，就要了解散文的语言特点，散文虽不拘囿于诗歌的格律，却具备诗歌的抒情气息和深邃的意境。无论叙事、记人，还是写景、状物，都要求具有凝练、生动、形象、优美的韵律美。

（2）朗读好一篇散文，必须深刻理解作者的创作意图，紧紧把握住“形散而神凝”的命脉。不管作者怎样海阔天空地谈古论今，怎样挥洒自如地铺陈收放，朗读者必须牢牢抓住主题思想这一主线，去实现朗读目的。

《听潮》一文，通过对海潮涨落绘声绘色的描述，表达了作者对大海真挚的爱慕之情。作者笔下大海的平静、温柔，或凶猛、雄壮，不管画面有多少跳宕，组材又有多么广漫，这一切都是为实现主题思想服务的。我们朗读它，是对大海的伟大力量的歌颂。朗读时，只要紧紧把握这条统领全文的主线，就能做到脉络分明，语势顺畅。

《听潮》由“静寂”（落潮时刻）、“涌动”（涨潮初起）、“咆哮”（涨潮高峰）三部分组成。

本文从“大海一片静寂”开始，到“停止了一切的思念和情绪”，作者用比喻、拟人等修辞手法，描绘了大海的温柔静谧。“波浪轻吻着岩石”中的“吻”，“海在我们脚下沉吟着”中的“沉吟”以及下面句子中的“温柔”、“芳醇”、“琴弦”、“拥抱”、“偎依”、“梦乡”、“慵懒”、“停止”等逻辑重音，都表现了落潮时刻的宁静。因此，朗读这一部分时，感情应是平静、温柔的，气息应是舒展缓慢的，声音应是柔和低细的。逻辑重音可用拖长、轻读、前后稍顿等表达方式处理，以求和段落目的保持统一。

接着，从“不晓得过了多少时候”，到“击碎了海的鳞甲，片片飞散。”是描写大海涨潮初起涌动的景象的。“惊醒”、“掀”、“晃动”、“醒”、“喘着气”、“转侧着，打着呵欠，伸着懒腰，抹着眼睛”、“踢着”、“推着”、“咬着”、“嗥叫”、“飞散”等一系列的动词和动词短语，生动逼真地再现了由静到动海潮初起涌动的情景。朗读时，感情应是急躁、火辣的，气息应是磅礴、冲撞的，声音应是响亮、有力的。只有这样，才能表达出大海发怒的情态，表露大海的性格。

“海终于愤怒了”到“一阵阵地将满含着血腥的浪花泼溅在我们的身上。”是涨潮达到高峰，大海愤怒、咆哮的景象。“战鼓声、金锣声、呐喊声、叫号声、啼哭声、马蹄声、车轮声、机翼声，掺杂在一起，像千军万马混战了起来。”这一节是全文的高潮，也是表达大海雄壮美的重点段落。朗读时，感情应是炽热的，气息应是粗犷的，声音应是奔放的。朗读这段既要节奏鲜明，又要快速有力，一气呵成。着意重捶“混战”一词，并戛然而止，不拖泥带水，以更好地体现歌颂大海伟大力量这一朗读目的。

4.　　五 彩 池

我小时候听奶奶讲，西方有座昆仑山，山上有个瑶池，那是天上的神仙住的地方；池里的水好看极了，有五种颜色，红的，黄的，绿的，蓝的，紫的。奶奶是哄着我玩儿，我却当作了真的，真想有一天飞到那五彩的池边去看看。没想到今年夏天去四川松潘旅游，在藏龙山上，我真的看到了像瑶池那样神奇的五彩池。

那是个晴朗的日子，我乘汽车来到了藏龙山，只见漫山遍野都是大大小小的水池。无数的水池在灿烂的阳光下，闪耀着各种不同颜色的光辉，好像是铺展着的巨幅地毯上的宝石。水池大的面积不过一亩，水深不过一丈；小的像个菜碟，水很浅，用小拇指就能触到池底。池边是金黄色的石粉凝成的，像一圈圈彩带，把大大小小的水池围成各种不同的形状，有像葫芦的，有像镰刀的，有像盘子的，有像莲花的……

更使我惊奇的是，所有的池水来自同一条溪流，溪水流到各个水池里，颜色却不同了。有些水池的水还不止一种颜色，上层是咖啡色的，下层却成了柠檬黄；左边是天蓝色的，右边却成了橄榄绿。可是把水舀起来看，又跟普通的清水一个样，什么颜色也没有。

明明是清水，为什么在水池里会显出不同的颜色来呢？原来池底长着许多石笋，有的像起伏的丘陵，有的像险峻的山峰，有的像矗立的宝塔，有的像成簇的珊瑚。石笋表面凝结着一层细腻的透明的石粉。阳光透过池水射到池底，石笋就像高低不平的折光镜，把阳光折射成各种不同的色彩。水池周围的树木花草长得很茂盛，五光十色的倒影使池水更加瑰丽。

原来五彩的瑶池就在人间，不在天上。

（九年义务教育六年制小学教科书《语文》第七册）

【提示】

（1）这是一篇优美的科普散文，作者通过“我”对人间瑶池——五彩池的细致观察和生动描述，既解开了光线折射之谜，又赞颂了祖国的美景。朗读时不仅要体现作者的创作意图，更重要的是通过自己声情并茂的朗读，使学生解开五彩池的秘密，唤起他们热爱祖国大好河山的激情。

（2）本文最突出的特点之一是运用了大量的栩栩如生的比喻将五彩池展现在我们面前。比如用像“铺展着的巨幅地毯上的宝石”来描述对漫山遍野的五彩池的总体感受；用“葫芦”、“镰刀”、“盘子”、“莲花”来描述五彩池千变万化的形状；用“起伏的丘陵”、“险峻的山峰”、“矗立的宝塔”、“成簇的珊瑚”来描述池底石笋千姿百态的造型。朗读时要对这些词语的丰富含义进行揣摩和联想，使文中描述的情景像电影画面一样一幕幕从自己的脑海中映过，用形象感受激发自己的表达愿望，抒发出自己真挚的情感，从而达到朗读目的。

（3）文中多处运用了排比的修辞手法，句式整齐，音节匀称。比如“红的，黄的，绿的，蓝的，紫的”、“有像葫芦的，有像镰刀的，有像盘子的，有像莲花的”、“上层是咖啡色的，下层却成了柠檬黄；左边是天蓝色的，右边却成了橄榄绿”、“有的像起伏的丘陵，有的像险峻的山峰，有的像矗立的宝塔，有的像成簇的珊瑚”等等。朗读时对并列的几个成分在语调的高低上应该作参差错落的处理，读得抑扬顿挫，跌宕有致，增强朗读的生动性和感染力，绝不能把它们读得僵直雷同，毫无变化与活力。

5. 鹰歌

[前苏联] 高尔基

蛇高高地爬到山里去，躺在潮湿的山谷里，盘成一圈，望着海。

太阳高高地在天空中照耀着，群山向天空中喷出热气，波浪在下面冲击着石头……

沿着山谷，在黑暗中，在飞沫里，山泉轰隆隆地冲击着石头，迎着大海奔腾而去……

雪白的、激烈的山泉完全浸在泡沫里，它切开山岭，怒吼着，倒入海去。

忽然在蛇所待着的那个山谷里，天空中坠下一只胸膛受伤、羽毛上染着血迹的鹰……

它短促地叫了一声，坠在地上，怀着无可奈何的愤怒，胸膛撞在坚硬的石头上……

蛇吓了一大跳，敏捷地爬开去；但是马上看出，这鸟的生命只能维持两三分钟了……

它爬到那受伤的鸟跟前，面对着轻声说：

“怎么啦，你要死了吗？”

“是的，要死了！”鹰深深地叹了一口气，回答说。“我美好地生活过了！……我懂得什么是幸福！……我英勇地战斗过了……我见过天……你是不会那么近地看到天的！……唉，你这可怜虫！”

“那有什么了不起，——天吗？——空空洞洞的……我怎么能在天上爬呢？我在这里很好……又温暖，又滋润！”

蛇对那自由的鸟这样回答，它听了那鸟的这些胡言乱语，心里暗暗好笑。

而且它这样想：飞也好，爬也好，结果还不是一样：大家都要埋入黄土，都要化为灰尘……

但是那勇敢的鹰忽然抖擞精神，微微地挺起身来，向山谷里看了一眼。

水穿过灰色石头滴下来，阴暗的山谷里气闷不堪，散发着腐臭的气味。

鹰施出全身精力，悲哀而痛苦地喊叫起来：

“啊，要是能够再飞到天上去一次，那可多么好啊！……我要把敌人紧压在胸膛的伤口上，让他吸吸我的血！……啊，战斗多么幸福啊！……”

但是蛇却想到：“天上的生活大概的确是很愉快吧，要不然为什么它要呻吟呢？……”

它给那自由的鸟出了一个主意：那么你挪到山谷边，跳下去。也许翅膀会把你托起来，你就可以在你的世界里再活一些时候了。”

鹰颤抖了一下，高傲地叫了一声，用爪顺着石头上的粘液溜到悬崖边上。

到了边上，它伸开翅膀，胸中吸足了气，眼睛里闪着光辉，——向下面滚去。

它像石头似的顺着山岩滑下去，迅速地下坠，翅膀折断，羽毛也掉下了……

山泉的波浪把它卷住，泡沫里浴着血，冲到海里去。

海浪发出悲伤的吼声撞击着石头……在浩大的海上，那鸟连尸体都看不见了……

（陈冰夷译）

【提示】

散文诗《鹰歌》发表于俄国革命运动逐渐高涨的1895年，是《海燕》的姊妹篇。它同《海燕》一样，运用象征手法，热情歌颂了为追求光明而不怕牺牲的革命者。“生命只能维持两三分钟”的鹰，并不是因为自己面临死亡感到痛苦，而是由于自己不得不退出战斗而感到悲愤。诗中三次提到雄鹰浴血的胸膛以及最后壮烈献身的情景，这使我们联想到奋战不息的革命者，鹰终究是鹰！诗中还用“蛇”映衬“鹰”的对比手法，批判了庸俗的生死观和苦乐观。朗读时，要掌握以壮为主的“悲壮”基调，满怀激情地歌颂雄鹰——革命者的英雄形象。

6.　难忘的八个字

［加拿大］玛丽·安·德伯

随着年龄的增长，我发觉自己越来越与众不同。我气恼，我愤恨，——怎么会一生下来就裂唇！我一跨进校门，同学们就开始讥嘲我。我心里很清楚，对别人来说我的模样令人厌恶；一个小女孩，有着一幅畸形难看的嘴唇，弯曲的鼻子，倾斜的牙齿，说起话来还结巴。

同学们问我：“你嘴巴怎么会变得这样？”我撒谎说小时候摔了一跤，给地上的碎玻璃割破了嘴巴。我觉得这样说，比告诉他们我生出来就是兔唇要好受些。我越来越敢肯定：除了家里人以外，没人会爱我，甚至没人会喜欢我。

二年级时，我进了老师伦纳德夫人的班级。伦纳德夫人很胖，很美，温馨可爱，她有着金光闪闪的头发和一双黑黑的、笑眯眯的眼睛。每个孩子都喜欢她，敬慕她。但是没有一个人比我更爱她。因为这里有个很不一般的缘故——

我们低年级同学每年都有“耳语测验”。孩子们依次走到教室门边，用右手捂着右边耳朵，然后老师在她的讲台上轻轻说一句话，再由那个孩子把话复述出来。可我的左耳先天失聪，几乎听不见任何声音。我不愿把这事说出来，因为那样做同学们会更加嘲笑我的。

不过我有办法对付这种“耳语测验”。早在幼儿园做游戏时，我就发现没人看你是否真正捂住了耳朵，他们只注意你重复的话对不对。所以每次我都假装用手盖紧耳朵。这次，和往常一样，我又是最后一个。每个孩子都兴高采烈，因为，他们的“耳语测验”做得挺好。我心想老师会说什么呢？以前，老师们一般总是说：“天是蓝色的。”或者“你有没有一双新鞋？”等等。

终于轮到我了，我把左耳对着伦纳德老师，同时用右手紧紧捂住了右耳。然后，稍稍地把右手抬起一点，这样就足以听清老师的话了。

我等待着……然后，伦纳德老师说了八个字：这八个字仿佛是一束温暖的阳光直射我的心里，八个字抚慰了我受伤的、幼小的心灵，这八个字改变了我对人生的看法。

这位很胖、很美，温馨可爱的老师轻轻说道：

“我希望你是我女儿！”

【提示】

那“难忘的八个字”曾经给一个受人嘲弄的残疾儿童以震撼心灵的巨大欢乐和生活的勇气，同样，《难忘的八个字》这篇短文也应该给每个教师以震撼心灵的深刻启迪。伦纳德夫人不愧是一位优秀的教师。她懂得孩子的心，更懂得怎样去爱护、抚慰那极易伤害的童心。朗读这篇短小的散文，要贯穿一个“爱”字，前面七个自然段的叙述都是为主题“爱”而作的铺垫，最后一句才是点睛之笔。朗读时要体现天真、纯朴的儿童心理，重点放在对“我”的稚弱的内心世界的真切的揭示上。

7.　　钉　子

［德］格林

从前有一位商人，他生意兴隆，在市场上，他所有的货物都卖出去了，肚兜里塞满了金子和银子。现在，他要回家了，并想在天黑前赶到家。可是，他把钱塞在背包里，放到马背上，然后骑着马回家了。中午时，他来到一座城里，休息了一会，想继续赶路。这时，仆人将马牵到他的面前说："主人，马的后掌蹄铁上掉了一只钉子啦。"

"随它去吧！"商人说："我只有六个小时路程了，这马蹄铁不至于会掉下来吧！我急着赶路呢！"下午，商人下马休息时，叫仆人拿面包去喂马。仆人回到房间里又对他说："主人，马左后腿上的蹄铁已掉啦，我是不是牵它去重新打个马掌？"

"随它去吧！"主人答道："只不过剩下两个小时的路程了，这马还能挺得住的。我有急事呢！"他继续赶路了。没走多远，马便开始一拐一拐了；跛了没多久，又开始跌跌撞撞了。没走一会儿，终于一跤跌下去，腿折断了。商人只好将马留下，把背包解下来，放到自己肩上，步行回家。直到深夜，他才到达家里。"真是倒霉透了！"他对自己说："这全怪那只该死的钉子。"

【提示】

《钉子》的寓意是"欲速则不达"。朗读时，一要突出对比描写句，应将商人的主观愿望（"欲速"）与客观效果（"不达"）用夸张语气读出，以强调寓意；二要突出个性鲜明的对话，如仆人相劝的委婉与主人任性的浮躁轻率，都可用两种语调读。另外，最后一句要注意描摹商人愚顽的神态，增强讽刺效果。

8. 我懂得了

佚 名

全家人围着一张铺着天蓝色台布的圆桌坐着，爸爸在浏览报纸，妈妈在缝制一个枕头，而8岁的维加在读一本小册子。

“爸爸，这地方我有点不懂，”维加忽然对父亲说，“请给我解释一下，人们怎么总是争吵，究竟争吵是怎么才会引起的?”

“这很简单，”爸爸把报纸放到一边说道，“假定我们的房屋管理员跟院子里的人关系不和……”

“没有的事!”妈妈打断说，“房屋管理员跟院子里的人处得好得很!”

“我这不是举个例子嘛!”爸爸辩解道。

“你这是举例不当!”妈妈嚷了起来。

“那你自己给他讲吧……”

“你总是把自己的责任推给我!”

“不是我要推给你……是你太好挑剔了……”

“我好挑剔?”

“对，是你……”

“不，是你……

“行了，”维加大声说道“我懂得了。”

【提示】

这是一则幽默小品。朗读幽默小品关键是深刻领会文意，抓住能博人一笑的“幽默点”，并在朗读时刻意表达出来。文中父母争吵的过程，似乎并不十分可笑，但这些都在为后面的幽默效果“蓄势”。所以，前面部分的朗读，语气应逐渐加重，节奏应渐渐加快，造成急迫的气氛，以集中听众的注意力，然后稍作停顿，慢悠悠地、一本正经地道出最后的引人发笑、促人深思的一句。这种情绪的反差，有助于突现幽默效果。

（二）几种朗读符号的运用

朗读者在分析体味文字作品的准备工作中，为了清楚准确地表达作品的中心思想和更好地实现朗读目的，往往在文字中做些标记，以提醒自己注意。我们把这些标记称做“朗读符号”。

目前，朗读符号不像标点符号那样有统一的标准。我们本着有益于朗读和便于操作的原则，把常用的五种朗读符号介绍给大家。供教师和同学在训练中参考使用。

①∧是停顿号。不论有无标点符号处均可使用，停顿的时间稍稍加长。如用于有标点符号的地方，表示停顿时间再长些。

例如：王大娘听到声音，十分高兴，赶忙走了出来。她看到∧儿子有些奇怪，就对他说：“这是粮店的刘同志。”

“她看到儿子有些奇怪”一句，依据语境，是“儿子”奇怪，应该在“看到”后面标一停顿符号，就是“她看到∧儿子有些奇怪”。如果在“儿子”后面标上停顿符号就成了“王大娘”奇怪了，显然是不对的。

②⩓是间歇号。不论有无标点符号处，都可使用。用于无标点符号处，表示间歇时间较长；用于有标点符号处，表示间歇时间更长些。

例如课文《井冈翠竹》中的两句话：

(1)“井冈山⩓五百里林海里，最使人难忘的⩓是毛竹。”

(2)∧一到春天∧，漫山遍野，向大地显露着∧无限生机的，依然是那一望无际的∧青青翠竹！”

第一句，在“井冈山”后略略一顿，目的是把人们带进作者所描绘的五百里林海之中；“最使人难忘的”后面作一较长时间的顿歇，“毛竹”两字用深沉、回味、抒情的语气读出，表达出对井冈山翠竹的深厚眷恋之情，用回味性停连的方法，把听者带入过去，使其在停顿中受到感染。

第二句，“无限生机”、“一望无际”、“青青翠竹”等词组之前停顿，主要是为了显露对春天的赞颂之情，突出“翠竹”。

③ ‿ 是连接号。只用于有标点符号的地方，表示缩短停顿时间，连起来读。

例如：

……人群里，年长的是大娘，大爷，同年的是大哥，大嫂，兄弟，姐妹，都是亲人。又仿佛队伍同志是群众，群众又同时是队伍，根本分不清。……（《歌声》）

这一段文字的字里行间，洋溢着作者和乡亲们兴奋、激动之情，呈现出亲切、感人的场面。朗读时，语速较快，衔接较紧，需要做些连接处理。

又如《祝福》中的一段：“阿呀，我的太太！您真是大户人家的太太的话。我们山里人，小户人家，这算得什么？她有小叔子，也得娶老婆，不嫁了她，那有这一注钱来做聘礼？她的婆婆倒是精明强干的女人呵，很有打算，所以就将她嫁到山里去。”

卫婆子这种走家串巷的村镇女人，一向是以深知别家底细为荣，喜欢多嘴饶舌，加上又喝了点酒，说起话来就更眉飞色舞，滔滔不绝，因此，在有些有标点的地方也应该做连接处理。

④——是词组号。把需要连起来读的词或词组连在一起，避免破坏语意。

例如：“中华人民共和国外交部新闻司昨天发布公告。”

依据语意，“中华人民共和国外交部新闻司”是一个词组，如果读成“中华人民共和国 外交部 新闻司……”，就会支离破碎，语意含混不清。

又如：“某公司 不慎将 0001 号转账支票丢失，声明作废”。不能读成“……不慎将 0001 号转账支票丢失”。

⑤“·”和“~~~~”是重音号。“·”为主要重音，~~~~为次要重音。

例如：“桂林的山真奇啊……桂林的山真秀啊……桂林的山真险啊……”

“奇”、“秀”、“险”，是桂林山的特点，也是表现主题思想的重要词语。因此，这三个作为句子谓语的形容词，应并列为主要重音，“山”是次要重音。

又如：“有这么一个传说：古时候，天上有十个太阳，晒得地面寸草不生。

在这一语境中，“十”是主要重音，表示太阳之多，热度极高，万物受害，不能忍受的心情。“寸草不生”是次要重音。

朗读实践证明，运用朗读符号仅仅是朗读时的辅助手段，想要完全依赖于朗读符号去完成文章主题思想的表达和实现朗读目的，是做不到的。

需要注意的是，在文字作品上标画朗读符号时，最好标画在文字的下面。因为紧密的文字中间是没有空隙可以挤入任何符号的。

[附]《教师口语》教科书【思考与练习】部分参考答案

（1）童话故事《卖火柴的小女孩》的内容分析，朗读层次的划分，体味重点词句的作用，确定朗读目的。

①通过阅读，了解作品说的是什么

安徒生是19世纪丹麦著名的童话作家。共写了160多篇童话和故事。《卖火柴的小女孩》写于1846年，是安徒生代表作品之一。安徒生生于一个贫苦鞋匠的家庭，他深知劳动人民的疾苦，他的作品大都取材于下层人民生活，反映他们的感情和愿望。

作品述说了一个卖火柴的小女孩，在大年夜冻死在街头的故事。全文没有华丽的词藻，却细腻、动人地描写了一个穷苦孩子冻饿而死的悲惨遭遇。

②全文共有 13 个自然段，按内容结构可分为三个大层次

第一层次——从开头到……“风还是可以灌进来”。共包括 4 个自然段。这一层的主要意思是，在天很冷，下着雪，快要黑了的大年夜里，一个小女孩来到大街上卖火柴。这一层应突出“冷”和“饿”。她光着头，赤着脚，冻得红一块，青一块的……她觉得街上冷，但家里跟街上一样地冷；她感到饿。她虽然很美，但她没注意这些，而忘不了的却是大年夜，家家户户飘出来的烤鹅香味。因为她饿，饿得心里发慌。

第二层次——从“她的一双小手，几乎冻僵了……也没有痛苦的地方去了”。这一段包括第 5～11 七个自然段，是全篇重点。这一层次的主要内容是，小女孩几次擦燃火柴，几次出现幻觉，又几次破灭，终于回到痛苦的现实生活中来。

这一大层次，又可划分为五个小层次：a. 由于冷，她幻想坐在大火炉前面；b. 由于饿，她看到了烤鹅；c. 她幻想能和别的孩子一样，过一个美好的圣诞节；d. 她看到了死去的奶奶；e. 也是最后一次，她擦着整把火柴，为的是留住奶奶，奶奶把她带走。层次重点，应放在美好幻想与破灭后现实痛苦生活的反差上，反差越鲜明，效果越强烈。

第三层次——从“第二天清晨……”到全文结束，主要讲小女孩冻饿而死。

通过上述分析，了解了全篇内容是什么。概括内容大意，要简单明了。要明确自然段落和大层次之间的关系。自然段是从文章作者写作角度出发而形成的。为了有利于声音的表达，通过对自然段落的进一步整理，归并为大层次，也就是作品的布局、结构，这是为了朗读的需要而划分的。这样，作品的脉络更加清晰，人物、事件的来龙去脉，就会在朗读者脑子里活动起来，做到心中有数。

③朗读目的

确定朗读目的，先要了解作者的写作目的。作者的写作目的，是

通过一个穷苦的卖火柴的小女孩在除夕夜冻饿而死的故事，对贫富悬殊、不平等不合理的社会制度作了血与泪的控诉，反映了当时丹麦社会底层人民的悲惨生活。作品距今已有120多年，在我国，吃人的社会制度早已灭亡，但今天朗读这篇作品，感受仍很深切。同情小女孩，痛恨旧社会的“爱和恨”像一条红线一样，贯穿在文章始终，它激励着我们更加热爱祖国的今天。这就是朗读目的。

(2) 阅读鲁彦的《听潮》片断。找出感情、气息、声音上的不同变化，填空。

▲“现在这海就完全属于我们的了!”

这句话是在夜晚观赏海景时说的。心情是兴奋的，气息是饱满的，声音是高昂的，充满了自信。

▲“这时候，妻心中的喜悦正和我一样，我俩一句话都没有说。”

这句话是在大海一片静寂，朦胧欲睡的夜晚说的。感情上是温柔的，气息上是舒展的，声音上是柔和的，充满着自慰。

▲“海睡熟了。”“大小的岛拥抱着，偎依着，也静静地恍惚入了梦乡。”

这是在万籁俱寂的语境中说的。感情是平静的，气息是舒缓的，声音是低细的，充满着安谧。

▲“因为岛屿挡住了它的转动，它狠狠的用脚踢着，用手推着，用牙咬着。”

这是在大海发怒的语境中说的，“踢”、“推”、“咬”非常形象地表露了海的性格，感情是急躁的，气息是冲撞的，声音是有力的。

▲“音响就越大了。战鼓声、金锣声、呐喊声、叫号声、啼哭声、马蹄声、车轮声、机翼声，掺杂在一起，像千军万马混战了起来。

这是在大海愤怒、咆哮语境中说的。感情是炽热的，气息是粗犷的，声音是奔放的。

第二部分

一般口语交际训练

训练总目标：

1. 通过复述、解说、演讲、态势语、交谈、论辩、主持人讲说、表演性口语技巧及口语交际技巧等训练，做到口语表达清晰、准确、流畅、得体，有一定应变能力，语态自然大方，会说礼貌用语。

2. 掌握听话要领，养成良好的听话习惯，听得准，理解快，记得清，有一定的辨析能力。

一、口语交际中的心理素质训练

训练目标：

学习情境心理适应训练和交际心理沟通训练的方法，逐步克服口语交际中胆怯、自卑等心理障碍，做到从容自然，言语得体。

（一）情境心理适应训练

1. 呼吸调节训练

训练要求：自己选择讲话材料试讲，尽量选取句子短，语气停顿比较明显的材料；深呼吸时，胸腔要尽力舒展。深呼吸频率由快到慢，让心率恢复到比较正常的状态。

【提示】

（1）主要调节心率过快，呼吸急促。训练时注意用深呼吸逐步调整紧张心理；

（2）呼吸调节的频率要因人而异，心理调节进入良性循环时，深呼吸减少；

（3）深呼吸用胸腹联合呼吸法。要做到不仰脸、不抬肩。

2. 自我暗示训练

训练内容：主持班会。内容布置周末文艺活动，主要事项有介绍活动项目，活动时间地点，活动要求；会场布置由哪些同学去做，服务工作由哪些同学去做；征求学生对活动安排的意见。

训练方法：

(1) 在上讲台前3～5分钟，闭上眼睛，扩张胸腔，深呼吸数次。想好活动安排方案，开头、结尾的关键词句。设定暗示信号，如："我有把握讲清楚，会表现得比同学想象的好。"

(2) 走向讲台速度可比平时稍慢。登上讲台时可深呼吸一次。

(3) 目光向前平视或仰视。自我暗示："只要我不慌，紧张一会儿就会消除"……说话语速慢一点，语调坚决一点。

【提示】

自我暗示法主要是通过内心积极的自我暗示，消除胆怯、紧张、恐惧心理障碍。被训练人应以存在口语交际心理障碍的同学为主。

3. 默想脱敏训练

默想脱敏训练主要用于消除学生对紧张、恐惧的心理体验，降低造成心理障碍刺激强度，帮助学生恢复自信心。

训练内容：由老师组织学生讨论引起心理紧张、恐惧的原因，讨论题目是：

引起学生紧张、恐惧的主客观原因都是什么？

训练方法：

(1) 由老师组织学生共同讨论，分析原因，然后按主客观因素分类。

(2) 将引起口语表达紧张、焦虑的诱因根据刺激的强弱、严重程度，把它们由低到高逐级排列、分类。

一般诱因有：

——客观消极刺激因素

说话对象的目光、表情；

说话对象交头接耳、嘻笑、鼓掌、怪声；

说话对象的职业或文化水平具有特殊性；

对说话对象陌生；

对场地陌生，气氛紧张；

出现偶发事件。

——主观消极刺激因素

对口语表达的效果没有信心；

对口语表达的效果有较高的期望值；

认为出现语塞、失误，肯定会影响自己形象；

自认为说话对象不满，源于自己讲得差劲，他们在嘲笑我；

自己有生理缺陷，形象欠佳。

——其他因素（略）

（3）舒适地坐在椅子上或躺在床上，微闭双眼，想象引起最初高度紧张的最弱刺激诱因，直到紧张感接近消失；

（4）升级想象引起较强紧张的较严重刺激因素，直到紧张、焦虑完全消失为止。

4. 目光接触训练

训练内容：

（1）说说你在口语表达时，害怕与对方目光对视的原因是什么？

（2）谈谈说话者与对方目光接触时，说话者目光应该发挥什么作用？都有哪些含义？

训练方法：

（1）模拟情境训练：在一面镜子前，一边看着自己的眼睛，一边想、一边说：现在，我应该用柔和、信任的目光去与听众交流，感谢他们注意听我的发言；现在，我应该用平和、企求的目光去征询听众的意见："听懂了吗？""我讲得清楚吗？"；现在，我应用坚定、自信的目光告诉听众："对于这一点，我坚信不移。"；现在，我应用火热、亲切的目光与听众交流，表达我们感情上的共鸣。

(2) 话题训练

训练内容：

话题①　任何人都是独一无二的

话题②　战胜怯懦，战胜自己才能成功

话题③　我的怯场心理正在发生变化

训练方法：

(1) 一个小组或同几位志同道合的朋友在一起，围桌而坐，侃侃而谈；

(2) 在一个更大的范围，先坐着说，然后站起来发表自己的见解；

(3) 在一个正式场合，从容地发表讲话。

训练要求：

运用前面的心理调节技巧进行话题讲述，并及时总结在这方面的进步。

【提示】

在训练时不要去探究别人目光的含义，你只管去用自己的目光同别人交流，并尽量体会自己的目光是否体现出友好的交流感情；如果你仍然紧张，可以用虚视或扫视。

5. 快说脱敏训练

【评析】

“我”所以能从口讷到大胆讲话，做到“目中无人”，想什么就说什么，是心理调节的结果。目中无人，就是尽量把注意力集中到想什么说什么上，这样，紧张、恐惧的刺激反应就会逐渐变弱。有了想什么说什么的流畅表达，久而久之，便敢大胆地说了。

话题训练：在听众面前，不管听众的反应如何，只管想什么说什么，直到紧张、恐惧感消失。

训练方法：

（1）请别人当场出题，作即兴发言或演讲；

（2）故意同别人就某问题的观点唱反调，作“抬杠”练习。

【提示】

围绕题目中心内容，只管目中无人地讲，如出现语塞，就立即换个角度接下去；如果同学鼓掌、交头接耳、发出噪音时，声调可升高、用目光接触对方或听众、聚焦要虚，也可视而不见地说下去。

6. 应激反应训练

训练要求：在口语表达过程中，能够比较冷静地处理突发事件，如听众中突然爆发出哄堂大笑、讲稿被风刮走记不起演讲词、水杯被打翻、意想不到的提问、诘问等。

训练方法：由听众扮演提问者，采用反问、逼问、诘问等提问方式不断向说话者“进攻”。

【示例】

说话者：同学们，今天，我勇敢地站在了讲台上，非常有信心向诸位表达我的思想……

甲同学：什么，你勇敢地站在了讲台上？怎么脸绷得紧紧的、眼神惊惶失措？

说话者：……（微笑回答，应对话语要机智、幽默）

乙同学：我不清楚你为什么要笑？你的手势是什么意思？

说话者：对这位同学的提问，我想说三句话……（目光要注视乙同学，并辅之以手势，回答语气应沉稳，用语软中有硬。）

丙同学：（鼓掌）非常精彩！但你是否认为，甲同学和乙同学比你更勇敢、自信？你自己是不是在自吹自擂？

说话者：……（略沉思一会，要用表情显露内心谦和的态度。回答时要条理清晰、言简意赅。）

【提示】

应激反应其重要的心理素质要求是冷静，能及时对突发事件作出迅速有效的反应；训练时应注意机智地运用体态语、语气来缓解紧张；回答丙同学的提问，表情以沉思——微笑变化为宜。深呼吸一下，然后讲出论点：我们都很勇敢、自信。

（二）交际心理沟通训练

1. 多种角色扮演训练

【示例】

口语表达要注意角色定位

杨×是一位很有口才的学生，爱好广泛，组织能力强，考入师范后被学生推选为班长。但到二年级班委改选时，却只获得全班32名学生赞同票9张而落选。他本人百思不得其解，班主任也感到遗憾。一些同学解释的原因是：我们都承认杨×能力强，也胜任做班长，但他讲话好居高临下，总以班长的身份和学生讲话，我们在感情上有距离，缺少亲近感。他在全班同学面前发言，表情丰富，动作也特别老练，但同学很反感，说他好表现自己，滔滔不绝的“演说”让同学觉着做作、矫情、浮躁。结果，他就给了我们同学自我感觉过于良好这么一个整体印象。落选是意料之中的事。如果在今后讲话中，他能注意克服这些毛病，以班干部、学生、同学、朋友等身份和我们交流思想感情，我们还会选他当班长的。

训练内容：

(1) 请学生讨论，杨×同学怎样做，才能使他的口语表达适应语境并体现自己的身份？

班长（服务和自我管理代理人）：……

学生（班集体成员一分子）：……

同学（平等关系的伙伴）：……

朋友（诚实可靠的情趣相投者）：……

（2）假设你是杨×，在以下不同语境中，如何以不同的社会角色进行对话？

①王同学新买了一架小型家用摄像机，从未借给别人过。这次班级去森林公园搞活动，杨×找王同学商借。

②李同学要出席表姐的婚礼而提出请假，杨×说服李同学参加班级活动。

③杨×不久前向爸爸要过100元钱买书，为了班级活动，必须再向爸爸要100元，并且借用爸爸心爱的进口钓鱼竿。

④杨×向总务主任借用学校的大客车，并顺便邀请他参加班级活动。

⑤杨×分别邀请班主任及语文老师、音乐老师参加班级活动，并要他们准备好表演节目。

训练方法：

以小组为单位，扮演角色以小品形式进行训练。然后各组推举代表在班级中表演，结束后全班同学评议。

【提示】

评议重点放在口语表达的角色定位是否准确，有没有说出不符合自己身份的话。

2．情境角色适应训练

【示例】

我尝到了轻视交际的苦果

1990年我大学毕业，参加了统计委的招聘考试。笔试名列榜首，面试却栽了跟头，一个好机会便与我匆匆擦肩而过。

面试那天，我徘徊在考场门外。我知道十分钟就决定我的命运，心狂跳不停。在学校，我从不敢在全班同学面前讲话，此次笔试第一的桂冠也并没有给我多少自信，总觉得紧张，又一想，成败在此一举，一定要拿出大学生的样子来。

像喝醉了酒，我软绵绵地走进了考场，我第一句话是：

“各位老师辛苦了，我看咱尽量快一点，不耽误大家时间。”（我本想恭维一下，但弄巧成拙。在座的考官中，有主任有专家，我算老几？怎么能以领导的口气向考官提出要求呢?）

下面“哄”地一声大笑，我觉得好像说得不妥，坐在椅子上，双手不停地颤抖，总感觉几十双眼睛似利箭向我射来，不敢抬头，心中跳得更厉害。

“第一个问题，四项基本原则是什么?”

“坚持社会主义道路，坚持人民民主专政，坚持共产党领导，坚持……（沉思一会）记不起来了。”

（主考把完整答案说一遍后）“你再复述一遍。”

“既然你回答了，我就不用再说了。”

（主考让我再说一遍，是看我是否记住了，我却以为重复是多余的。我的回答无疑是对主考的顶撞，是拒绝回答。）

“第二个问题：现在全省向谁学习?”（当时正学丁百元）

“不知道，但我可以学习。”（我确实不知道）

“不知道怎么学习?”

“我好好工作，就是向先进学习。对我来说，学不学都一样。”

（我以为英雄人物的基本精神都是相同的，诸如无私奉献、一心为公、刻苦钻研等，我正向这个方向努力，所以我说学不学都一样。我说的是实话，但别人听后的感觉是：无理狡辩，知之不多，却固步自封，高傲自大。）

…………

不用多说，以上几个洋相也够别人谈论一阵子了。几天后，录取名单下来了，没有我。开始我总以为有人走后门，但不断的传闻与事实却证明，领导珍惜人才，两袖清风，善管理，论著颇丰，在全国统计系统也有名气。笔试后对我印象不错，面试后虽觉可惜仍将我的名字画掉。

（摘自1993.11《演讲与口才》薛项军文）

训练内容：通过角色扮演训练，尝试在模拟的情境中进行“自我推销”。

训练方法：

（1）由四位学生扮演考官，一名学生扮演毕业学生，其他学生扮演观众。（2）四位考官性格各异。甲考官性格温和，问话亲切，富有启发性；乙考官性格内向，问话言简意赅，表情严肃；丙考官感情外露，问话中含有鲜明的情绪倾向；丁考官思维富有独创性，问话多是逼问式。（3）大学毕业生以稳健的谈话风格、质朴的语言、饱满的精神状态，向考官推销自己的学识、才干、品行和青年知识分子普遍具有的事业心。（4）由学生观众评出最佳扮演者。（5）对五名学生角色扮演与言谈举止相符程度进行评价，并讨论口语表达准确表现角色应注意哪些问题。

【提示】

在模拟情境训练中，根据实例，增加一些细节。毕业学生扮演者可由抽签确定人选。

3. 心理调控训练

【示例】

制服醉汉

50年代日本东京地铁车站，上来一个酒气冲天的壮汉，脸色阴沉意欲滋事。一上车就跌跌撞撞，把一车人吓得半死。只见他高声咒骂着把一个怀抱婴儿的妇女撞得跌在一对老人身上，老夫妇吓得同乘客们一起逃往车厢的另一端。醉汉继续冲撞别人，一会抓住车厢正中的铁柱，大吼一声想把它连根拔起。

乘客们却吓得气不敢出。一个学过拳术的美国人想制服他，便慢慢站了起来。醉汉见他便吼："啊吁！一个外国佬！教你认识认识日本礼仪！"接着便作势准备出击。

这时，突然传来一声宏亮且愉快得有点奇怪的声音："啊！"仿佛是好友重逢的欣喜。醉汉惊奇地转过身去，只见一个70多岁身着和服的矮小的日本老头。老人满脸笑容地招招手说："你过来一下！"

醉汉大踏步冲过去，怒吼："凭什么要跟你说话？"美国人紧张地看着他们，以防不测。

"你喝的是什么酒？"老人笑眯眯地望着醉汉。

"我喝清酒，关你什么事？"醉汉依然大叫。

"太好了，太好了"，老人热切地说，"我也喜欢清酒。每天晚上都和太太温一小瓶，拿到花园，坐在木板凳上……"接着又介绍他家后园的柿子树……

然后，老人愉快地问："你一定也有个不错的老婆吧？"

"不，她过世了……"他哽咽地开始说起他的悲伤故事，如何失去妻子、家庭和工作，如今感到自惭形秽。

美国人下车了，他听到老人鼓励醉汉把心里所有的不快吐出来。只见醉汉斜倚在椅子上，头几乎埋在老人怀里。

（据《正Q情商》237页改写）

训练内容：

（1）讨论以上小故事，老人是以什么方法制服醉汉的？

（2）遇到下列情境，你将如何对对方进行心理调控：

①外语测验刚结束，小王满脸愁容，显然是考砸了。而接下去还有一场班际足球比赛，小王是主力，必须出场。

②小李在上学的路上把妈妈给他的500元代办费丢了，他心神不定，但马上要上课了。

③妈妈下岗了，情绪低落，还经常发脾气。作为子女，你同她谈一次心。

训练方法：以小组为单位，扮演角色用小品形式进行训练。也可以推举代表在班内表演，大家评议。

【提示】

注意学习并运用教材中介绍的心理调控的方法。

4. 心理沟通训练

【示例】

家访（老师和家长的对话）

师：有人吗？

家：噢，来了，啊，是吴老师，请坐，请坐。小明，给老师沏茶。

师：谢谢，谢谢。

家：我们小明最近在学校表现怎样？

师：小明的学习成绩一向是比较好的，和同学相处也较好。只是昨天，他打碎了一位同学的眼镜，我叫他请你到学校去一次，怎么不见你去呀？

家：我根本就不知道呀，（恼怒地）小明，过来，说说是怎么回事！

生：我怕，我怕……

家：怕什么！（声音恼火，欲发脾气。）

师：小明爸爸，别急，你不来学校，我到你家来，还不是一样嘛！听我慢慢说：昨天，班上进行篮球比赛，小明传球给另一位同学，这位同学没在意，一球过去正好碰到了眼镜，落地后就碎掉了。这位同学的家长也很通情达理，昨天到学校后说："同学之间不小心弄坏的，不能怪别人，我们自己去配一块镜片算了"。我想，这件事不管怎样处理，总该让你知道一下，所以特地叫小明通知你。

家：小明这孩子太不老实了，我一定要好好地教训他一番（厉声地对小明说）小明，你现在坐在旁边想一想，等会再跟你算账。

师：小明爸爸，小明不是故意打坏人家眼镜，你也不必过分责备他。他之所以不敢告诉你，是因为怕你，大概你平时要求是很严格的吧？

家：是的，我有时要打的。

师：也许正是你的打，使小明有时不敢说实话，看来越打越胆怯，越胆怯越不敢说实话，这不是越教训越糟糕了吗？

家：这……

师：所以我希望你好好地跟他谈，相信小明是能正确认识的。

家：那好吧。

明：爸爸，那眼镜我们赔。

家：对了，吴老师，这眼镜我们打碎的，怎么能叫他们自己去配呢？我看还是我们赔吧！

师：我认为两个孩子都不能怪，双方家长都很讲道理，叫任何一方全部负责都有点说不过去，我看还是各负担一半吧。另外，现在配付眼镜要一个半月才行，这位学生又是八百度近视眼，没眼镜上课真是太不方便了。

家：那当然不能影响他的学习。小明的舅舅在眼镜店工作，我去将情况说明，让他们照顾一下，尽快给配好。至于这两天嘛——

小明：这两天我跟他换位置，让他坐到第一排，我再认真记笔记，下课后将笔记借给他看。

家：那好，吴老师，请你把我们的意思转达给那位小朋友的家长好吗？

师：好的，时间不早了，我告辞了。

家：谢谢你，老师！

训练内容：

（1）沟通的关键是，针对不同的个性，想方设法去努力倾听和了解对方的思想和感受，然后公开地直接地诉说自己当时的思想和感受。试讨论一下：老师是怎样和家长沟通的？

（2）假如一位同学要留级了，你作为班主任进行一次家访，如何设法同家长沟通。假设那位家长是：

暴跳如雷的父亲；

放任自流的母亲；

溺爱孙子的奶奶。

训练方法：

以小组为单位，先讨论第一题，然后扮演角色以小品形式训练第二题。最后推举代表在班级中表演，结束后全班评议。

二、口语交际中的思维训练

训练目标：

语言是思维的外壳，思维是语言的内柱。通过思维方式与思维品质的训练，有助于从根本上提高口语交际的质量。

（一）思维方式的训练

1. 请发挥想象力，说出下列物品的至少10种用途：

木棍　饭碗　被单　绳子　自来水

2. 扩展话语训练

训练方法

用“今天很冷”“教室里很静”“大街上很热闹”做开头，说一段话，要求：

（1）每段分别不能重现“冷”“静”“热闹”等字；（2）每段必须分别围绕“冷”“静”“热闹”为中心组织语言；（3）准备时间3分钟。

3. 参照范例，对下列物品作发散思维的练习：

粉笔：
- 色彩——洁白
- 形体——短小
- 原料——纯净
- 质地——坚硬
- 属性——易碎

路灯　天平　黑板　文具盒　茶壶

4. 用一则成语，如果从不同角度、不同侧面，可以引申出许多不同的观点。试参照实例分析下列成语：

班门弄斧　大海捞针　狐假虎威　刻舟求剑

【示例】　滥竽充数

从南郭先生角度：

(1) 不要不懂装懂；

(2) 混饭吃的思想要不得；

(3) 弄虚作假只能骗一时；

(4) 要有真才实学；

(5) 要有自知之明，敢于正视现实。

从齐宣王角度：

(1) 不要官僚主义；

(2) 应加强调查研究；

(3) 要听其言，观其行；

(4) 打破“大锅饭”；

(5) 健全用人制度；

(6) 要注重考实绩；

(7) 要改革用人制度。

从齐湣王角度：

(1) 领导作风要深入细致；

(2) 加强岗位责任制；

(3) 一切要落实到人。

5. 试用与常规思维不同的方式解答以下问题：

（1）有九根火柴，摆出如下算式。你能否只改动一根，使它变成正确的等式？（2 分钟）

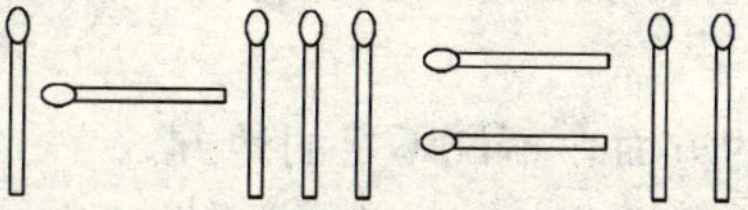

（2）24 人排成 6 列，每列 5 人，请问怎样排列？（10 分钟）

（3）两个孩子脸型一样，出生年月日也一样，父母亲也一样，但不是双胞胎。请问，他们是什么关系？

（4）屋内点了四支蜡烛，风吹灭了 2 支；不久又吹灭了一支。于是把窗关上，一支也未被吹灭。请问最后剩几支？

（答案：（1）将等式与减号互换；（2）按⬡形排列；（3）三胞胎；（4）还剩 3 支。）

（二）思维品质的训练

1. 思维条理性的训练

思维条理性训练，又叫思维品质条理性训练。它是关于思维活动准确性与条理性的训练。

（1）陈述训练

①用 100 字左右口头诠释下列词语（不查字典，不动笔，限时 3 分钟。）

代数　语文　班主任　职业学校　少年宫

②用几句话说明下列物件的结构、功能和使用方法。

筷子　圆规　信封　台灯　电视机

③把你最熟悉的五位同学的特点用三五句说明性的话介绍给别的同学听。

【提示】

A　可以从外貌、思想、能力、性格、习惯、风度等一、二方面去说。

B　不要求全面，突出一两点就行，但一定要符合被说的同学的实际。

C　只说好的方面，不说不足的地方。

D　可以两人合作说，一人说，一人作评价，看介绍的是否准确，用语是否恰当。

(2) 组合表达训练

①“她是……教练”的教练前面有 6 个修饰成分，这 6 个成分应该怎样排列？

A 优秀的　B 有 20 多年教学经验的　C 国家队里　D 篮球　E 女　F 一位

②把下面的句子组成一段话。

A　基础本来包括德育、智育、体育几个方面，人们只看到智育。

B　这样理解“基础”，结果只能妨碍人才的成长

C　但是，有的同学，甚至老师，对“基础”的理解往往偏于狭窄。

D　智育包括书本知识、非书本知识的学习和诸种能力的培养，人们又往往只看到书本知识的学习。

E　中学阶段是打基础的阶段，每个中学生都应该打好基础。

F　书本知识又包括教科书和课外读物，人们又往往只看到了教科书。

(3) 综合训练

【示例】

下面的材料是一位教师指导学生把思维准确而有条理地转换成话语的一段过程。

一次一位学生和他的朋友在公园做游戏，不小心把一位双目失

明的老大爷撞倒了。教师引导同学选用恰当词语把这些情节表述出来。下面是教师引导同学们讨论的过程：

师：用三五句话只说怎么“撞”，怎么“倒”的，别的话不要说。

生：我的头撞在大爷身上……

师：“身上”范围大，应该说撞在哪里？

生：我的头撞在大爷的胸前，大爷站不住了，扶着拐杖的手滑了下来……

师：是手滑了下来，还是拐杖滑了下来？手滑到哪里去？

生：拐杖滑了下来，大爷臀部跌在地上……

师：臀部是不能跌的。

生：是臀部摔在地上。

师：应该怎样更准确？

生：臀部坐在地上。

师：这两个同学说的，比原来更具体了。（再叫另一个学生补充）

生：小吴在公园里跑着，一不小心同老大爷撞了个满怀……

师：“撞了个满怀”用得好，但小吴在公园里跑着、跑着就撞了个满怀，不怎么恰当。

生：应该是低着头。

师：对，低头或者低着脑袋，向前急冲冲地跑……

生：小吴低着头，急冲冲地在公园里跑着，一不小心和老大爷撞了个满怀，用头……（停）

师：不能说“用头”，因为他不是故意去撞的。该怎么说？

生：头把老大爷撞了一下，正好撞在他的肚子上，老大爷哪里经得起小孩这么一撞。

师：这一句说得好。

生：脚没站稳打了个趔趄。

师：说得好。

生：老大爷踉踉跄跄往后退了几步，“啪”的摔倒了。

师：“啪”的一声摔倒了，这样摔得厉害了。（学生笑）

生：“哎哟”一声摔坐在地上。

师：这个小朋友说得好，这样就把怎样“撞”，怎样“倒”，说清楚，说具体了。

就这样，只用了10多分钟，教师就教会学生将一个情节准确有条理地表达清楚了，而且具体生动。

训练内容：

下面是一位小学生的口头作文。请你：

①用三分钟时间将文中表达不准确和缺乏条理性的地方改过来；

②重新复述一遍，将错误改正，但内容不能增删。

冬天早晨的一件事

清晨醒来，听到北风呼啸的声音，我不禁打了个寒噤。

今天虽然天气很冷，马路上也很热闹。人们穿着厚厚的棉衣，围着围巾、手套，匆匆地走着。人群中有去上班的，有去做工的，也有去上学的。

背上书包，我恋恋不舍地离开暖烘烘的被窝，迎着寒风去上学。

远远看见一位三十多岁的妇女从我身后匆匆赶上来。她个子不高，怀里抱着一个胖孩子，肩上还背个大包。背包被尿布、奶瓶之类东西撑得满满的。她累得直喘气，但脚步也没放慢，一步一步从容地向前走去。

我望着这位年轻妈妈的背影，突然想起自己还没满岁的时候，妈妈也是这样抱我上班的。心里觉得，做妈妈真辛苦呀！想到此，我赶紧上前，帮助这位妈妈背包，一直把她送上公共汽车。

2. 思维开阔性的训练

思维开阔性训练，也叫思维品质的开阔性训练。思维的开阔性指思维的广阔、新颖、灵活。

（1）图形想象训练

下列图形，是生活中的什么东西？想象得越多越好。

① 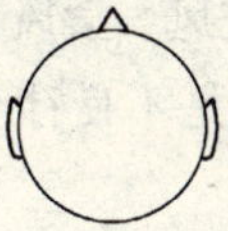 ② 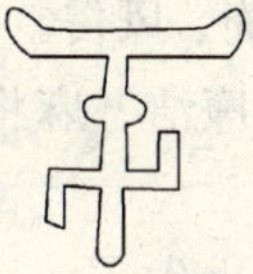 ③ 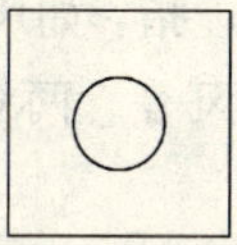

（2）成语想象训练

【示例】

塞翁失马

边塞上一个老头丢一匹马，别人来安慰他，他说："你怎么知道这不是一件好事呢？"后来，这匹马竟带着一匹好马回来了。

这个成语故事告诉我们：

①暂时吃亏可以得到更大好处。

②在一定条件下，坏事可以变成好事。

③安慰别人要注意一分为二，免得自讨没趣。

请你说说以下每个成语可以从不同的角度引出哪些不同的旨意。说得越多越好。

东施效颦　杯弓蛇影　黔驴之技　班门弄斧

（3）作文想象训练

训练要求：

（1）以"风"为题，展开想象，思考5分钟后做口头作文，文体不限。

（2）也可以以“窗”“灯”“路”“伞”等等为题。

【提示】

风，原是自然现象，指空气的流动。四季都有风，春风、熏风、秋风、朔风，给人不同感受：柔和、温暖、清凉、寒冷。

风，既可有利于人，造福于人，也可加害于人，如台风、龙卷风等。

风，也可虚指，如风气、风尚、风俗。有班风、校风、学风、民风、政风、党风等。两袖清风是廉洁、麻将风、赌风是不良社会风气。

口头作文可以选择一个角度去作。

3．思维敏捷性的训练

思维敏捷性训练，也叫思维品质敏捷性训练。它指思维活动的正确而迅速的特点，正确是前提，迅速是关键。

（1）迅速判断下列成语解释哪些是对的、哪些是错的：

①微言大义：包含在精微语言里的深刻道理。

②满城风雨：全城到处都在刮风下雨。

③切肤之痛：痛苦之深如同刀切皮肤一样。

④其貌不扬：事物的真实面貌还没有宣扬出来。

⑤不刊之论：报刊上没有公开发表过的观点和言论。

（2）抢背唐诗比赛。

训练方法：

五人一组，每组准备五首唐诗：一人说出唐诗的第一句后，其他组抢答全诗。各组轮流主持。哪一组答得又准又快为优胜。

（3）积累词语比赛。

训练方法

①试用 ABB 的叠词方式迅速说出表达喜悦、欢乐的词。如喜洋

洋、乐陶陶、笑哈哈……

②迅速、正确地说出带“步”的成语。如一步登天，大步流星，步履艰难……

（4）快速择语比赛。

训练方法：

①主持人说出一个词或成语，其他人说出近义词和反义词。如阳奉阴违：（近）口是心非；（反）表里如一。

②主持人说一个词语，其他人争说同义、近义词，越快越好，越多越好。

如：看、望、视、盯……

（5）快问快答比赛。

训练方法：

快速回答下列问题：

①什么马不会跑？

②什么鱼不会游？

③什么鸟不会飞？

④什么人不吃饭？

⑤什么衣服大家不愿意穿？

⑥什么东西不能被放大镜放大？

…………

【提示】

可采用秒表计时的办法，每人10道，看谁回答得敏捷而准确。但要扣除提问时间。

三、听话技能训练

训练目标

通过听记、听话联想力、听话概括力、听话理解力、听解“话中话”、听话快速应对、听话组合力等训练，做到听得准、理解快、记得清，能快速应对。

（一）听记训练

把听到的话语迅速而准确地“心记”或“手记”下来的技能训练。

1. 听记故事

听别人讲述一个故事，你再把这个故事讲给你的父母或朋友们听。你听一遍以后就能记住吗？复述故事时，你感到困难吗？

2. 接力听记比赛

同学们分行坐定以后，把事先写好的纸条分别发给坐在各行第一个位置的同学看，看后把纸条交给主持人。各行第一位同学立即轻声（不让第三者听见）告诉第二位同学（即“咬耳朵”说话），依此传下去，最后一位同学听到后立即跑到黑板前，把听到的那句话写下来。

比一比：哪位同学听后转述的话最准确？哪行传得最快？

3. 听后立即回答

（1）暂不看下面的材料，听别人讲述下面材料后，立即回答指定的问题：

捡了多少个钱包

语文老师拿了一叠作文本走进教室。她说："同学们，昨天你们写了《记一件好事》的作文。今天，我给大家出一道数学题。"

同学们愣住了：语文老师出数学题？怪事！

语文老师的数学题是这样出的：某班有50名学生，有38人捡到钱包并交给了失主。全校1200名学生，照这样计算，共捡了多少个钱包？全国两亿名学生共捡了多少个钱包?，听后，同学们哄堂大笑。

听后请回答：

①老师出的数学题是什么意思？

②同学们为什么会哄堂大笑？

（2）听后请写出或说出下面这段话里的一个多音字，再把这个字的几种读音拼写出来。

这是什么字？

我在赴考途中，穿过了一片树木参差的树丛，来到了车站。遇到了出差回来的叔叔。他亲切地对我说："小芳，准备得差不多了吧？要沉着、冷静，才能少出差错。"我信心百倍地回答："放心吧！差不了。"

（3）听后请填表

考场上

考场上安静极了，只能听见刷刷刷写字的声音。监考老师静静地站在前面，微笑着看着他心爱的学生们。

忽然他发现坐在最后排的张明停下笔，正在抓头皮……而他前面的李敏却抬起头看着老师，眼光是那样明显地亮了一下，又赶忙埋头飞快地写起来。

那个淘气的王方手忙脚乱地一会儿写上去，一会儿又用橡皮擦掉，擦掉又写，已经反复三次了……赵宁却趴在桌上一动不动，好像是睡着了。赵宁前面的刘群已经答完了，好像正在检查，可是他为什么把卷子举起来了？老师忙走过去用手指在课桌上点了两下。

请填写下表：

人　名	动　　作	对动作的理解
张明		
李敏		
王方		
赵宁		
刘群		
老师		

4. 听课笔记展评

由班会办一次“笔记展评”。每位同学把自己认为得意的笔记本拿出来参加评比，由同学们推选的五位评委打分，评出一、二、三等若干名。再请获得一等成绩的同学向大家介绍：我是怎样记好听课笔记的。

（二）听话联想训练

边听、边对话语的话题、语义等进行联想的技能训练。

训练内容与方法

1. 听记歇后语

听记下列的歇后语，联想出后半句的话是什么？

① 哑巴吃黄莲——
② 竹篮打水——
③ 骑驴看唱本——
④ 老和尚念经——
⑤ 热锅上的蚂蚁——
⑥ 芝麻开花——
⑦ 茶壶里煮饺子——
⑧ 擀面杖吹火——
⑨ 老鼠尾巴上生疖子——
⑩ 井底的蛤蟆——
⑪ 马尾穿豆腐——
⑫ 猫哭耗子——
⑬ 门缝里瞧人——
⑭ 千里送鹅毛——
⑮ 十五个吊桶——
⑯ 水中捞月——

2. 联想话语

无声的枪声

在漫长的生活的跑道上，并没有人向我们发出那激动人心的“预备，起跑”的枪声。但，在你的四周，处处是无声的“起跑”的信号。

在改革、开放的大潮中，在人生的长跑赛中，你是中途退出，还是冲到最后？

半夏小集（选一）

鲁　迅

A：B，我们当你是一个可靠的好人，所以几种关于革命的事情，都没有瞒了你。你怎么竟向敌人告密去了？

B：岂有此理？怎么是告密？我说出来，是因为他们问了我呀。

A：你不能推说你不知道吗？

B：什么话！我一生没有说过谎，我可不是这种人！

乡　愁

余光中

小时候
乡愁是一枚小小的邮票
我在这头
母亲在那头

长大后
乡愁是一张窄窄的船票
我在这头
新娘在那头

后来啊
乡愁是一方矮矮的坟墓
我在外头
母亲在里头

而现在
乡愁是一湾浅浅的海峡

我在这头
大陆在那头

3. 联想话语的关连。

听后立即写下下列词语的反义词

① 按部就班——　　② 不学无术——
③ 孤陋寡闻——　　④ 祸国殃民——
⑤ 旧调重弹——　　⑥ 不落窠臼——
⑦ 尔虞我诈——　　⑧ 管窥蠡测——
⑨ 家财万贯——　　⑩ 破绽百出——

（三）听话概括力训练

在听话过程中迅速、准确、全面地归纳出话语要点的技能训练。
训练内容和方法
听读下列材料，做好边听、边概括出要点的准备：

教师的衣着美

李荣启

教师是知识和教养的化身，是新一代的塑造者。教师端庄的仪态，优雅的风度，得体的着装，不仅能给学生留下可亲可敬可模仿的美的形象，而且有助于教育和教学的成功。教师的衣着历来受到教育家们的重视，并在自己的教育实践中身体力行。我国近代著名教育家蔡元培先生，每次去学校给师生讲话或上课，必要换上浆洗得十分清爽的衣服，系好纽扣后，还要对着穿衣镜整一下容。进入教室前，也要习惯地整一整衣装，再从容地走上讲台。

由于教师职业的特殊性，其着装既不能像军人那样整齐划一，也不能像演员那样装饰华丽。教师的着装应该既符合自己的职业要求，又具有相应的审美效果。

教师的衣着式样要得体、素雅大方。心理学研究表明，新异强烈的刺激物容易引起学生的注意力涣散。所以，教师在着装上应大众化，不标新立异，不穿奇装异服。教师的服装式样在设计上应注意到教师工作的特点，如袖子要适合抬胳膊，袖根既不要太瘦小，也不宜过于肥大。女教师上衣的前襟装饰不宜过多、过大，要显出自然清新而又雅致大方之美。倘若浓妆艳抹，满身透着珠光宝气，就会显得浅薄俗气。

教师的服饰要整洁干净、色调适中。衣装整洁干净方能显示教师的精神风貌。现实中，有些教师的着装，虽说赶不上时尚，式样老了点，色调差一点，但由于保持干净平整，穿在身上又适身合体，也能给人一种整洁朴素之美。作为教师，如果不修边幅，衣服肮脏，不仅会使学生厌恶反感，而且也不可能表现出端庄文雅的风度。此外，教师服装的款式、色调应与穿着者的年龄、体型、性格等相协调。中老年教师成熟干练、庄重沉稳，宜选择西服、中式装、中山装和款式大方雅致的夹克衫等。服装色彩宜采用既高雅稳重又流行的“中性”色调，诸如浅驼色、米黄色、银灰色等，还可点缀小花、暗格、隐条图案。青年教师性格活泼、富有朝气，服装款式宜新颖大方，色调宜明快清爽，尽量在穿着打扮上与学生的审美观相接近。要利用色彩的视错觉，巧妙地选择服装面料的颜色。体胖的人，应选用色彩纯度较低、较深暗的服装；体瘦的人，宜选用亮度和纯度较高的暖色服装。还应注意到色彩的表情性，使衣服颜色的冷暖与性格的刚柔巧配合，以弥补性格上的不足。一般来说，性格孤僻冷漠的教师，不宜穿黑色、深蓝等冷色调的服装，以免使学生觉得你冷若冰霜，敬而远之；性格急躁、易动感情的教师，不宜穿红色、橙色等色调艳丽、强烈的衣服，以免使学生觉得你气势逼人，畏而远之。教师的着装也应与不同的环境、场合相适宜。平时给学生上课时，着装要端庄、规范。但与学生一起参加劳动或外出郊游时，则不必“西服革履”，宜穿上得体的便装或轻便的运动装，显得活泼、洒脱，能使学生感到亲切、自然。总之，得当的衣饰打扮，能衬托出教师美的仪态和风貌。

听后请回答

① 教师注意衣着美，能起什么作用？

② 教师职业的特殊性对教师着重提出了哪些要求？

③ 教师怎样着装才能和自己的年龄、体型、性格相协调？

（四）听话理解能力训练

对听到的话语、快速、准确地理解内在涵义的能力训练。

训练内容与方法

听读下述五段话后，立即将你对话语内涵的理解填入表格内。

(1) 为人立传，我希望多写些真人、凡人，少写些假人、仙人。特别是不要把这个人写得连他自己都不敢相认，那可就太滑稽了！

(2) 每块木头都是座佛，只要有人去掉多余的部分；每个人都是完善的，只是要自己去除掉缺点和瑕疵。

(3) 世界上若没有了女人。真不知道这世界要变成什么样子……我所能想象的是：世界上若没有了女人，这世界至少要失去十分之五的“真”，十分之六的“善”，十分之七的“美”。

(4) 只要有虚荣心在，奉承话就永远不会消失。

段数	对话语涵义的理解
1	
2	
3	
4	

(5) 尽管一生中有无数不幸和遗憾，但生活毕竟是美好的。对生活要乐观、热爱，全心全意地做每一件事，并且用歌声来表达这份对人生的狂热。

段数	对话语涵义的理解
5	

听后请回答对文章内容和某些细节的理解：

世间最美的坟墓

——记1928年的一次俄国旅行

〔奥地利〕斯·茨威格

我在俄国所见到的景物再没有比托尔斯泰墓更宏伟、更感人的了。这将被后代怀着敬畏之情朝拜的尊严圣地。远离尘嚣，孤零零地躺在林阴里。顺着一条羊肠小路信步走去，穿过林间空地和灌木丛，便到了墓冢前。这只是一个长方形的土堆而已。无人守护，无人管理，只有几株大树荫庇。他的外孙女跟我讲，这些高大挺拔、在初秋的风中微微摇动的树木是托尔斯泰亲手栽种的。小的时候，他的哥哥尼古莱和他听保姆或村妇讲过一个古老传说，提到亲手种树的地方会变成幸福的所在。于是他们俩就在自己庄园的某块地上栽了几株树苗，这个儿童游戏不久也就忘了。托尔斯泰晚年才想起这桩儿时往事和关于幸福的奇妙许诺，饱经忧患的老人突然从中获得了一个新的、更美好的启示。他当即表示愿意将来埋骨于那些亲手栽种的树木之下。

后来就这样办了，完全按照托尔斯泰的愿望。他的坟墓成了世间最美的，给人印象最深刻的，最感人的坟墓。它只是树木中的一个小小长方形土丘，上面开满鲜花——没有十字架，没有墓碑，没有墓志铭，连托尔斯泰这个名字也没有。这个比谁都感受到自己声名所累的伟人，就像被偶尔发现的流浪汉，不为人知的士兵一般不留姓名地被人埋葬了。谁都可以踏进他最后的安息地，围在四周的稀疏的木栅栏是不关闭的——保护列夫·托尔斯泰得以安息的没有任何别的东西，唯有人们的敬意。而通常，人们却总是怀着好奇，去破坏伟人墓地的宁静。这里，逼人的朴素禁锢住任何一种观赏的闲情，并且不容许你大声说话。风儿在俯临这座无名者之墓的树木之间飒飒响着，和暖的阳光在坟头嬉戏。冬天，白雪温柔地覆盖这片幽暗的土地。无论你在夏天和冬天经过这儿，你都想象不到，这个小小的、隆起的长方形包容着当代最伟大的人物当中的一个。然而，恰恰是不留姓名：比所有挖空心思置办的大理石和奢华装饰墓碑更扣人心弦。在今天这个特殊的日子里，成百上千到他的安息地来的人中间没有一个有勇气，哪怕仅仅从这幽暗的土丘上摘下一朵花留作纪念。人们重新感到，这个世界上再也没有比这最后留下的、纪念碑式的朴素更打动人心的了。残废者大教堂大理石穹窿底下拿破仑的墓穴、魏马公侯之墓中歌德的灵寝、西敏司寺里莎士比亚的石棺，看上去都不像树林中的这个只有风儿低吟，甚至全无人语声，庄严肃穆，感人至深的无名墓冢那样能剧烈震撼每一个人内心深藏着的感情。

听完一遍请即回答问题：

① 文章的标题是什么？副标题是什么？

② 作者是谁？哪一国人？

③ 文中提到的坟墓主人是谁？哪国作家？

④ 坟墓的形状是怎样的？什么做成的？

⑤ 坟墓的地点在哪里？特点是什么？

⑥ 保护墓中人得以安息的唯有什么？

⑦ 作者将这座坟墓与谁的墓穴、灵寝、石棺相比较？

⑧ 你知道墓中人有什么著名作品传世吗？

⑨ 你觉得本文的感情基调是什么？

⑩ 你听完以后联想到了一些什么？

（五）听解“话中话”训练

透过话语表面的意思探寻话语深层含意的技能训练。

【示例】

《红楼梦》第八十三回，写一个老婆子对着自己的外孙女嚷道：“你是个什么东西，来这园子里混搅！”黛玉一听，以为是在骂她，大叫：“这里住不得了！”气得“两眼反插上去”。老婆子的话，在她的外孙女和林黛玉听来，所得到的信息完全不同：前者符合话语的原意（老婆子是在吆喝她回去）；后者则因黛玉多心，误以为是撵她走，这显然是和她那种寄人篱下的处境、心情分不开。该书第三十回写到薛宝钗听了两出戏转到贾母跟前，发觉宝玉和黛玉口角后又和好了，自己还在黛玉面前受到宝玉的奚落，很恼火；便趁黛玉问她听了两出什么戏的机会答道：“我看的是李逵骂了宋江，后来又赔不是。”宝玉接口点出了戏名：“这叫‘负荆请罪。’”宝钗正好借题发挥：“这叫‘负荆请罪’！你们通今博古，才知道‘负荆请罪’，我不知道什么叫‘负荆请罪’。”宝黛两人听了这话，早把脸羞红了。这是言者有心指桑骂槐、听者也能听出言外之意的一段对话。可接下去的交际场面就更复杂了。小说这样精彩地写道：凤姐这些上虽不通，但只看他三人的形景，便知其意，也笑问道：“这么大热的天，谁还吃生姜呢？”众人不解，便道：“没有吃生姜的。”凤姐故意用手摸着腮，诧异道：“既没人吃生姜，怎么这么辣辣的呢？”宝玉黛玉二人听见这话越发不好意思了。宝钗……只得一笑收住。别人总没解过他们四人的话来，因此付之一笑。这里“吃生姜”的言外之意，作为言者的凤姐是有心的，而听者却只有宝、黛、钗三人听得出，其余的人都不知所云。可见同一言语形式，不同的对象往往会根据自身的体会作出不同理解。

请读后，填写下表

序号	言语交际情况	写出言者？听者？
1	言者无心，听者有意。	言者（　　），听者（　　）
2	言者有意，听者无心。	言者（　　），听者（　　）
3	言者有意，听者亦有心。	言者（　　），听者（　　）

训练一、听后请回答：水手的言外之意是什么？

杰克和水手

杰克住在英格兰的一个小镇上。他从来未见过海，非常想去看看，有一天，他有机会来到海边。那儿正笼罩着雾，天气又冷。“啊，”他想：“我不喜欢海。幸好我不是水手，当一名水手太危险了。”

在海岸上，他遇到了一位水手。他们交谈起来。“你怎么会爱海呢？”杰克问，“那儿弥漫着雾，又冷。”

“海不是经常都冷和有雾，有时候是明亮而美丽的。但不管什么天气，我都爱海。”水手说。

“当一名水手危险吗？”杰克问。

“当一个人热爱他的工作时，他不会想到什么危险。我们家庭的每一个人都爱海。”水手说。

“你的父亲现在何处呢？”杰克问。

“他死在海里。”

“你的祖父呢？”

“死在大西洋里。”

“那你的哥哥呢？”

“他在印度一条河里游泳时，被鳄鱼吞食了。”

“既然这样，”杰克说，“如果我是你，我就永远也不到海里去。”

“你愿意告诉我你父亲死在哪儿吗？”

“啊，他在床上断的气。”杰克说。

“你的祖父呢？”

“也是死在床上。”

“这样说来，如果我是你”水手说，“我就永远也不到床上去。”

训练二、听后请回答莎士比亚剧本中的这些台词是在歌颂黄金吗？

黄金呀，闪烁的宝贵的黄金，有了你，黑的会变白，丑的会变美，错的会变对，老的会变少，怯弱的会变勇敢！神呀，这是为什么？为什么你可以引走他身边的牧师和仆人，抽去莽汉头下的枕头？这黄金的奴才会弥缝宗教，打破宗教，会向奸徒祝福，把癞子变成雅士，使强盗受到册封，受人跪拜，受人颂扬，叫他和元老院议员同席，可以使哀哭绝望的寡妇再嫁，这个被诅咒的东西，这个人类共同的娼妇。

训练三、听后请你说一说：马克·吐温是在道歉吗？

马克·吐温的第一部长篇小说《镀金时代》，以一定的史实为根据，反映了国内战争后资本主义发展期间的投机暴发行为和政治腐败现象。当记者采访马克·吐温，询问小说中的政客、参议员与国会议员有无联系时，马克·吐温压抑不住他对那些政客的愤懑，竟骂道：“美国国会中有些议员是狗婊子养的。”

这句话在报纸上披露后，国会议员大为恼火，纷纷要求马克·吐温予以澄清或赔礼道歉。马克·吐温无奈，只好在《纽约时报》刊登启事：

“日前我在酒会上发言，说有些国会议员是‘狗婊子养的’，事后有人向我兴师问罪，我再三考虑，觉得此言是不妥当的，故特登报声明，把我的话修改如下，幸祈谅鉴。即：美国国会中有些议员不是狗婊子养的。”

训练四、听后请回答名人说的那句话是什么？

某人很自负，写了一篇文章，言语不通，却感觉极好。他去访问一位名人，假意请求指点，实则想自我炫耀。

名人看了说：“名人的文章七窍，如今你已通了六窍”。他听了大为高兴，到处向人转述自己“已通六窍”。

一个朋友忍不住对他说：“人家是说你这人……”他这时才醒悟过来。

请你猜猜，他的朋友对他说了一句什么话？你能说出来吗？

训练五、猜猜哪一句话是真话？

莎士比亚的著名剧作《威尼斯商人》中有这样一段情节：

富家少女鲍细娅品貌双全，那些公子王孙们纷纷向她求婚。可是，鲍细娅没有选择丈夫的自由，按她先父的遗嘱，要由求婚者猜匣定婚。鲍细娅有金、银、铅三只匣子，每只匣子上刻有一句话，而只有一只匣子里放有鲍细娅的肖像。鲍细娅许下愿：哪个求婚者通过这三句话，猜中她的肖像放在哪只匣子里，就嫁给谁。

A　金匣：“肖像不在此匣中。”

B　银匣：“肖像在金匣中。”

C　铅匣：“肖像不在此匣中。”

请你回答：

哪一句话才是真话？理由是什么？

训练六、从一句话中听出凶手是谁？

在英国女作家阿加莎·克里斯蒂写的侦探小说《尼罗河上的惨案》中，女富翁林内特被杀了。谁是凶手呢？

比利时侦探波洛对林内特乘坐的游船上的许多旅客作了调查。他从作案的动机、时间、手段等各方面进行分析，认为除了林内特的丈夫赛特和赛特的旧情人杰基之外，差不多个个都有作案的可能。在调查过程中，林内特的女仆路易丝和作家奥特伯恩又先后被惨杀，使得案情更加复杂化。

奥特伯恩太太被杀后，波洛突然想起了路易丝在被杀前说过的一句话：“假如我睡不着觉，假如我在甲板上，也许我会看见那个凶手进出我家太太的客舱。”

尽管这句话是用虚拟的口气说出的，波洛却认为这是很重要的一句话。他断定:“如果露易丝没有看见凶手，那么她就不敢也没有必要用虚拟的口气说这句话。”路易丝说出这样的话来，目的很可能是向凶手要挟。而路易丝在说了这句话之后，即遭杀害，也印证了波洛上述判断是正确的。波洛断定:“如果路易丝没有见到凶手，那么，她是不会被杀的。”

顺着这条线索，最后，波洛终于揭露了谋杀林内特的真正凶手。

请你回答：大侦探波洛从那句话中听出凶手是谁呢?

(六) 听测“假话”的训练

在和各种人交往过程中，逐步学会听出那些“假话”、言不由衷的话，能根据话语环境、话语逻辑、说话人流露出来的面目表情等，判断出假话后面的真话。

【示例】

听录音

巧破凶杀案

一天夜里，某城市发生了一起凶杀案。第二天，公安局扣留了两名嫌疑犯。其中一名 50 多岁，一名 30 多岁。

刑侦人员问:“昨天晚上，你们都去过什么地方?”

50 多岁的人回答说:“我一夜都没出去，第二天 8 点多钟才起床。我每天都是这时候起床。”

“起床后干什么?”

“我一边刷牙，一边哼歌曲。”

“有证人吗?”

“单身汉，没有证人。”

30 多岁的人是这样回答的:

“我也一夜没出去。大约晚上 7 点多钟就睡了。第二天一大早起床后，发现我那只老台钟又停了，就赶紧上发条。这钟常常停，每天要上一次发条。”

“钟什么时候停的?”

“8点半，我记得很清楚。”

“有没有证人?”

“我老婆可以做证。”

“你老婆几点起床的。”

“她上夜班。”

刑侦人员找出了真正的嫌疑犯，继续审讯，案子很快就破了。

听后，你能从两个人的话语里，判断出谁是真正的嫌疑犯?

【分析】

很清楚30多岁的人说的是假话。

他的话自相矛盾：

1. 一般人没有晚上7点多就睡觉的。

2. 他不是一大早就起床的。既然老台钟老停，他必然养成起床后看钟的习惯。那么他清楚地记得钟是8点25分停的，恰好说明他是8点25分左右才起床的。

3. 老婆可以做证，却又上了夜班。

所以30多岁的人嫌疑大，需要继续审讯。

训练材料

仔细听读这篇有意思的小说，注意交谈双方的真话和假话。

神秘的访问（节选）

〔美〕马克·吐温

我最近在这里“定居”后，首次注意到我的是一位自称为assessor（估税员）、在美国Internal Revenuelepartment（国内税收部）工作的先生。我说，我虽然以前没听过他所干的这一行，但仍然十分高兴会见他——他是不是可以请坐呢？他就了座。我不知道该和他谈什么是好，然而我意识到，既然自己已经成家立业，有了身价，那么在接待来宾时就必须显得和蔼可亲，就必须善于交谈。于是，由于一时没其他的话可以扯，我就问他可是在我们附近开店的。

他回答说是的。(我不愿显得一无所知，但是我指望他会提到他出售什么货色。)

我试探着问："买卖怎么样呀?"他说："马马虎虎。"

接着我说，我们会上他那儿去的；如果也同样地喜欢他那家店，我们会成为他的主顾的。

他说，他相信我们会十分喜欢那个地方，以后会专门去那儿——还说，只要谁跟他打过一次交道，他从来没见过那个人会抛弃了他，另去找一个干他那一行的。

这话听来颇近自诩，然而，除了显出我们每人都具有的那种自然流露的鄙俗而外，这人看上去还是很诚实的。

也不知道究竟是怎么一回事，反正我们俩似乎逐渐变得融洽，谈得投契，此后一切都那样很惬人意地、自然而然地发展下去。

我们谈呀，谈呀(至少在我这一方面是如此)；我们笑呀，笑呀(至少在他那一方面是如此)。然而我始终保持着冷静——我那天生的警惕性，就像工程师所说的那样被提到"最高度"。不管他怎样含混其词地答话，我总下定决心要彻底打听清楚他所干的行业——我下定决心要引着他把自己的行业说出来，但同时又不要让他怀疑我的用意何在。我准备施展极其巧妙的诡计，务必引他入彀。我要把自己所做的事全部告诉他，那样他就自然而然要会被我推心置腹的谈话所诱惑，自然而然会对我亲热，甚至会情不自禁，在不曾猜疑到我的意图之前就把他自己的事全部告诉了我。我心里想，我的儿呀，你再没想到，你是在跟一个什么样的老狐狸打交道啊。我说：

"瞧，您再也猜不到，这一个冬天和上一个春天我单凭演讲就挣了多少。"

"猜不到……我真的猜不到。让我再想一想……让我再想一想。也许，大约2000元吧？不会的；先生，那不会，我相信您不可能挣那么多。也许，大约是1700元吧?”

“哈哈！我就知道您猜不到嘛。上一个春天和这一个冬天，我演讲的收入是1.475万元。您以为这个数目还可以吗?”

“啊呀，这是个惊人的数目呀……绝对惊人的数目。我得把它记下了。您是说，甚至这还不是您全部的收入吗?”

“全部的收入！咳，我说您哪，此外还有4个月以来我从《每日呐喊》获得的收入……大约是……大约是……嗯，大约是8000元左右吧，我说，您觉得这个数目怎么样?”

“哎呀！怎么样？老实说，真希望我也能过上这样阔气的生活。8000元！我要给它记下了。啊呀，我的先生！……除此以外，您意思是不是说，还有更多的收入?”

“哈！哈！哈！哎呀，您这真所谓是‘只沾了个边儿’。此外还有我的书呢，《老实人在国外》……每本售价3元5角起到5元，根据不同的装订而定。您再听我说下去呀。您不要害怕呀。单是过去的4个半月里，不包括以前的销数在内，单是那4个半月里，那部书就卖了9.5万本。9.5万本哪！您倒想想。平均每本就算它4元吧。总数几乎达到40万元，我的朋友。我应当拿到它的半数。”

“受苦受难的摩西！让我把这一笔也给记下了。1.475万……8000……20万。总数吗，我瞧……哎呀，真想不到，总数大约是二十一万三四千元哪！那真的可能吗?”

“可能！如果是算错，那只会是少算了。21.4万元现钞，那就是我今年的收入，如果我知道怎样计算的话。”

这时候那位先生站起身来告辞。我心里很不痛快，因为想到我也许不但白白地向一个陌生人公开了自己的收入，而且，由于听到他的惊叹时感到得意，还大大地提高了那些数字。可是，那位先生不立即就走，他在最后关头递给我一只大信封，说那里面有他的广告，说我可以在那里面找到一切有关他的业务的细节；说他很欢迎我去光顾——说他有了我这样收入优裕的人做主顾，实在感到骄傲；

说他以前常常以为市里也有好几位大财主，可是，等到他们去跟他做交易时，他发现他们所有的那点儿钱只勉强够自己糊口；还说，他确实耐着沉闷等候了这么多年，才能面对面看见我这样一位大阔佬，而且能和我交谈，并用手接触了我，终于情不自禁，想要拥抱我——说真的，如果我肯让他拥抱的话，他认为那对他将是一件极大的光荣。

这一席话说得我心里乐滋滋的，所以我也就不再推拒，尽让这位心地纯洁的陌生人张开双臂抱住我，还在我后颈窝里洒了几滴起镇静作用的眼泪。然后，他去了。

他刚走，我就展开了他的广告。我仔细地研究了它4分钟。紧接着我就唤厨子来，说：

“扶好了我，我这就要晕过去了！让玛丽去翻那烤饼吧。”

停了一会儿，我清醒过来，就派人到路拐角的小酒店里去，雇来了一位行家，为期一个星期，要他整夜守护着我，同时咒骂那个陌生人；白天里，偶尔我咒骂得乏了，就由他接替。

听后请回答：①那个估税员对“我”说的那些奉承话，其用意是什么？②作品中的“我”在结尾处，看的是什么广告内容？为什么差点晕过去？③你认为怎样才能听出那些假意的奉承话？你说说要怎么对付这种人？

（七）听话快速应对训练

边听、边思考做出恰当的言语应对的技能训练。

【示例】

下面是清代著名学者、智辩家纪晓岚（1724～1805）的言语应变故事：

纪晓岚体胖，最怕过炎热的夏天。乾隆皇帝知道这一点，总想找个机会同他开开玩笑。

有一天下午，天气闷热得出奇。乾隆估计纪晓岚已到军机处，并且知道他在军机处里常常是脱了衣服光着膀子工作。乾隆皇帝不叫人事先通报，带着几个随从突然来到军机处。这时纪晓岚正光着膀子和军机处的几个办事人员闲聊。几个办事人员一见乾隆皇帝突然出现在门口，立即上前接驾。纪晓岚的眼睛是高度近视，没有看出是乾隆到来，后来见几个办事人员去接驾，才闹清了是怎么回事。纪晓岚想：光着膀子接驾，对皇帝是极大的不恭，恐有亵渎万岁之罪；穿衣服吧，已经来不及了。他灵机一动，估计皇上可能没有看见自己，仓皇地钻到了办公桌子底下藏起来。

乾隆皇帝早就猜透了纪晓岚的心思，假装不知，故意在椅子上坐了下来。纪晓岚在桌子底下缩作一团，气喘吁吁，大汗淋漓，实在难熬。两个时辰过后，纪晓岚听不到乾隆说话的声音了，他就鼓着勇气低声问办事人员："老头子走了没有？"

在椅子上坐着的乾隆皇帝一听此话，立刻板起面孔，厉声问道："纪晓岚，你见驾不接，我且不怪罪于你。你叫我'老头子'是什么意思？你要一个字一个字地给我讲清楚；否则，不要怪我对你无情！"

纪晓岚听后，吓出了一身冷汗，忙说："皇上，我光着膀子呢！"乾隆皇帝强忍住笑，叫随从把纪晓岚从桌子底下拽出来，并让他穿上衣服。纪晓岚赶忙俯伏在地，不住地磕着响头，口称"死罪！死罪！"乾隆又厉声催问："磕多少头也不行，快讲，'老头子'是什么意思？"

纪晓岚又给乾隆磕了一个响头，慢条斯理地说："万岁不要发怒，奴才之所以称您为'老头子'，确实是对您的尊敬、先说'老'字吧，'万寿无疆'称为'老'，我主是当今有道明君，天下臣民皆呼'万岁'，故此称您为'老'。"

乾隆听后，点了点头。

纪晓岚接着说："'顶天立地'称为'头'，我主是当今伟大人物，是天下万民之首，'首'者，'头'也。故此称您为'头'。"

乾隆皇帝边听边眯缝着眼睛笑，并不住地点着头，流露出得意的神色。

纪晓岚见此情景，也猜透了乾隆的心思，拉长了声音说："至于'子'字嘛，意义更明显。我主乃紫微星下转，紫微星，天之子也，因此天下臣民都称您为天'子'。"纪晓岚说到这儿，稍微停了停，又说："皇上，这就是我称您为'老——头——子'的原因。"

乾隆皇帝得意地笑了，赦纪晓岚无罪。

【评析】

纪晓岚听到乾隆皇帝大发雷霆的指责以后，虽然一时慌乱，但他机智过人，一边想，一边快速应对，把"老头子"这句贬义词，解释为褒义词，做到了因人、因事、因地进行应对。可见，听话时和听话以后，要善于快速动脑筋，快速做好应对的准备，这样才能对答如流，巧妙应付。

练习一：海涅说了什么话？

听讲下述材料，回答海涅说的什么话？

德国大诗人海涅是犹太人，常常遭到无理的攻击。有一次晚会上，一个旅行家对他说："我发现了一个小岛，这个岛上竟然没有犹太人和驴子！"海涅白了他一眼，不动声色地说：……

练习二：哲学家怎么对待诡辩者？

古希腊哲学家梅内德谟曾经机警地回答过诡辩论者的挑衅。一个诡辩论者："你是否已经停止打你的父亲了？"这个疑问句，一般是不能直接表示判断的，但它隐含着一个判断，就是在问"是"与"否"时，已预设了一个"你过去曾经打过你的父亲"这个肯定判断。所以无论你回答"是"或"否"，都等于承认了问话者事先作的判断。显然，诡辩论者是想让梅内德谟陷于困境。然而梅内德谟作为一个哲学家是不会轻易落入圈套的。请看他的回答："……"诡辩论者听了以后，自认失败了。

练习三：邹忌听话快速应对

战国时期，齐国人淳于髡很有才学，善为隐语。邹忌鼓琴取相以后，淳于髡心里很不服气，就带着门生来见邹忌。淳于髡大模大样地坐在上位，问邹忌：

“做儿子的不离开母亲，做妻子的不离开丈夫，对不对？”

邹忌答：“对。我做臣子的，也不敢离开君王。”

淳于髡问：“车轱辘是圆的，河水是往下流的，是不是？”

邹忌答：“是的，方的不能转悠，河水不能倒流。我不敢不顺民情。”

淳于髡问：“貂皮破了，别拿狗皮去补，对不对？”

邹忌答：“对，我绝不敢让小人占据高位。”

淳于髡问：“造车必须算准尺寸，弹琴必得定准高低，对不对？”

邹忌答：“对，我一定注意法令，整顿纪律。”

淳于髡站起身来，向邹忌行了个礼，告辞了。

听后请回答：

邹忌是怎么样听解淳于髡问话中的隐语，并立即做出言语应对的？

（八）听话组合能力训练

对不同话语内容边听、边进行归类、组合的技能训练。

训练内容

有人以《老师，您听我说……》为题，向同学们做过调查。下面是调查人介绍调查的内容，请你边听、边归类，把同学们对老师的意见、要求和希望整理出来，当众做一口头汇报。

老师，您听我说，请不要把自己仅仅当成老师，因为老师与学生是两个不同的名词、两个不同的世界。

老师，您听我说，请不要一打铃就来上课，一打铃就离开教室，别让我们觉得您是课本的伴随物。

老师，您听我说，请不要把我们仅仅当作记分册上的几个号码、教书机器上的几个零件。

老师，您听我说，不要总是说："要尊敬师长，看到老师要问好"，而真正的好老师在他生日之际会收到贺卡。

老师，您听我说，在您穿牛仔裤时，就别穿高跟鞋，否则这样看上去很别扭。

老师，您听我说，不要把学生认为是自己的孩子，因为那样会使您失去理智而感情用事。

老师，您听我说，您也是个普通人，不要犯了错误后竭力掩盖，那只会导致更大的笑话。

老师，您听我说，经常给我一点帮助，不要让您的要求超过我的能力。

老师，您听我说，不要期待我最喜欢您的课，至少对我，别的课可能更有趣。

老师，您听我说，不要勉强我把求学当作人生最大乐趣，至少对我，考大学不一定是乐趣。

老师，您听我说，我若有成绩也不要把我当作别人的榜样，因为那样会使我很孤独。

老师，您听我说，不久之前您也是学生，您是否有时也会忘记带东西？在班上您是否样样第一？

老师，您听我说，不要在同学取笑某人时，随之发笑，因为您的笑更具杀伤力。

老师，您听我说，您提问时最好因人而异，不要太难，搞得我们太紧张。

老师，您听我说，不要老是将我们按分数来划分等级，而忽略我们分数背后的努力。

老师，您听我说，不要因为我们的考试成绩不太好而大发雷霆，要知道我们此时最脆弱。

老师，您听我说，不要一提问题就把期待的眼光投向您的"高徒"，大伙的热情会因此而熄灭。

老师，您听我说，听了这些话千万别发火，谁让我们这些不懂事的学生，被您一“诱惑”就吐出了真言？

（九）听话能力自测

学会对自己听话水平和别人听话能力的测评，有助于及时发现自己听话技能的薄弱环节，学习别人听话的高超本领，做到学有方向，练有指标，不断地提高听话能力。

听话能力测评标准一（供参考）

听话能力测评标准二（供参考）

美国“教育进步系列测验”的听力部分

由美国教育测验服务社编制的“教育进步系列测验”(Sequential Tests of Educational Progress)属于一种标准化教育测验。该测验通过阅读理解、听力、写作、数学、自然科学、社会科学等方面所运用的学习技能来测量学生的能力。听力测验是其中一部分，测验项目涉及以下技能：

听话能力因素（测评项目）及权数*一览表

能力分类	能力因素（测评项目）	权数
一 感知与记忆	1. 词汇感知：能迅速听出讲话中用的词语，并了解词语的基本用法。	10
	2. 细节感知：能够注意谈话的细节，并牢记细节以回答有关问题。	8
	3. 要点记忆：能辨别并回忆口头讲述的主要观点、重要内容。	8
	4. 内容记忆：能听清并回忆对方讲话的内容。	8

续表

能力分类	能力因素（测评项目）	权数
二 理解与组织	5. 理解词义：能辨别同义词；了解其用法，会利用上下文线索理解词义。	10
	6. 了解句型：听懂教学目标要求的几种主要句型（陈述句、问句、感叹句等），听出句子结构变换、声调和语气变换所表达的不同意思。	10
	7. 排列顺序：能听清并指出对方讲话内容的先后顺序。	10
	8. 理解内容：明白说话的意思和话中重要语句的含义。	10
	9. 概括中心：能边听边想，概括话语中的中心思想。	10
	10. 猜测隐语：能听出一段话中隐含的意思。	10
	11. 推断结论：能根据话语的内容进行简单的推论。	10
三 反应与评价	12. 听后答问：能听懂问题，进行简单答问。	12
	13. 听从指令：能够听从指导语的详细说明，依次而行。	10
	14. 分辨正误：能听出别人讲话中明显的语病和错误或不妥之处。（包括句子结构不完整、用词重复、用词不当、词语搭配不当、词序不当、人称不统一、自相矛盾、概念模糊、转移概念、不合逻辑规范、知识性错误、语音有误、拖长音、根据不足等。）	10

* 权数作为安排各项目测验内容比重的依据。

（1）识别主要观点；

（2）记忆重要的细节；

（3）记住材料的简单顺序；

（4）认清讲述者的倾向和偏见；

（5）判断信息的正确性；

（6）区分想象与事实；

（7）判断细节与观念的联系；

（8）确定言语上下文的组织结构；

（9）认识讲述者想要听讲者去做和相信的东西。

使用要则：

该测验适用对象范围包括小学四年级到大学二年级，其中分四个等级水平：第一级水平为4～6年级，第二级水平为7～9年级，第三级水平为10～12年级，第四级水平为13～14年级。测验形式为让学生听一段材料，然后做选答题。答案纸预先印好相应的问题及四个备择选项。主要用于测量学生听的理解、解释、评价和应用能力。该测验采用年级常模、百分等级和标准分数来解释测验成绩。

【提示】部分参考答案

1．听记训练

《**在考场上**》

人名	动　　作	对动作的理解
张明	放下笔在抓头皮。	看来遇到麻烦了，心境有些烦乱。
李敏	眼睛亮了一下，又埋头飞快地写起来。	准是复习时做过这道题，因此兴奋而有把握。
王方	写了擦，擦了又写……	表现出犹豫不决，知识掌握的不熟练，一时决定不了对错。
赵宁	一动不动地趴在桌上，好像睡着了。	一点儿也不会，索性放弃了这次考试。
刘群	答完了却把卷子举起来检查。	显然是想给后面的同学看，这不是帮助同学的办法。
老师	①开始微笑地站在前面。	对学生充满爱。
	②走下讲台用手指敲点刘群的课桌。	及时制止作弊，提醒学生不要犯错误。

2. 听话理解力训练

1. 写人物传记，要真实，不能虚构。那种把笔下的人物写得太假或像“仙人”一样，是非常可笑的，起不到正面宣传的作用。

2. 人的性格、品德修养，是可以完善的，只要是下决心改掉那些毛病、缺点就能做到。

3. 揭示了女性的真善美以及对社会的作用。

4. 许多奉承话是专门讲给那些虚荣心强的人听的。不要虚荣，也不要去听、去说那些奉承话，做一个正直的人。

5. 要热爱生活，要认真做好每一件事。

3. 听解“话中话”训练

1. 言者（老妈子），听者（黛玉）；

2. 言者（宝钗），听者（宝玉）；

3. 言者（凤姐），听者（宝玉、黛玉）。

训练六：谋杀林内特的真正凶手是赛特和杰基。

（四）听话快速应对训练

练习一：海涅说“看来，只有我和你一起去那个岛子，才会弥补这个缺陷。”

练习二：梅内德谟回答诡辩者：“我不存在你的问题。因为无论过去还是现在，我都没有打过我的父亲。”

练习三：（从略）

四、复述训练

（一）详细复述与概要复述的训练

训练内容：

1. 复述记叙性材料

(1) 对着镜子讲课的教员

革命先烈肖楚女出身贫寒，没有进过学校的门槛，从小就在茶馆里当跑堂谋生。可他后来成了一位会演讲、善写文章的革命家。在广州农民运动讲习所里，他是毛泽东同志最欣赏的教员。他是怎样成长起来的呢？

原来，大革命前夕，由于革命需要，他到重庆国立第二女子师范教书，因为刚当上教员，尽管备课非常认真，但他还是担心上不好课。怎么办呢？他想只有下苦功练才行。于是，每天天刚蒙蒙亮，他就跑到学校后面的山上，找个僻静的地方，掏出一面小镜子挂在树枝上，独自对着镜子反复练习讲课，从中观察自己的表情和动作是不是表达了演讲的内容，能不能引起学生听讲的兴趣。就这样练呀练，风雨无间，几个月过去了，肖楚女的教学水平显著提高了，终于收到了良好的教学效果。

(引自《云南教育报》)

(2) 孤女有志成冠军

——乌克兰冰上明星巴尤尔小记

她手捧着观众敬献的鲜花，坐在布置华丽的运动员座席上，等待着裁判们的评判。不敢看计分牌，她依偎在教练加琳娜·兹米耶夫斯卡娅的怀抱里。当拥抱着她的教练告诉她名列第一时，今年只有16岁的她竟嚎啕大哭起来。对她来说，这是激动和痛苦交融一起的泪水。谁能想到自由滑比赛的前一天，她在训练时不慎与德国的塔妮娅·塞夫钦科相撞，背部受伤，小腿缝了3针；有谁又能想到小小年纪的她却有不幸的童年，而正是这不幸的童年促使她早熟，培养了她勇于抗争的性格。

她，就是乌克兰的奥克萨娜·巴尤尔。

巴尤尔是个孤儿，两岁时父亲离开了人间，3年前她那在工厂做工的母亲又死于癌症抛下了她。每当记者问起她的家庭和父母时，她那湛蓝的眼睛里总是充满泪水，有时她会把自己关在房间里大哭一场。从3岁半就开始练滑冰的她，由于对现代舞和芭蕾及音乐有较好的天赋，后来被乌克兰著名花样滑冰教练兹米耶夫斯卡娅收罗门下，并在兹米耶夫斯卡娅的女婿、上届冬奥会男子单人滑冠军维克托·彼得连科和其他名将的关怀和指点下成长起来。

去年1月，她初出茅庐就一鸣惊人，夺得欧洲锦标赛女子单人滑亚军。两个月后，她在布拉格举行的世锦赛上战胜了包括美国的南希·克里根、中国的陈露和连续三届欧洲冠军获得者法国的絮丽娅·博纳利在内的全部对手，戴上了世界冠军的桂冠。在本届冬奥会女子单人滑的规定滑比赛中，巴尤尔在冰面上以芭蕾舞姿展现的黑天鹅，给人们留下了深刻的印象。她以优美的舞步、充满少女活力的芭蕾动作以及一个接着一个的高难跳跃动作，赢得了一万多名观众的热烈喝彩和裁判的青睐，登上了奥运殿堂的最高领奖台。巴尤尔年纪不大，却已成为世界和冬奥会双料冠军。愿这朵冰坛奇葩在未来的征途中开放得更加鲜艳。

（引自1994.3.6.《北京日报》王道源、吴平文）

2. 复述说明性材料

说服学生要注意“心理换位”

心理学告诉我们，要使学生能接受你的意见、观点和态度，听你的话，那么，你就必须做到“心理换位”，同学生保持“同体观”的关系。即是把学生与自己视为一体，使学生看到你是在为他们说话；你是一心为他们好的。这样，双方的心理距离就接近，学生就不会感到某种心理压力，也就不会存有戒心。怎样做到“心理换位”呢？表现在语言上是：

(1) 尽量把“你”、“你们”、“我”都换成“我们”，使学生随时感觉到彼此有共同点，产生“息息相关”、“命运与共”的意识。例如，老师说：“……我们有了进步，老师该会多么高兴！看到我们茁壮成长，我们的爸爸妈妈该会多么自豪！”教师将自己与学生视为一体，对自己反而使用第三人称，以此消除师生间隔阂，增强语言的亲切感和学生对老师的信任感。

(2) 多用‘假如我是你……”一类的话。“知心姐姐”、“董浩哥哥”都是经常使用“假如我是你……”来回答小朋友的问题，这是一种巧妙的心理技巧，这很容易引起对方的共鸣。例如，新学期开始的第一次课间操，某班的男学生就给新上任的班主任一个“下马威”：他们像猴子一样，爬到好几个篮球架上，新班主任见此情景不但不生气，反而“嗖”地一下也跟着爬上了球架，又轻轻地跳了下来，然后笑着说：“我光屁股的时候经常到处乱爬，现在长大了，实在不好意思再坐到球架上去了。假如我是你们，我就要显示出自己已经是个男子汉而不再是光屁股的小娃娃了……”教师的语言效应使那些顽皮的男生行为收敛了。

（引自《福建教育》左思文）

3. 复述议论性材料

教师的潇洒

潇洒，是时下人们的一句口头禅。但什么是潇洒，认识并不一致。近读一篇文章《无钱别潇洒》，文中把一掷千金的做法看作是潇洒，实在是一种“高见”。照此看来，我们这些穷教书的就与潇洒无缘了。我连忙去查阅词典，获得权威性的解释：潇洒是指“（神情、举止、外貌等）自然大方，有韵致，不拘束”。很显然，潇洒是一种气质，一种精神境界。把“铜臭”与潇洒联系起来，其实是一种误会。

作为人类灵魂的工程师——教师，理应是社会上最潇洒者。

教师的潇洒，体现在外表美与内在美的高度统一。衣着整洁，言行举止优雅脱俗，这正是教师工作的特点。教师具有丰富的学识，能辞善辩，幽默睿智，看问题不偏激，胸怀旷达，堂堂正正地做人，勤勤恳恳地工作；教师充满爱心，对学生爱严有加，燃烧自己，照亮别人，为了春天甘做小草，为了理想无悔青春，这不正是最高意义上的潇洒么。

教师的潇洒，体现在对物质利益和奉献精神的正确认识上。我们有许许多多可敬可爱的教师，体贴国情，不计个人得失，一心扑在教学工作上，这种两袖清风的崇高品格，正是潇洒的具体表现。如果在物质利益上斤斤计较，事事都与金钱挂钩，不仅与潇洒沾不了边儿，反而会显得迂腐势利，处处忸忸怩怩。按劳分配是我国一项根本制度，但在实际上分配并不是没有矛盾，教师待遇不高正是其中一个矛盾，如果因分配上的矛盾而产生不满，由社会上的不正之风而消沉起来，那就谈不上潇洒。真正的潇洒者，能够正确处理国家、集体、个人三者关系，能够直面现实，超脱现实，发扬奉献精神，在劳动与报酬这个不等式里实现心理平衡。

可敬的教师同行们，让我们潇洒地在人生的画页上描上潇洒的图画！

（引自 1993.11《江苏教育》张庆棣文）

训练方法：

①认真看两遍至三遍，思考一下再说。

②如听录音，集中精神，专注地听，听后“过一下电影”，思考几分钟后复述。

③注意听的一次准确性及复述的流畅性、准确性。

④发挥口语表达的直观性、有声性优势，如是详细复述记叙性材料，则叙述生动些，让听者如闻其声，如见其人，如临其境。如

复述说明性材料，则要讲清原理，如复述议论性材料，则要讲清观点及论证过程。

⑤先进行详细复述，在此基础上进行概要复述。

（二）扩展复述训练

1. 根据下列短诗提供的情节和意境，展开想象的翅膀，合情合理地扩展成一段话复述出来

①《所闻》：华灯照宴敞豪门，娇女严装侍玉樽。

忽忆情亲焦土下，详看罗袜掩啼痕。

【提示】

此诗写根据地一少女逃到统治区沦为女佣人的悲惨遭遇：家破人亡，异乡为佣。诗中对比鲜明，表达了鲁迅先生强烈的爱憎情感。完成此种训练，对提高师范生的口头表达能力，教学能力是有帮助的。

②《蚕妇》：昨日入城市，归来泪沾巾，遍身罗绮者，不是养蚕人。

2. 扩成语成小故事训练

（1）狐假虎威

（2）完璧归赵

（3）洛阳纸贵

（4）滥竽充数

3. 扩句成语段训练

训练要求：

（1）要做到有中心、有层次、首尾呼应、结构完整。

（2）文句通顺，逻辑性强。

训练题

①理解万岁

②天才出于勤奋

③生命在于运动

④科学是第一生产力

⑤水——生命之源

⑥梅花香自苦寒来

（三）变式复述训练

1. 变换人称训练

假设你是店小二或鲁达请以第一人称复述（鲁提辖拳打镇关西》片断。原文如下：

且说郑屠开着两间门面，两副肉案，悬挂着三五片猪肉。郑屠正在门前柜身内坐定，看那十来个刀手卖肉。鲁达走到门前，叫声"郑屠！"郑屠看时，见是鲁提辖，慌忙出柜身来唱喏道："提辖恕罪！"便叫副手掇条凳子来，"提辖请坐。"鲁达坐下道："奉着经略相公钧旨：要十斤精肉，切作臊子，不要见半点肥的在上面。"郑屠道："使得，你们快选好的切十斤去。"鲁提辖道："不要那等腌臜厮们动手，你自与我切。"郑屠道："说得是，小人自切便了。"自去肉案上拣了十斤精肉，细细切做臊子。

那店小二把手帕包了得，正来郑屠家报说金老之事，却见鲁提辖坐在肉案门边，不敢拢来，只得远远的立住，在房檐下望。

这郑屠整整的自切了半个时辰，用荷叶包了道："提辖，叫人送去？"鲁达道："送甚么！且住，再要十斤都是肥的，不要见些精的在上面，也要切做臊子。"郑屠道："却才精的，怕府里要裹馄饨；肥的臊子何用？"鲁达睁着眼道："相公钧旨分付洒家，谁敢问他？"郑屠道："是合用的东西，小人切便了。"又选了十斤实膘的肥肉，也细细的切做臊子，把荷叶包了。整弄了一早辰，却得饭罢时候。

那店小二那里敢过来，连那正要买肉的主顾也不敢拢来。

郑屠道："着人与提辖拿了，送将府里去?"鲁达道："再要十斤寸金软骨，也要细细地剁做臊子，不要见些肉在上面。"郑屠笑道："却不是特地来消遣我?"鲁达听得，跳起身来，拿着那两包臊子在手，睁着眼，看着郑屠道："洒家特地要消遣你!"把两包臊子劈面打将去，却似下了一阵的"肉雨"。郑屠大怒，两条忿气从脚底下直冲到顶门，心头那一把无明业火焰腾腾的按捺不住，从肉案上抢了一把剔骨尖刀，托地跳将下来。鲁提辖早拔步在当街上。

众邻舍并十来个火家，那个敢向前来劝。两边过路的人都立住了脚，和那店小二也惊得呆了。

郑屠右手拿刀，左手便来要揪鲁达；被这鲁提辖就势按住左手，赶将入去，望小腹上只一脚，腾地踢倒在当街上。鲁达再入一步，踏住胸脯，提起那醋钵儿大小拳头，看着这郑屠道："洒家始投老种经略相公，做到关西五路廉访使，也不枉了叫做'镇关西'!你是个卖肉的操刀屠户，狗一般的人，也叫做'镇关西'!你如何强骗了金翠莲?"扑的只一拳，正打在鼻子上，打得鲜血迸流，鼻子歪在半边，却便似开了个油酱铺，咸的、酸的、辣的一发都滚出来。郑屠挣不起来，那把尖刀也丢在一边，口里只叫："打得好!"鲁达骂道："直娘贼!还敢应口!"提起拳头来就眼眶际眉梢只一拳，打得眼棱缝裂，乌珠迸出，也似开了个彩帛铺，红的、黑的、紫的都绽将出来。

两边看的人惧怕鲁提辖，谁敢向前来劝。

郑屠当不过，讨饶。鲁达喝道。"咄!你是个破落户!若只和俺硬到底，洒家倒饶了你!你如今对俺讨饶，洒家偏不饶你!"又只一拳，太阳上正着，却似做了一个全堂水陆的道场，磬儿、钹儿、铙儿一齐响。鲁达看时，只见郑屠挺在地上，口里只有出的气，没了入的气，动掸不得。

鲁提辖假意道："你这厮诈死，洒家再打!"只见面皮渐渐的变了。鲁达寻思道："俺只指望痛打这厮一顿，不想三拳真个打死了他。洒家须吃官司，又没人送饭，不如及早撒开。"拔步便走，回头指着郑屠尸道："你诈死，洒家和你慢慢理会！"一头骂，一头大踏步去了。

街坊邻舍并郑屠的火家，谁敢向前来拦他。

鲁提辖回到下处，急急卷了些衣服盘缠，细软银两，但是旧衣粗重都弃了；提了一条齐眉短棒，奔出南门，一道烟走了。

2. 变换顺序训练

（1）请用倒叙方式复述《桃花源记》。

（2）请用倒叙方式复述《鲁提辖拳打镇关西》。

【提示】

变换顺序要注意衔接、前后过渡照应以及内在的逻辑关系。

桃花源记

陶渊明

晋太元中，武陵人捕鱼为业。缘溪行，忘路之远近。忽逢桃花林，夹岸数百步，中无杂树，芳草鲜美，落英缤纷。渔人甚异之。复前行，欲穷其林。

林尽水源，便得一山，山有小口，仿佛若有光。便舍船，从口入。初极狭，才通人。复行数十步，豁然开朗。土地平旷，屋舍俨然，有良田美池桑竹之属。阡陌交通，鸡犬相闻。其中往来种作，男女衣着，悉如外人。黄发垂髫，并怡然自乐。

见渔人，乃大惊，问所从来。具答之。便要还家，设酒杀鸡作食。村中闻有此人，咸来问讯。自云先世避秦时乱，率妻子邑人来此绝境，不复出焉，遂与外人间隔。问今是何世，乃不知有汉，无论魏晋。此人一一为具言所闻，皆叹惋。余人各复延至其家，皆出酒食。停数日，辞去。此中人语云："不足为外人道也。"

既出，得其船，便扶向路，处处志之。及郡下，诣太守，说如此。太守即遣人随其往，寻向所志，遂迷，不复得路。

南阳刘子骥，高尚士也，闻之，欣然规往。未果，寻病终。后遂无问津者。

五、解说训练

（一）简约性解说训练

简约解说　言简意明

【示例】

1. 什么是改革？把事物中不合理的旧的规章制度改变成适应客观情况的新制度，就叫改革。

2. 夜景拍摄方法：常用的是多次曝光法和一次曝光法。多次曝光法，即用三角架固定相机，用快门线控制曝光。天未全黑时作第一次曝光，曝光量比正常情况略少些，待灯光亮后进行第二次曝光。一次曝光就是固定相机作长时间曝光。

训练内容

（1）快速给下列概念下定义：

什么叫“放烟幕弹”？

什么叫“撒胡椒面儿”？

什么叫“说胡话”？

什么叫“泡蘑菇”？

（2）作“一句话新闻”练习。方法：先认真听或看中央台的新闻节目，然后摘其主要新闻，各条作一句话的解说。

（3）用一句话讲清一部电视剧或一个重大案件的梗概。可反复作这个练习。

【示例】

据《中国记者》的一篇文章报道：河南日报社的23岁的记者杨晋，因以撰文揭发全国著名书法家庞中华偷税为手段，敲诈万元巨款，于1989年10月22日下午在郑州被捕。

【提示】

解释概念，要明确概括出事物的本质特征，作出惟一正确的解释。但是，在口语表达中有时不可能、也没有必要将其本质属性全部提示出来，这时可以用“释义”，即对其本质特征作部分的揭示。例如讲到“文学”，为了强调语言运用的重要性，就可以从一个侧面作出释义：“文学是语言的艺术”。

（二）阐述性解说训练

【示例】

近年胖人怎么越来越多了？

造成人体肥胖的原因主要是人体热量“收支上的赤字”，医学上称为热卡负平衡。所以要从人的饮食上找原因。首先是喝酒。酒是高热量食品，比蛋白质、糖类热卡高得多，尤其是啤酒，营养成分高，造就了许多大腹便便者。二是喝咖啡成为时髦，饭后一两杯，以为能“刮油水”，其实它刺激胃酸，促进消化，再加上咖啡放糖，更易使人肥胖。还有大嚼美味巧克力很普遍，人们忘了它是一种高热量食物，在毫无饥饿感时吃它很会使人发胖。再加上一日三餐，油水很重，营养日日过剩，堆积在体内，怎么会不发胖呢？

（据《大众医学》资料改写）

训练内容：

运用分解、举例、比较、数字等说明方法，就下列话题作阐明性解说：

1. 说说体育锻炼的好处。

2. 男女之间的差别是客观存在的。

3. 介绍自己的一条工作或生活经验。

4. 中国足球队怎样才能冲出亚洲走向世界？

【提示】

1. 分解说明要在同一范围内进行，并力求全面，不可以偏概全。

2. 举例要力求真实、典型。在解说时，对所举例子只作概述，力求简明扼要。

（三）纲目性解说训练

纲目性解说，常用的说明方法是列举和分类。列举，是把解说对象的基本特点分条分项依次罗列并逐一说明，从而使人们对说明对象有清晰的认识。分类是通过明确概念外延来说明事物的方法，它便于解说头绪纷繁的事物。分类可一次划分，也可连续划分，但每次划分只能依据同一标准，不可随便改变。

纲目分明　易懂好记

【示例】

如何摆脱无聊的纠缠？

① 告诉他，你正忙着，非立即完成手头的工作不可；

② 对方走来，千万不同对方的目光接触；

③ 先发制人，主动找对方聊，适时结束就走；

④ 对方不走，你手上的事千万别搁下；

⑤ 对方仍不走，可用技巧。如，向对方说，“你走以前我请你看样东西。”（如看花草）看后就说：“好，再见。”顺势送出大门。

训练内容

用纲目性解说方法作话题训练

（1）介绍一种家用电器的使用和保养方法。

（2）用连续划分法给文学作品分类。

（3）说说某个运动项目（如长跑、游泳）在训练时应该注意的问题。

（4）说说目前交通事故日益增多的原因。

【提示】

（1）纲目式解说力求用语精确，一语中的。

（2）列举以分析、比较、综合为前提。可全部列举，也可摘要列举。列举出以后，一般不作阐释；如需要的话，也只画龙点睛地作几句解说。

（四）平实性解说训练

【示例】

许××投标租赁××厂的自我介绍

“我叫许××，是××工业大学机械加工专业1966届毕业生。1981年又在省电大学习工业管理工程，获本科毕业文凭。从1968年起在××汽车制造厂油泵车间当技术员，负责产品质量检查。1980年晋升为工程师。1983年起承包厂服务公司汽车修配厂，直到现在。这些年来，我一直在研究国内外机械加工方面的先进技术，对汽车油泵的规格、品种、型号、质量、工艺流程、销售情况比较熟悉，也有一定的管理经验。我今年45岁，正是年富力强的时候，很想干一番事业。我的思想比较开放，对当前经济体制改革很有兴趣，想一试身手。关于上述情况，如有必要可以核实。今天来了，就是想和其他招标者展开一场平等竞争。我相信我能胜利。我这个人做事果断，敢于拍板，只要给我10天时间，我就能把厂里情况搞清楚，并且拿出办厂的具体方案，提出上缴利润指标。”

【评析】

许××的自我介绍，用语简朴，极有分寸，而且又不失果断和勇气。既有对自己情况客观而详细的陈述，也有比较恰如其分并充满自信的自我评价，句句话都有明确的针对性，显示内涵的力度，而说的又都是实话，据说很快赢得了对方的信任，一举中标。

训练内容：

(1)假设你想去另一单位应聘，你如何作平实性的自我介绍？请面对录音机说一遍，学习许××的说话风格。

(2) 如果你是一个推销员，请用平实的解说方式向用户介绍某一种新产品的性能、特点，并讲讲这种产品的使用和保养方法。

(3) 请用平实解说方式介绍你的父母。

【提示】

平实，不是做作出来的，这是一个人良好品质的流露。从社会交际上说，“立诚”是社交技巧的第一要则。在任何情况下，别人是不会同不可靠的人打交道的，所以平实性解说的交际功能不可忽视。

(五) 形象性解说训练

训练内容：

(1) 话题训练：“猜猜我说的是什么”。先想好自己想说的是什么事物（例如：排气扇、热水瓶、电熨斗等)，然后作形象解说，解说后请别人说说你讲的是什么。

(2) 用形象性解说讲讲随地吐痰的坏处。

(3) 用形象性解说讲讲从自己的家到单位或到车站该怎么走。

【提示】

(1) 运用比喻要注意本体与喻体之间的某种共性，不可滥用。

(2) 作“猜猜我说的是什么”话题训练，尽量少用态势语，以训练描述性口语解说能力。

(3) 描述可分为动态描述和静态描述两种。静态描述要注意空间顺序，如前面提到的从北京站到育才学校的路线，讲述时就选择了一条作为明显标志的通衢，在转换方向时又作了明确的交代。作动态描述要注意时间顺序，如制作过程、事物变迁、发展经过等，要将时间推移的层次一一交代清楚。解说时，注入感情要含而不露，不可作渲染抒情。

（六）谐趣性解说训练

训练内容：

用谐趣解说方式作话题训练：

(1) 据你所知，失去了地球引力，人们生活在太空舱中，会遇到什么样的趣事？并说说科学家是如何解决宇航员生活中的诸多不便的。

(2) 据你所知，进入21世纪以后，由于科技的高度发展，人们的生活将会发生哪些变化？并说说发生这些变化是运用了哪些科技新成果。

(3) 如果人类不控制生育，若干年后，我们人类将会生活在怎样的一个世界中？

(4) 介绍自己的家庭。

(5) 说说有些假冒伪劣商品是怎样进入市场并诱骗顾客上当的(可说自己的体验)。

【提示】

(1) 谐趣性解说，谐趣是手段，目的是解说，因此，谐趣宜浓淡相宜，不可喧宾夺主。

(2) 谐趣性解说在人际交往中，有时是不动声色，含而不露，妙趣横生。它启发思维，引起心理共鸣。要有这个口语表达技能，首先自己对事物有较深理解，积累较丰厚，心理比较稳定，这样，择词用语才显得俏皮、有趣、含蓄、幽默。

（交谈、解说训练内容引自常耕《口才训练术》）

六、演讲训练

训练目标：

通过命题演讲和即兴演讲的训练，掌握演讲的开头、结构与结尾的技巧，即兴演讲的讲说技巧，演讲做到：内容充实，有新意，主题突出，结构完整，能恰当地运用态势语，“演”与“讲”的完美统一。

（一）命题演讲训练

1．模拟训练

训练内容：

先观看一小段精彩的演讲录像，要求当场默记，然后进行模仿。注意模仿的目的不是为了背出这段内容，而是为了学习口语与态势语处理的技巧。

【提示】

演讲一般分为叙事性演讲、抒情性演讲、议论性演讲。模仿前要注意根据演讲的类型，定好演讲的基调。

2．仿说训练

训练内容：利用下面的材料，作仿说练习

（1）法国著名作家雨果在纪念18世纪启蒙思想家伏尔泰百年祭日时发表了一篇充满激情的演讲，他用诗一般的语言，颂扬了伏尔泰的历史功绩，赞美了伏尔泰的正义、善良：

……让我们在他的墓前鞠躬吧！让我们记取他的忠告吧！虽然他在100年前已死，但他的成就是不朽的，也让我们记取其他伟大的思想家的忠告吧！让我们停止流血事件吧！够了！够了！专制政治！野蛮主义早该消灭，让文明兴起吧！让18世纪来拯救19世纪！那些哲学家们都是真理的门徒，在独裁者欲发动战争之前，让他们宣布人类生命权及良知的自由权，还有理性的崇高、劳力的神圣、和平的祝福！既然王权表示黑夜，就让光明从那些死者的坟墓中射出来吧！

（2）秋瑾言简意赅地，紧扣当时现实，充分说理并宣传了演讲的好处：

……演说有种种利益：第一样好处是随便什么地方，都可随时演说。第二样好处：不要钱，听得人必然多。第三样好处：人人都能听得懂，虽是不识字的妇女、小孩子，都可听的。第四样好处：只须三寸不烂的舌头，又不要兴师动众，捐什么钱。第五样好处：天下的事情，都可以晓得。

（3）郭沫若先生1948年在女作家萧红墓前有这样一段演讲：

年轻人之所以为年轻人，并不是单靠着年纪轻，假如是单靠年纪轻，我们倒看见有好些年纪轻轻的人，却已经成了老腐败，老顽固，甚至活的木乃伊——虽然还活着，但早已死了，而且死了几千年。反过来我们在历史上也看见有好些年纪老的人，精神并不老，甚至有的人死了几千年，而一直都还像活着的年轻人一样。所以一个人的年轻不年轻，并不是专靠着生理上的年龄，而主要的还是精神上的年龄。便是“年轻精神”充分的，虽老而不死；“年轻精神”丧失的，年虽轻而人已死了。

训练要求：首先分清三段材料的演讲类型，然后处理口语与态势语，要努力把人物当时的心境、演讲的思想内容表现出来。

训练方法：可以在熟悉内容的基础上，先由三四个人组成小组进行讨论，设计其中一段口语与态势语的处理方法，然后大组或全班交流、互相评议。

3. 续句续段训练

续句续段训练题一

训练内容：根据下面的题目与开头，构思演讲的脉络，并续接一段话：

（1）题目：《我们热爱教师这一行》，开头：

朋友，当你漫步在平坦的水泥大道时，你可曾想到脚下那一颗颗默默无闻的碎石；当你登上高楼大厦，俯瞰周围的景致时，你可曾想到那一块块深深埋进地下的基石；当你步入校园，看到桃李芬芳，满园春色时，你可曾想到那不畏艰辛、默默无闻的育花人？

(2) 题目：《什么是真正的幸福》，开头：

幸福，这是一个美丽而诱人的字眼，它古老而常新，有着无穷的魅力。古往今来，有多少人在追求、探索。然而，大千世界，茫茫人海，人们对幸福的理解和追求又不尽相同。

(3) 题目：《青年与祖国》，开头：

我想提个问题，谁能用一个字来概括青年和祖国的关系呢？我认为，这种关系概括起来，就是一个“根”字。

(4) 题目：《生命之树常青》，开头：

伟大的诗人歌德曾有这样一句著名的诗句：“生命之树常青。”是的，生命是阳光带来的，应该像阳光一样，不要浪费它，让它去照耀人间。

(5) 题目：《一次难忘的考试》，开头：

考试对于我来说，简直算不了什么。从小学到现在，我不知经历了多少次考试。有小考、中考、大考、更有那决定命运的升学考试……这一次次考试我都顺利通过了。然而在不久前，生活却给了我这样一次考试：它不在幽静的校园里，也没有监考老师那严厉的目光，更不允许有反复的思考，半点的犹豫。然而却是一次名副其实的“考试”，一次使我终身难忘的“考试”。

训练要求：练习时应注意学习不同的演讲开头形式，同时学习不同类型演讲的结构方式。

训练方法：可以给几分钟，先在纸上以少量的词来进行构思。

【提示】

演讲成功的关键之一是演讲的结构。演讲的过程是用连贯而较迅速的口语来传播信息的，听众无法像看书、读报那样回头细细品味，所以听众如果无法把握说话的层次结构，那么演讲的效果就会打折扣。所以必须精心构思，追求逻辑性和条理化。

古人说，文无定式。这体现在抒情性演讲上最为明显，但就叙事性演讲与议论性演讲而言，还是有规律可循的。一般认为，叙事性演讲可用时间法、因果法、空间法来安排结构。议论性演讲可用并列法、总分（或分总）法、递进法、对比法来安排结构。

续句续段训练题二

训练内容：给下面演讲加上恰当的结尾：

(1) ……王羲之练字入了迷，拿馍馍沾了墨汁往嘴里塞，还对夫人说好吃；爱迪生刚举行完婚礼，就一头扎进试验中，把新娘、吃喜酒全忘了，一直干到半夜12点；地质学家李四光，思考问题入了神，竟然问站在面前的亲生女儿："你是谁家的小姑娘?""力学之父"牛顿专心致志搞实验，竟忘掉了自己请的客人，甚至连自己吃没吃饭也搞不清；"天才"音乐家莫扎特喜欢边走路边构思乐曲，回家时经常走错门……

(2) ……一天，别说在历史的长河中像闪电似的一瞬，就是在一年当中，甚至在一月之中也是很短暂的。可是，就在这短短的一天之中就有巨大的财富被创造出来。以1988年为标准，我国每天可产煤274万吨，原油40万吨，钢16.4万吨，水泥55万吨，发电近15亿度。如果是战争年代，在抢渡大渡河，争夺泸定桥时；在抢占凤凰山摩天岭时；在冲锋号响起后，董存瑞炸碉堡时，别说一天的时间，就是一分一秒也关系到千百人的生命，关系到战争的胜败。

(3) ……在现代社会中，人与人之间除了经济关系之外，还应该有一种更崇高、更可贵的社会交往，这就是"人人为我，我为人人"的奉献精神，这就是中国共产党和中国人民创造和提倡的雷锋精神。我们可以设身处地想一想，假如你是一位商人，当你的商店惨遭一场大火威胁时；假如你是一位银行家，当你所经营的银行面临歹徒抢劫时；假如你是一位旅行者，当你的钱物不幸遗失时……

(4) ……为了大多数人的幸福，不惜牺牲个人幸福，这是无产阶级的幸福观。李大钊为了“赤旗的世界”视死如归；陈铁军、周文雍为了大众的自由献出了“诚可贵”的生命，“价更高”的爱情；江姐为了后代不再坐牢，“甘愿把牢底坐穿”。在新中国，又有多少英雄模范体现着无产阶级的幸福观。“王铁人”为了祖国富强，“宁可少活20年，也要拿下大油田”。戍边的勇士为了人民的安宁，在罕无人迹的地方喊出了“吃亏不要紧，只要国安宁。亏了我一个，幸福10亿人”的豪言壮语……

训练要求：根据不同的演讲类型和演讲内容，配以恰当的结尾，以求“画龙点睛”，加深听众印象，深化演讲主题。

训练方法：独立完成、组内交流、评议。

【提示】

结尾应该是演讲的高潮。美国作家约翰·沃尔夫认为“演讲最好在听众兴趣未尽时戛然而止。”如能在达到高潮时果断“刹车”，不仅能强化听众的最佳印象，而且能概括、深化演讲的主题思想。

结尾的方法是多种多样的，应根据演讲的主题与内容而定。一般有总结式、启发式、鼓动号召式、抒情式、引用名诗名句式等等。以上面练习(4)而言，不妨采用马克思的名言作结尾：“我们在选择职业时，应遵循的主要指针是人类的幸福……我们的事业并不显赫一时，但将永远存在；而面对我们的骨灰，高尚的人们将洒下热泪。”

3. 组合表达训练

组合表达训练题一

训练内容：

将下面的文字材料重新组合后再表达。

微笑和流泪都是爱

——记共产党员、全国优秀教师、江苏涟水县教师刘庆生刘庆生在涟水县中学教了20多年的书，就做了20多年的班主任，又坚持履行着他的“四勤八到场”：眼勤、腿勤、手勤、口勤；早操、早读、课间操、自习课、课外活动、劳动、晚自习和集会八到场。他更是与差班和差生打了20多年的交道。

1984年春，初三（2）班的语文没人上，学校领导考虑再三，最终找到了刘庆生。他一面继续担任高一的班主任，同时执教高一和初三的两个班的语文，这其中的甘苦不是可言而喻的。最后，他干脆辞去了高一的班主任，而接过初三的班主任。学校里面，一个教师如果从高中回到初中那似乎是被“贬”了。刘庆生没想那么多，他知道自己所面临的是一个全校闻名的差班，初二时有8人受到留校察看等处分。他开始家访，单独谈心，他开始从早到晚地坐班。他的家庭虽然遇到了接二连三的不幸，但对学生始终微笑着。他虽然患有严重的坐骨神经痛，但是他搬来凳子坐着上课，也没有吭一声。他的全身心都投入了，他的心血没有白费。就是这样一个差班，在中考中竟有25人考取本校高中，有一人被清华大学少年预科班录取，受处分的8个人都被撤销了处分，还有15人加入了共青团。

这并非偶然，他多年执教初三毕业班，中考成绩都名列前茅，班级年年被评为校先进班级。

面对市场经济大潮的冲击，校园里的厌学情绪和弃学现象不断增多。刘庆生既是班主任，又担任了校政教处副主任，身担双重的学生教育重担，他仍把自己那颗赤诚的心交给自己的学生。学生小陈原来成绩很好，一个偶然的机会，他从电视上看到一些中学生赚钱很容易，他便从此不思学习，不做作业了，慢慢地，他的成绩开始“滑坡”，一次，他被任课老师批评后，竟偷了家里几十元钱离家出去“闯世界”，流浪到了南京、广州、河南等地。他的父母和学校四处查寻月余，才把他找了回来。这样的学生，没有人再敢教他了。刘庆生向他伸出了温暖的手，把他要到自己班上。他利用课余和晚上的时间，苦口婆心地对这位同学进行理想引导，告诉他，一个人没有知识，就是一个睁眼瞎子，钱要有，但更要有知识。耽误的功课，一课一课地补，甚至在今年大年初二，刘庆生还将这位同学和另外几名差生带到家中，他补语文，他那读大学的儿子为他们补数理化。一天，小陈发烧没有到校。刘庆生放心不下，晚饭后冒雨赶到他家探望。精诚所至，金石为开。小陈深受感动，动情地对刘庆生说："刘老师，您不嫌弃我，还待我这么好，我要再不学好，就没良心了！"从此，他像换了个人，学习成绩又渐渐地回升了。

人们说，一个人事业成功的背后，常有一位贤内助。但是，刘庆生在为学生呕心沥血的时候，也正是家中的父母妻子最需要他照顾的时候。

1983年秋天，他母亲患了食道癌，而且是晚期！如果刘庆生向领导请假，在母亲所剩无几的最后日子里陪侍陪侍她，尽尽儿子的孝心，领导肯定是会同意的，但是，他没有向领导张口，他还有几十个学生。星期天，刘庆生把母亲带到淮阴办好了住院手续，请妹妹在淮阴照料母亲，在母亲住院治疗的60余天里，直到后来料理母亲的丧事，刘庆生没有缺学生一堂课，没有少改一篇作业，当他臂戴黑纱走进办公室、走进教室时，师生们才惊讶地了解到他所承受的不幸。

母亲去世不久，父亲又患脑血栓瘫在床上，妻子本来就患有严重的肺气肿和类风湿关节炎，这时候也卧床不起，手脚失去功能，生活无法自理，从此家里的大事和小事一股脑向他压过来，他承受着一般人想象不到的精神苦痛！田里的麦子和油菜要抢收，水稻要栽插，身边两个正在上学的孩子要照顾，父亲要他去服侍，妻子的吃饭、喝水、穿衣、洗漱以及大小便，一切的一切都要他上手。他既要尽儿子的孝心，又要做一个"特别护理"式的好丈夫；他既要做爹，又要做娘，他还要做一名好教师，做一名好班主任。1986年，他的父亲去世了，而刘庆生妻子的病情更加严重了，疼痛难忍时，常常哼喊一夜，弄得他彻夜难眠，刘庆生悄悄地披起衣服，替她煎药，为她按摩，第二天一早，他又照常出现在教室，出现在办公室，就这样日复一日，直到现在。他的孩子说，爸爸常常流泪；而他的学生说，刘老师常常微笑。

微笑和流泪，都是为了爱。

训练要求：这是一篇通讯报道，在改写成演讲稿时，先确定中心，列出讲题，注意使用口语，并采用学到的结构精选模式，突出精彩的内容，引起听众的注意，争取听众的共鸣。

训练方法：先在小组内交流、互评，后在大组或全班交流，教师点评。

组合表达训练题二

训练内容：将下面文字材料重新组合后再表达。

成就来自天才吗？

有人说：名人的成就在于天才。这是不对的。天才只能出于勤奋。现代医学实验证明，正常人脑的构造并没有简单与复杂之分。美国医学家曾对世界著名科学家爱因斯坦的大脑进行过研究，结果证明，爱因斯坦的脑重为 3.6 磅，并不比一般人的重或大，随着年龄而变化的脑组织也不比一般人变化多。可见，人脑的聪明与笨拙并不取决于先天，而在于后天的努力。一个天才的诗人，在他呱呱落地时，他的哭声决非一首美丽的诗。当然，不可否认人们的智能是有差异的，这只是智力开发早晚、能否充分发挥的区别。

即使智力开发晚一些，但是勤也能补拙。勤奋能够使人们由“愚”向“聪”转化。勤奋的人可以使许多信息反复地、经常地刺激脑细胞，并且把信息贮存起来，准备随时使用。勤奋学习有助于大脑的灵活性，可以弥补人们的“愚笨”。天赋不高的人只要学笨鸟先飞，驽马勤走，也能创造出奇迹。历史上幼时迟钝、平庸，由于后天发奋勤学，长大而成才者大有人在。晋朝的左思，幼年较笨拙，学书法、学音乐，都学不好。后来发奋读书，长期坚持认真写作，花了十年功夫，终于写成著名的《三都赋》，一时引起“富豪之家，竞相传写，洛阳为之纸贵。”梅兰芳初学戏时，师傅说他有对“死鱼眼睛”、“不是演戏的材料”，将他拒之门外。可是他并未灰心，而是刻苦地“观鱼”、“看飞鸟”，终于克服了天赋不足，成为京剧艺术大师。华罗庚少年时数学成绩并不好，读中学时，数学补考才及格。后来他觉悟到，既然自己资质不强，就应该多用点时间来学习。于是别人学一小时，他就学两小时，终于刻苦自学成才，成为世界著名的数学家。

相反，天资再高的人，如果后天不勤奋，也是不会有所成就的。宋朝王安石曾写过一篇《伤仲永》，记载了当时江西金溪县有个名叫方仲永的儿童，五岁就能作诗。这位“神童”当时受到社会上的夸赞。其父非常得意，每天只是带着儿子出去做客，而不让他继续求学，以致仲永无所长进，数年以后也就“泯然众人”，成了平庸之辈。事实证明，即使是“神童”，如果不重视后天的努力，长大后也难以成才，聪明才智也会泯灭。

无数事实早已告诉人们，人的资质都是差不多的。只要摒弃一切自卑和怯懦，抛除一切怠惰和懒散，有着锲而不舍的韧劲，凭着拼搏精神，就有可能攻克科学文化堡垒。

训练要求：这是一篇议论文，不是演讲稿，在表达中，要注意采用结构精选模式，以突出精彩内容。

组合表达训练题三

训练内容：

将下面的文章重新组合后再表达：

竞争情况与问题的出现：中学教育竞争问题这几年来实际上一直在发生、发展着，而且竞争形势日趋激烈。

竞争的结果，是形成了学校“两极分化”：重点中学人头攒动，门庭若市，而非重点学校则冷冷清清，无人问津。不够重点中学录取分数线的，家长宁肯掏3000～5000元一年的高学费叫孩子上重点中学。“两极分化”的结果，使一些学校特别是重点中学产生了“消化不良”症，教师超负荷工作，校舍、教学设施、设备超负荷运转，给学校管理带来很多问题。而有些学校，则处于“半饥饿”状态，教师工作量不饱满，教学设施、设备闲置无用，造成很大浪费。这样竞争的结果，给学校带来很多问题：其一，形成“恶性循环”，好者益好，差者益差。其二，影响教学质量的普遍提高。

当前中学教育竞争问题的实质，从表象上看，似乎顺应了社会主义市场经济引入市场“竞争”的一面，但仔细分析，现在中学教育这种竞争与市场机制中的“竞争”相比，实际上是不平等的“竞争”：一是基础和办学条件的不平等。二是某些政策上不平等。三是招生办法不平等。四是影响不平等。只有解决了以上几方面的“不平等”，各学校以平等条件进行竞争才有意义，才有可比性。

中学教育要不要改革，要不要竞争，改革什么，怎样改革？首先，中学教育必须进行改革，必须引进竞争机制，这样中学教育才有活力，才有发展前途。关键问题是中学教育改革应从哪些方面着手？哪些方面可以引进市场经济的竞争机制，哪些方面不能引进。这个问题弄清楚了，改革才能有目标地进行。

从历史前进的大潮看，中学教育改革在新形势下，势在必行，但是，这种改革和竞争，不能停留在原有机制的基础上，也不能超出教育规律以外，去搞“升学率”和收费的竞争。

训练要求：这是一个热点问题，也是一个敏感的问题，练习时应注意把握中心论点。

（二）即兴演讲训练

1. 话题训练（用散点连缀法分析）

【示例】

上海市新闻工作者协会主席王维同志一次出席上海市企业新闻

工作者协会成立大会。大会是在上海第三钢铁厂新建的宽敞的俱乐部会议大厅召开的。他发表了如下的即兴演讲。

我来参加会议，没有想到有这么好的会场，这个会场不要说是上海市企业报记者协会成立大会，就是上海市记协成立大会也可以在这里召开。没有想到有这么多的企业报记者、编辑参加这个大会，它说明企业报的同仁是热爱自己的组织，支持这个组织的。没有想到，今天摆在主席台上的杜鹃花这么美丽。鲜花盛开这标志着企业报记者协会也会像这杜鹃花一样兴旺、发达……

【评析】

王维同志的即兴演讲成功地运用了散点连缀法：他抓住了表现会场氛围的三个散点：会场、人员、鲜花；又通过三个“没有想到”，把三个散点巧妙地连缀成一体，从而揭示了企业记协雄厚的经济实力以及会员的凝聚力和向心力，并表达了他对企业报记协的美好祝愿。

话题训练（分析题一）

训练内容：

在上海市“钻石表杯”业余书评授奖大会上，有人的即席演讲如下：

今天，我参加“钻石表杯”业余书评授奖会，我想说的一句话是：钻石代表坚韧，手表意味时间，时间显示效率。坚韧与效率的结合，这是一个人读书的成功所在，一个人的希望所在。谢谢大家。

话题训练（分析题二）

训练内容：

某省举行中央电视大学毕业典礼，代表毕业生发言的同学却迟迟未到，主持会议的老师只得临时安排小陈同学发言。小陈说：

同学们，记得三年前，我曾代表新生在开学典礼上讲话。那时，我讲过这么一句话：我们这一代人，曾被人讽刺为“三品官”，即所谓“大跃进的产品，‘左’倾革命的试验品，建设四化的半成品”。时隔三载，我又在这里讲话了，可这次是代表毕业生讲话了，我代表大家讲什么呢？我觉得应该紧接着三年前的那句话，代表大家自豪地说：我们终于摘掉了这顶耻辱的“三品官”帽子了！我们再也不是让人耻笑的“半成品”了！手捧着来之不易的烫金的毕业证书，我感到我们是骄傲的，我们是幸福的，我们是自豪的！……

话题训练（分析题三）

训练内容：

在 1976 年诺贝尔奖授奖会上的发言

丁肇中

国王、王后陛下，皇族们，各位朋友：

得到诺贝尔奖，是一个科学家最大的荣誉。我是在旧中国长大的。因此想借这个机会向发展中国家的青年们强调实验工作的重要性。

中国有句古话：“劳心者治人，劳力者治于人。”这种落后的思想，对很多发展中国家的青年们有很大的害处。由于这种思想，很多发展中国家的学生都倾向于理论研究，而避免实验工作。事实上，自然科学理论不能离开实验的基础，特别是物理学是从实验中产生的。

我希望由于我这次得奖，能够唤起发展中国家的学生们的兴趣，从而注意实验工作的重要性。

话题训练（分析题四）

训练内容：

一只碗·一张纸·一颗心

孙玉刚

同志们：

省局把我交流到抚顺，我坚决服从。能熔入你们的火炉，我感到荣幸，但要说明：辽阳（作者为辽阳人，编者注）产的这块煤，（作者以煤自比，编者注）灰分肯定不少，尽了努力，“热值”也不一定很高，靠大家帮助了！

来这主持工作随身带了三件东西。

第一，我带来一只碗。平时，碗口总是向上，什么意见都能装，一定广采众议，悉心听取；形成了决议，碗口即朝下，包括我在内，谁也不能轻易再翻动——要实行集中指导下的广泛民主，在广泛民主基础上最大集中。同时，还要用它装满“水”，举起来，大家看端得平不平。

第二，我带来一张纸，决不用它打收条、打欠条。我要用血汗写下今后的历史，交上合格的答卷。

第三，我带来一颗心。除了布置工作和检查工作，大家就是同志朋友关系，手足之间以诚相待。我要用自己的心换同志们的心……

我还想说的是我下车伊始，只想悄悄来到你们身边，共同拾柴，潜心学习，决不搞所谓的“三把火”。大伙都各负其责，脚踏实地，决不能混日子，就像你递给我热水瓶，不待我说“接好了”，你就松手，瓶摔碎了，责任在你！当然，该担的领导责任我要揽过来。

另外，要写好咱局的《大事记》，以前的重要事情，局领导和突出人物要记载进去，是他们奠定了前段的基础。过去，他们付出了很大的努力，我们千万不要忘记。今后，每个同志的真诚和劳动都应得到全局的认可与尊重。

再者，应当完善民主制度，对中层干部将实行聘任制，全局工作人员应聘机会均等，实行大范围民主推荐，希望同志们都踊跃表现，争做主人。

我们要共同地“虚心接受教育”，不断进行全心全意为人民服务的宗旨教育、廉政教育，加强政策观念，加强思想政治教育工作，同时应当提高业务、技术水平，真正做到：加强管理，认真检验，公正准确，维护信誉，促进外贸，为四化服务。

最后，求大家送我一件东西。

我自勉作一对联，上联是：扎扎实实干实实在在商检事，下联是：老老实实做堂堂正正抚顺人。请大家日后观察衡量，在我届满时送我一个横批，可以吗？

谢谢大家！

【提示】

这一部分的训练目的在于把握散点连缀法，所以要求找准“点”，把握“线”。应当说明的是上面的训练是一个层面上的“点”与“线”的关系，下面的则是多个层面上的“点”和“线”关系。

话题训练（分析题五）

训练内容：

著名诗人流沙河在太原参加《山西青年》主办的全国青年散文大奖赛的颁奖活动后，与获奖者同船去成都旅游，途中他应邀作了一次别开生面的即兴演讲：

各位乘客同志，你们好！你们是散文的获奖者，都上了这条船，方方的薄薄的一条小船，要渡到对岸去找读者，我不是散文的获奖者，不能代表各位讲话。俗话说：“百世修来同船渡。”我与各位有缘，各位彼此也是有缘，我们大家修行积德，今夜同舟一渡，不说几句，岂不辜负如此良缘？读者在对岸，今夜看不见，我就讲给你们听吧。

第一，明晨登岸，各位须有思想准备，码头上不会出现热烈欢迎的场面。不会有轰动效应。这是因为各位都是文星，不是歌星舞星球星时装星气功星，冷遇是活该的。就说文吧，如果会弄，也能弄出一点轰动效应，所谓蜚声文坛是也。奈何你们中间既无耸人听闻的主义新潮，又无使人糊涂的艺术手法，谁肯来给你们抬轿？抬与被抬，总要互利，不利谁抬。现在时间就是金钱，一颦一笑都要讲求效益呢。

第二，登岸之后，各位宜走冷僻的小路，甘心寂寞，埋头向前。

热闹的阳关道摩肩接踵，多有侠客武打，凶手杀人，警匪斗智，男女纵情，深宫盗宝，斜间卖春，那不是你们的去处，虽然铜香扑鼻，钞色晃眼。现在就别提“大众化”了吧。你们“化”得赢阳关道上的？他们“化”大众，工农兵通吃，且骎骎乎吃到知识分子大学生群中来矣，吃了还不犯法，亦不算自由化，何乐而不“大众化”哉！你们能作到小众化，2000万知识分子中能“化”百分之一，这本散文选集便该印20万。哎哟哟，吓死我了。由此可见走小路，小众化，亦殊非易事也，够各位累到死。

第三，上路之后，各位还得振作精神，不要气馁，更不要妄自菲薄，你们文字精通，感情真实，心灵洁净，智慧明晰，所以有“经久耐用”的优势。靠轰动效应冒出来的不经久。热潮一退，便冷硬了。阳关道上的不耐用，拉罐饮料，喝完便去。他们没有这个优势，而你们有。你们比他们活得长。你们对未来，应该有信心。骗人的假货，害人的劣货，固然排挤你们，逼你们走小路，但是也使你们相形增值。无浊流，何以见清流？无渭，何以见泾？

【提示】

这篇即兴演讲辞有“纵”和“横”两个层面上的“点”和“线”交织在一起。不妨集中全力找出一个层面的“点”和“线”，这样，另一个层面上的问题就容易解决了。

2. 导练（散点连缀法训练）

导练题一

训练内容：小组抽条散点连缀法练习。

训练方法：小组活动，每人在三张小纸上各写一个词，然后混在一起。练习时，每人任意抽三张，然后将这三个似乎毫无关联的词用几句话连缀起来，组成一段有意思的话，开始阶段可以给几分钟，以后则应逐步减少时间，达到拿到题目就能讲的地步。

在训练到一定程度的基础上，将全班的小纸条集中起来，任意抽取三张，由全班同学练习。

【示例 1】

三个词是："校友会、咖啡，遭遇"有人是这么说的：

一次校友会后，几个老同学在某同学家里碰头，主人问我喝什么饮料，我说，来杯咖啡吧。咖啡，加点方糖，甜中有苦，苦中带甜，二者混杂在一起，有一股令人难忘的味道。我想，它正好与我们这一代人的遭遇相似，与我们对人生的回味相同。

【示例 2】

三个词是："春天、衣服破了、环境保护。"有人是这么回答的：

人的衣服破了，可以补，也可以处理掉，换新衣服。地球母亲的衣服是臭氧层，现在也破了一个大洞。这件衣服补起来很难，更无法处理掉再换新的。所以我们必须注意环境保护，不然再让臭氧层破坏下去，地球必然受到严重的伤害，地球上将永远没有春天。

导练题二

训练内容：小组续句接龙练习

训练方法：小组活动，先由组长确立一中心话题，由一人先开始说第一句，下面的一个接一个地围绕中心话题接着说。开始练习时，间隔的时间可长一些，但不可以用笔准备，否则，失去了训练的意义。遇到特别难的地方，可适当允许自告奋勇出面解围。

在训练到一定程度的基础上，可征求一些较难的中心话题在全班续句接龙。

练习应始终围绕中心话题，对练习中的情况应加互评或讲评。

【示例】

中心话题："天降大任于是人也，必先苦其心志，劳其筋骨。"

学生甲：许多有成就的人不仅有着学习中的艰苦，而且受着贫穷生活的磨难。

学生乙：但他们并没有像一般人那样被压垮，困难越多反而进取心越强，他们在逆境中奋斗。

学生丙：我国六朝时代的南齐，有个叫江泌的人，家里很穷，只能白天谋生，夜里学习。因无钱买灯油，只好炎夏、寒冬都借月光读书。

学生丁：宋代的范仲淹以“先天下之忧而忧，后天下之乐而乐”的佳句名闻天下，可他年轻时只能寄宿在和尚庙里，靠每天两顿粥来奋发读书。

学生戊：俄国的高尔基也是饱尝艰辛，吃尽苦难，在“社会大学”里奋斗不止，顽强地自学，从而成了一代文豪。

学生己：可见逆境可以使人消沉，也可以催人奋发向上。意志顽强的人能迎着困难上顶着风浪行，在逆境中磨炼意志，增长才干，攀登高峰，直至光辉的顶点。

3. 话题训练（扩句成篇）

【示例】

将下面的句子扩句成篇：

“当前的形势需要大力发扬徐洪刚那样的英雄人物的精神。”扩句后如下：

当前的形势需要大力表彰徐洪刚那样的英雄人物，需要大力提倡革命英雄主义。改革开放是前无古人的事业。有困难，有曲折，也有风险，没有超人的勇气是进行不下去的。同大自然的斗争也不会一帆风顺，大自然中有许多我们未知的东西，吉凶善恶难料，有险阻、有困难，因而也就会有流血、有牺牲。例如，外空探险，可能有去无回；海底探秘，可能葬身鱼腹；开山放炮、地下采煤、高空作业、科学实验、机械操作等，无不带有一定的危险，没有革命英雄主义，没有勇于献身的精神，是根本做不好的。更何况改革开放，难免会泥沙俱下，造成某些腐朽的东西有所抬头，国内外的邪恶势力和敌对势力正在虎视眈眈伺机而动，这样就更需要我们像徐洪刚那样敢于在关键时刻挺身而出，发扬革命英雄主义精神同邪恶势力与敌对势力作坚决的斗争，随时准备为保卫改革开放的成果而英勇献身。所以，在改革开放形势下，在向四化进军的征程中，不是不需要革命英雄主义，不是不需要徐洪刚那样的英雄人物，而是更加急需；不是没有表现的机会，而是提供了更广阔的天地。

话题训练（扩句成篇）一

训练内容：青少年追星现象中存在着误区，追星不能只追港台歌星，应正确引导。

话题训练（扩句成篇）二

训练内容：在商品经济的大潮下，金钱并非万能，至少有钱不等于幸福。

话题训练（扩句成篇）三

训练内容：改革的时代呼唤奉献精神，应大力提倡“我为人人”。

话题训练（扩句成篇）四

训练内容：“机不可失，时不我待”，“莫等闲白了少年头”。

话题训练（扩句成篇）五

训练内容：尊师重教，人人有责；重在行动，贵在落实。

话题训练（扩句成篇）六

训练内容：勤工俭学，有利于提高学生素质，应该提倡。

话题训练（扩句成篇）七

训练内容：目前中学盲目追求升学率的现象，不能任其发展。

话题训练（扩句成篇）八

训练内容：学生“下海”，利少弊多，不宜提倡。

【提示】

以上练习，与命题的口头作文不一样，所谓“命题”，仅仅提供了一个题目，所以围绕着题目，可以多侧面、多角度地确定论点。而“扩句成篇”的练习所给的题目，往往就是中心论点，或者包含了中心论点。所以一定要细细地品味后，再组织内容，不要跑题。

4. 话题训练（即兴演讲）

【示例】

请根据如下的题目和素材，构思一篇即兴演讲：

题目：《当你被误解的时候》

素材：△“万事开头难”，第一个走上即兴演讲赛的讲台。

△七分钟前抽到赛题《当你被误解的时候》。

△人总有被误解的时候，如张海迪、曲啸。

△在行动中被理解。

△把误解变成动力。

△我被误解过。

△警告铃响了，出示了黄牌。

△结尾，在奋斗中寻找理解。

【提示】

熊焰波用上述素材，在1986年“全国十城市青少年演讲邀请赛”上作即兴演讲，荣获一等奖。

他从“万事开头难”说起，抓住第一个发言这一材料，并引用《诗经》的话，新颖别致，即兴而发，不同凡响，开场博得满堂掌声。接着从“人总有被误解的时候”出发，以张海迪、曲啸、自己的经历为例为佐证，规劝人们不应为被误解而发愁，应用行动去让人理解，确能发人深思。最后将赛场警告铃声巧妙引入演讲之中。浑然天成。下面见熊焰波的即兴演讲：

当你被误解的时候

有一句老掉牙的老话，叫做（用四川方言讲）“万事开头难”。演讲如此，即兴演讲更是如此。不过，我总感觉到万事结束更难。我们在座的很多同志都知道《诗经》上有这样一句话：“靡不有初，鲜克有终”，也就是说任何事物都有一个开头，但很难得到一个圆满的

结尾。但好的开头也是很难的，所以我庆幸我第一个走上了即兴演讲的讲台。(热烈鼓掌)

大家看到，7分钟以前，我在在座的百余双眼睛的监视之下抽到这个题。当我们的主持人用他那浑厚的声音宣布这个题的时候，我因紧张而凝固的血液沸腾了，因激动而僵化的思想活跃了。7分钟里，我在思考这样一个问题：人总有被误解的时候，何必为误解发愁！我们的南疆英烈被误解过，张海迪被误解过。我们的曲啸老师被误解过，我们辛勤耕耘的老师们被误解过……但是，怎样从误解中找到理解呢？我可以这样说，理解的大门只向那些心胸开阔、勇于进取的人敞开着，理解的金钥匙只属于那些有头脑的人。我们的战士从他们在前线的英勇奋斗中，从他们血染疆场的行动中找到了理解。曲啸老师以他的演讲和他自身的行动获得了理解。我们的教师以他辛勤培养祖国劳动者的劳动获得了理解……所以说，朋友，要寻求理解，守株待兔行吗？不行！唯有那些心胸开阔、奋发进取的人，才有资格获得真正的理解，在时间与空间、必然与偶然的辩证关系中得到理解。

我们寻求理解，当我们得到理解的时候，我们就会把误解变成一种真正的动力，用它去推动我们更好地理解别人，让别人再来理解自己。我不知道在座的各位有没有被误解过，但我肯定的说，我是被误解过。我在大学读书的时候，干社会工作，曾被误解过；我参加演出活动，也被人误解过。就是这次到北京来的时候，有人还风言风语，说我参加演讲比赛是想出风头。我何尝不希望得到理解呢？(这时铃声响了)，可是，大家都听到了，警告铃响了，它在向我们出示黄牌。它对我说："小伙子，你要寻求理解吗？那就少说空话，多干实事。到实践中去，到自己的奋斗中去寻求理解吧！

在这里，我还要对那些被误解的正在寻求理解的朋友们说上一句："敲响警告铃，出示这个黄牌，在奋斗中去寻找理解吧！(热烈鼓掌)

话题训练 1：

训练内容：题目：《教师即兴演讲赛的开幕词》，素材：

△演讲是艺术：

△参赛者、听众都是教师：

△教师与演讲的关系：

教师的工作离不开演讲，

教师要立足社会离不开演讲，

教师的演讲应好上加好，

△宣布教师即兴演讲赛开始；

△期待与祝愿。

训练要求：用散点连缀法，将材料有机地组织起来，作 500 字左右的即兴演讲。

话题训练 2：

训练内容：题目：《竞选班长的演讲》，素材：△为什么要竞选班长；

△我的条件；

△我的目标；

形成一个团结的集体，

提高全班的学习成绩，

主动与团支部合作，

搞好与兄弟班级的关系，

丰富同学们的业余生活。

△我的希望。

训练方法：

先可按上述思路开展即兴演讲，然后扩展到其他方面，乃至竞选寝室长、科代表之类。

话题训练 3：

训练内容：

题目：《我愿做一支燃烧的蜡烛》，素材：△我选择教师这一行的原因；

△对目前教师待遇的反思；

△教育战线需要名副其实的教师；

△优秀教师的感人事迹；

△超越自身——生命在学生身上得到延续；

△做一支燃烧的蜡烛。

【附】演讲比赛评分表

（1）命题演讲比赛评分表

命题演讲比赛评分表

表一（总评分表）

编号	姓名	演讲题目	得分			合计	简评
			内容 50%	表达 40%	风度，仪表及其他 10%		

表二（分表）

编号	姓名	演讲题目	得分			合计	备注
			内容 50%	表达 40%	风度，仪表及其他 10%		

评委（签名）＿＿＿＿＿＿

注：①总表由评委自己掌握；分表由评委填写、签名后，由计分员随时收集、统计。

②表中的“内容”指演讲的主题、材料、结构等；“表达”指口语和态势语等；“风度、仪表及其他”中的“其他”是指是否超时，是否卡壳等。

（2）即兴演讲比赛评分表

即兴演讲比赛评比表

表一（总评分表）

编号	姓名	演讲题目	得分				合计	简评
			内容 30%	反应 30%	表达 30%	其他 10%		

表二（分表）

编号	姓名	演讲题目	得分				合计	备注
			内容 30%	反应 30%	表达 30%	其他 10%		

评委（签名）________

注：表中“反应”是指思维是否敏捷？反应是否迅速？具体表现是能否迅速立意？迅速组织材料、语言，表现在是否机智灵活。能否善于发现和利用现场的情况。

七、态势语训练

（一）整体态势训练

1. 端正身姿训练

坐如钟（正襟危坐）；立如松（挺身直立）；行如风（步履稳健）。

【提示】

注意克服驼背、塌腰、凹胸、垂肩等毛病。

2. 纠正不良身姿训练

对每位同学的行姿和说话时的站姿、坐姿分别录像。看录像，和同学一起讨论，找出不良身姿并当场纠正。对纠正后的身姿再次录像，进行前后对照分析。（同学之间可以随时利用这种方法进行练习，互相观察、模仿并纠正。）

3. 情境训练

将邻座的同学假设成比你年长、年轻或同龄的不同身份的人，找一话题进行交谈，各自注意对方的坐姿或站姿是否文雅、得体，有无失礼的表现；互相提醒并纠正。

4. 渗透训练

有意识地在日常生活中随时端正自己的坐姿、行姿和站姿。

5. 看图说话

参看附图1的不同站姿，说出它们分别传达了哪些情感信息；根据身姿推测图中人物想说的话，并在附图旁一一注明。

(“瞧我的!”)　　(　　　)　　(　　　)　　(　　)

图1　看图说话：填空
(转引自邵守义、谢盛圻、高振远《演讲学教程》)

6. 评析

观看前苏联影片《办公室里的故事》，对女主人公前后服饰进行对比，谈谈服饰对人际关系的影响。

【提示】

重点抓住女主人公身边的人们对她的态势语（如身姿、动作、表情、眼神等）的不同反应进行分析、评论。本训练也可通过观看其他影、视片进行。

7. 界域语训练

训练内容：举出你所见过或听说的例子，说说界域语对口语交际效果的影响。根据“提示”，设想不同语境，由同学轮流进行模拟界域语的表演（包括坐、站及行走时的不同距离和姿态）。

【提示】

不同的交际对象、交际场合、交际目的以及不同的民族、国家都有不同的距离。

（二）局部态势训练

1．手势模仿训练

根据《挥手之间》一文中对毛泽东手势的描写，或观察你所喜爱的演说家、教师的手势，对镜进行模仿训练。

【示例】

《列宁在十月》（电影）

起义的工人和士兵攻占了冬宫之后，列宁快步登上讲台，面向台下的听众，此时他的神态完全像一位大交响乐队的指挥，他上身稍向前，侧耳倾听胜利的呼声，当他认为全场的情绪已达到理想化的程度时，他挺胸向前，右手臂从左向右上方用力挥出，沸腾的冬宫霎时鸦雀无声，这时列宁开始演讲……

【提示】

手势模仿训练时，要注意与有声语言的内容和特定的语境相一致，与自己独有的个性和气质相协调。不要机械模仿，生搬硬套。

2．手势观察训练

观察并收集人们说“你好”、“再见”等常用语句时的各种不同手势，说说这些手势同说话者的性格或交际双方的人际关系有什么联系。

3．手势语导练

训练内容：结合具体的口语材料，设计手势语。

【示例】

0的断想	手势建议
0是谦虚者的起点， 骄傲者的终点。	象征手势。可单手掌心向上，抬小臂，微伸；中区。翻转掌心，向下。
0的负担最轻， 但任务最重。	情意手势。 抬臂至肩下，握拳，拳心向内。
0是一面镜子， 让你认识自己。	指示手势。松拳；掌心向内。
0是一只救生圈， 让弱者随波逐流；	情意手势。 翻转掌心，向下；由内向外缓缓移动；
0是一面敲响的战鼓， 叫强者奋勇进取。	举起右手，带动小臂，向前向上抬；手与肩平，动作有力度。

【提示】

(1) 朗诵这段诗时，各诗句的动作有连贯性，过渡自然，中间不要作收势、出势。动作幅度也不宜过大。练习时不要拘泥于“手势建议”，可根据自己对诗句的体会，创造性地进行设计。

(2) 自练用训练材料可在本《手册》的第二部分、第三部分中选取。

(3) 设计手势时，要注意根据内容和感情表达的需要，作不同的选取，如不同含义（情意手势、指示手势、象形手势、象征手势），不同区域（上区、中区、下区），不同指向（向上或向下、向前或向后、向内或向外）以及指、拳、掌、臂的不同动作。

4. 手势语选练

列举并评析人们说“我”、“你”、“他”时的各种手势，选用你认为最合适的手势进行自练。

【示例】

表示“我”的手势

表示同一意思的手势往往不止一个。以最简单的手势示意“我”来说，有以手轻按胸口的；有以食指指自己鼻子的；还有以拇指自指的（附图 2)。

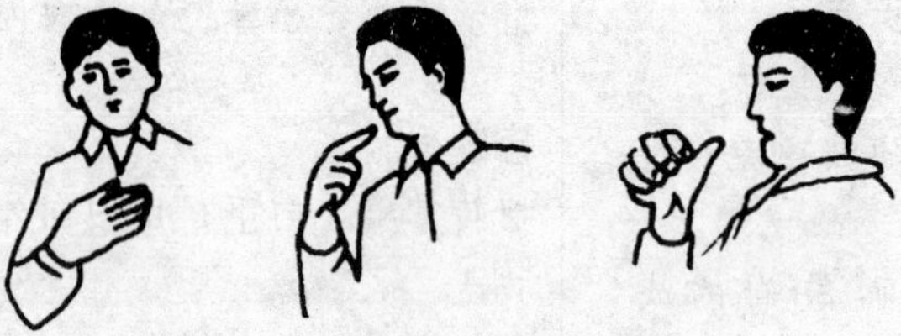

图 2　表示“我”的手势

【评析】

第一种手势一般是用来表示谦虚和诚意。第三种手势往往用来表示夸耀。

5. 表情观察及模仿训练

训练方法：

(1) 观察附图 3 中的不同表情，用线条分别将它们与右边相对应的词语连接起来。

(2) 在日常生活中，注意观察与你交流的人的面部表情。

(3) 在看电影、电视时，注意观察影、视片中人物的面部表情。

(4) 参照附图 3 中的 12 种表情，对镜一一模仿练习，观察自己的表情变化。

【提示】

(1) 观察训练时，要注意抓住关键部位来分析，如眉的展与聚，眼角的翘与垂，嘴角的上与下等。

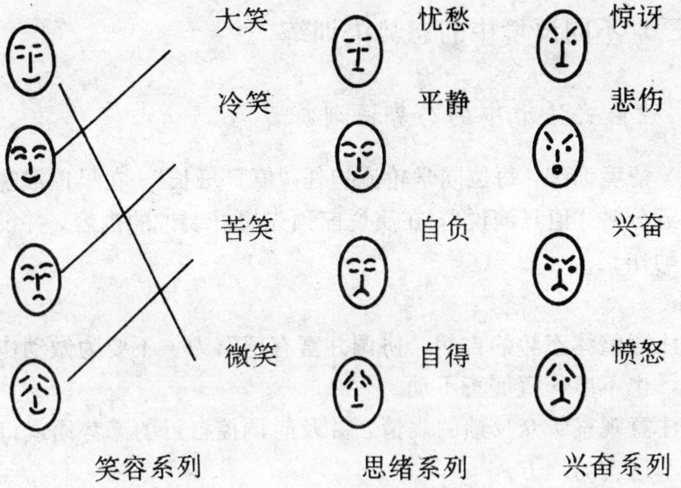

图 3　看图连线

（2）通过察言观色来揣测人的心理状态。

（3）对镜模仿不同表情时，要细心体验各种心态，情动于衷，才能形之于色。

6．眼神的情境训练

训练方法：下面列举的不同眼神有可能反映出说话人或听话人的哪些心情？根据平日的观察，开展讨论，然后自己体会。

训练内容：

正视：＿＿＿＿＿＿　　俯视：＿＿＿＿＿＿

斜视：＿＿＿＿＿＿　　凝视：＿＿＿＿＿＿

环视：＿＿＿＿＿＿　　漠视：＿＿＿＿＿＿

点视：＿＿＿＿＿＿　　虚视：＿＿＿＿＿＿

仰视：＿＿＿＿＿＿

【提示】

本训练可参看《教师口语》教科书中有关内容。

（三）不同语境中的态势语训练

1. 独白式语境中的态势语训练

（1）情境训练：每位同学轮流担任“值日班长”，在早读或晚自习前作五分钟“值日演说”，在演说前预先想好要说的内容，并设计相应的动作。

【提示】

①注意整体态势的自然、协调并富有感召力。不要为做动作而做动作，也不要一直僵直不动。

②注意观察听众反馈的表情，并及时调控自己的态势语或口语表达中不适宜的地方。

③慌张时，可紧握双手使自己镇静。

（2）选练：召开一次小型演讲会，每位同学从下面提供的题目中临时抽题（或另外出题），作三分钟即兴演讲。注意观察每位同学出场、控场、退场以及讲话过程中的身姿、手势、表情、眼神等。会后同学们互相评价。

训练内容：

欢迎你到__________来。

我爱我的__________。

如果我当上了__________。

朋友！让我们一起__________。

（3）讨论：以听过的一次独白式讲话为例，指出其中态势语使用的不妥之处；再谈谈你的经验或教训。

【提示】

态势语使用不当一般表现为：背台词式的动作，生硬、别扭；口语和动作不同步，口语在前，动作迟缓；忘词时搔头、挤眼、皱眉、仰视或绞衣角；忘了事先设计的动作，想起来又补上。

（4）朗诵会上，一位学生朗诵一首缅怀领袖的诗，如果他声嘶力竭，泪流满面，一副痛不欲生的样子，你认为下面的观众会有什么样的反应？

2. 会话式语境中的态势语训练

（1）讨论：列举会话中表达某种语意时常见的不同态势语，你认为哪种态势语较为得体？哪种态势语不宜使用？结合具体语境，谈谈你的看法。

【示例】

表示“提醒”的态势语，如：①用手指敲击桌面；②食指向着对方指点；③食指向上指点；④点头并以若有所指的目光暗示等。

讨论内容：

表示“肯定”的态势语，如：__________。

表示“不满”的态势语，如：__________。

表示“拒绝”的态势语，如：__________。

表示“恭敬”的态势语，如：__________。

表示“蔑视”的态势语，如：__________。

表示“欢迎”的态势语，如：__________。

（2）情境组合训练：设想你带着不同的心情，在不同的场合，与不同的对象握手寒暄，你认为怎样做比较合适？

（3）评价训练：常常见到有人在向对方介绍其他人时，用食指点着被介绍者。请你对这种手势作一评价，并说明理由，然后做出你认为比较得体的介绍手势。

（4）态势语续句训练：请你根据后面提示的两种不同的态势，分别将下面两句话扩展。

①小女孩！__________

a. 眉微蹙，头微摆，手慢慢抬起前伸；

b. 双眉舒展，面带微笑，嘴微张，手轻快抬起前伸。

②啊，黄河！________

a. 头微摆，怒目而视，两手握拳置于胸前；

b. 头微摆，目光深情凝视前方，表情庄重，两手抬起在胸前展开。

（5）观察训练：你到朋友家串门，你正与朋友大谈你学校里的事，这时只见你的朋友连连看表、看门外，脚不停地晃动。你这时明智的决定应该是什么？

（四）教师的态势语训练

1. 身姿语观察训练

观察任教教师的不同身姿语，模仿得体的。

2. 身姿语导练

【示例】

利用身姿进行英语教学

毛老师利用生动形象的姿势进行英语教学。他在讲台上做一个低头弯腰、毕恭毕敬的动作，教学生四个英语单词：鞠躬、认罪、锻炼、拾物。一个个动词通过毛老师诙谐生动的姿态，形象地输入学生大脑，学生在快乐气氛中很快地掌握了教学内容，学习英语的兴趣也更浓了。

（董远骞《教学的艺术》。）

训练方法：结合所学的学科、课程，每人选取一个教学内容片断，设计生动形象的态势语，在班上进行形象教学、愉快教学的尝试。

3. 讨论

有的教师上课时喜欢把双手背在身后走来走去，有人认为这是老成持重的表现，也有人认为这种样子像个被逮捕的犯人，你的看法怎样？你认为什么样的身姿是教师上课时的最佳形象？表演给大家看看。

4．身姿语选练

列举不同的教师讲课中站立、走动、板书、擦黑板、展示教具、弯腰拾物时的不同身姿，选取你认为最得体的一种进行模仿训练。

5．手势语导练

【示例】

以手势助讲课。

一位教师讲解《大堰河——我的保姆》，一边读着“你用你那厚大的手掌把我抱在怀里，抚摸我”的诗句，一边用象形手势，做抱在怀里抚摸着的情状，加上手势与声音、表情、目光的配合自然，使学生在一阵赞赏的、欢悦的笑声中，感受到了诗人对大堰河与大堰河对乳儿的爱。

训练方法：选取一个教学片断，作手势设计。

6．讨论

有的教师讲课时为了使课堂气氛活跃，经常手舞足蹈或做一些习惯性的小动作，逗得满堂大笑。你认为这种“课堂气氛活跃”与教学效果的关系怎样？

7．表情语评析

【示例】

笑　　脸

我爱妈妈的笑脸，

像太阳一样温暖；
我爱老师的笑脸；
像泉一样甜。
啊！亲爱的老师，
你们的笑脸我常在梦中看见。

评价讨论：通过欣赏这首小诗，体会教师的微笑在学生中产生的巨大力量。

8. 表情语情境训练

根据下列词语所提示的表情，设计不同的口语情境，先自己对镜细心体味、练习，然后在班上模拟表演。

训练材料：开怀大笑、微微一笑、抿嘴而笑等。

【示例】

有一次有位教师在自修课巡视时，发现一个学生偷偷地画着前面一位女同学的肖像，于是驻足观看良久。当学生觉察到老师在注视自己时，赶紧想把画藏到抽屉里。老师这时没有批评，而且接过画微笑着说："画得不错。以后班里黑板报专门由你配画，怎样？不过上课时间学习还是要抓紧啊！"学生原先以为今天必定挨批，想不到老师竟然是这么宽容自己，打那以后，在抓好学习的同时，对美术的兴趣更浓了，名副其实地成了班里的美工，其作品也先后多次在市美术比赛中得奖。

（董远骞《教学的艺术》。）

【提示】

教师的微笑应是由衷的，不应该皮笑肉不笑；更不应该对学生冷笑、嘲笑。

9. 表情语讨论

一种是"麻木式"表情，面部呆板，毫无生气，喜怒哀惧不形于色；另一种是“僵化式”表情，表情单一，缺少变化，好像把“笑容”“冻”在了脸上，毫无感染力。你作为未来教师，打算如何预防这些不当的表情？

10．目光语观察训练

训练方法：以模拟班会的形式作训练，注意观察、分析“学生”的眼神变化，从中捕捉信息和情感，并做好训练笔记，为教师工作积累资料。

【示例】

一

“窗户”的学问

小陆的眼睛是双普通的眼睛，不过稍有点近视而已。一开始他是目光时聚时散，时而恍恍惚惚，每当提问，总是把头埋得很低，有时和课桌上的书只有二三寸距离，教师捉不到他的视线。别的同学回答了问题后，他才慢慢地抬起头，若与教师目光相遇，就立刻躲开。课后老师问他懂不懂，他总是点点头，再摇摇头，手朝同学肩膀上一搭，走开了，眼睛没有表情。目光时聚时散，恍恍惚惚，说明他对语文学习漫不经心，缺乏兴趣。于是，老师就找他谈话，严肃地指出小陆上课提不出问题，正是上课没有动脑筋、真正听懂的缘故。小陆的目光起先是“呆滞”，而后是“怀疑”，仿佛在问“真是这样吗？”经过老师多次教育，小陆变了，上课的目光凝聚了，集中了，稳定了。他听得入神时，眼睛发亮，原来躲闪的目光变成了期待的目光……

（于漪：《语文教苑耕耘录》）

11．目光语导练

结合实例，学会用眼神来“说话”。

【示例】

“会说话”的眼睛

语文特级教师牟老师在教学中就非常善于让眼神来说话。有一次，她读范文，手捧着书，声情并茂，同时，全班学生也都在她的眼睛里。有一位同学眼睛偷偷地离开课本，去看桌子上的什么东西了，但手仍捧着书。换一个老师可能不容易发现他的小把戏。牟老师敏锐地注意到了他眼神的变化，她仍照样读着，非常自然地、慢慢地朝他那里踱着步子，一点儿也不露声色，仿佛她的踱步是课文情节所需要的。别的同学都沉浸在课文以及老师朗读所创造的意境中去了，那个溜了神的同学却感觉到了气氛的细微变化：老师离自己近了。他立即抬起头，溜了老师一眼，恰好，牟老师也看了他一眼，师生相视不过一秒钟甚至更短些，分明又包含了千言万语。那个同学悄悄地溜了神，现在又悄悄地集中了精力，一个小小的风波就这样平息了。课堂上不见一丝涟漪，好像什么也没有发生过。

（董远骞《教学的艺术》）

12. 情境训练

训练材料：下课了，一位青年教师正在洗手，他的一位学生走来，郑重其事地递给他一张纸。

（1）如果这张纸是“入团申请书”；

（2）如果这张纸是“检讨书”；

（3）如果这张纸是又脏又破的废纸（对方跟他开玩笑）。

训练方法：

设想这位教师接到不同内容的纸后的不同态度，用表情和动作表现出来。

13. 讨论

你喜欢什么样穿着打扮的老师？设想你第一次登上讲台时的服

饰，并说明你希望向你的学生传递什么信息。

【提示】

穿着打扮这一无声语言所传递的种种信息，常会使学生形成一定的印象。因为，教师一登上讲台便会无声地向学生表明："我是严肃的"（假如他穿中山装、干部服或西装），"我是随便的"（假如他穿休闲服），"我是新潮的"（假如她穿时髦衣服且涂脂抹粉），"我是浪漫的"（假如他穿着奇异，扮相特别），"我是富有的"（假如他穿的是名牌、高档的衣服，戴的是贵重的饰物），"我是俭朴的"（假如他穿的是普通、价廉的衣服）

（谢盛圻　王华敏《教学的艺术》）

14．教师态势语综合训练

训练方法：

根据下面设置的不同情境，并针对特定的教育对象，自行设计与实例不同的态势语，采用小品的形式进行综合训练表演。

训练内容：

（1）在学生感到伤心需要安慰时

【示例】

小学生天真活泼，一般情况下不会伤心流泪，但如果老师触动了他的要害，他也会痛哭流涕。本班学生小尹，在一次卫生检查中因衣服脏而受到老师的责备，不知怎的，他却一言不发，伤心地哭起来。怎么回事呢？原来这位学生从小父母双亡，一直跟着70多岁的外婆生活。老师的批评，使他感到了没有父母的可怜。当老师弄明白这些情况时，又怎能不为之伤心呢？可语言的安慰只能加剧他的伤感。因此，我拉他坐在我的身边，掏出手帕为他拭去眼泪，此时的体态语言不是胜过千言万语吗？

（徐桂英《谈师生间体态语言的运用》《江苏教育》）

（2）在学生取得成绩时

【示例】

学生取得成绩，应理所当然受到表扬。这时老师采取的大多是口头表扬或者物质奖励，此时如果辅之以体态语言效果会更好。如在学生领奖时，你满面春风地抚摸一下学生的头，并向他点头祝贺；在学生考试取得优异成绩时，你爱抚地拍一下他的肩背，称赞道："好样的！"这些小小的动作，在成年人看来，可能会感到很庸俗，可小学生却会感到无比的温暖和欣慰。他会领悟到老师对他的鼓舞和信任。一位学生曾在日记中写道："今天，我考试得了九十分，老师拍着我的头说我进步了，我心里感到热乎乎的。我暗暗下决心，一定要加倍努力，来报答老师给我的母亲般的爱。"

（徐桂英《谈师生间体态语言的运用》《江苏教育》）

（3）在学生犯了错误时

【示例】

学生犯了错误，老师的严厉批评，会使他认识到错误所在。可有的小学生有时候会明知故犯。这时，滔滔不绝的说教固然起效，可如果老师用责备的目光注视着学生，爱抚地拍一下他的小屁股，无需讲任何道理，这样的体态语言同样会给学生以母亲般的温暖使学生感到自责和羞愧。

（徐桂英《谈师生间体态语言的运用》《江苏教育》）

【提示】

教师对学生的态势语，要根据不同年龄、性别等来选用。如：第三种语境中"拍屁股"的方式可用于幼儿园或小学低年级学生；对小学高年级生或中学生则不宜，可以采用拉开师生间空间距离、变换身姿（如由坐姿变站姿或对视而坐、隔桌而坐等方式）进行心理暗示。

八、交谈训练

（一）访友待客训练

走亲访友、接待应酬可以联络感情、开阔视野、拓宽社交面，是经常用的交际方式。有这方面能力的，要提高交际质量；缺乏这方面能力的，可以按如下步骤提高自己访友待客的交谈能力：

（1）先当一个好听众，细听别人的说话；

（2）不直接发表见解，只提出问题，对别人的话作附和式的交谈（运用顺承接引技巧）；

（3）每次只以别人的话头为起点，发表一种见解，力求得到认同（运用顺承转接技巧）；

（4）情绪放松，广泛畅谈。

下面根据访友待客一般程序进行训练。

训练内容：

（1）"语言名片"设计。在自我介绍或介绍别人时，可以直接说，也可以风趣地说，在自己名字的构成上做点"文章"，有人称之为"语言名片"。

例如："我叫刘月琴，见过刘三姐在月下弹琴吗？没见过？那是我在弹琴啊，刘月琴。"

"我叫晋群。'普'字去两点是"晋'，不过我总觉得那两点该放上面，因为我太普通了，晋群，普群，普通的群众。"

"我叫滕进。愿我们国家腾飞前进！"

介绍别人也可以带点诙谐。例如："××是我们厂的棋圣。""这位×××是我的同学，从小在一起，一道偷吃过人家桃子……"

请运用上面提供的技巧，在一个社交场合作自我介绍和介绍别人的练习。

（2）去拜望你的一位久未联系的年长的朋友或老师，除了礼节性的目的外，最好想一个副目的，在拜望中请实践如下要则：

①进门前调节情绪；

②进门热情问候、寒暄，出语有较浓的情绪色彩；

③莫先坐下，维持热情，继续说关切对方的话；

④主动开口，让对方了解拜访目的；

⑤注意聆听，不插话，保持对对方话题的相应热情和理解；

⑥适时赞美对方；

⑦理出头绪，准确、有分寸的答对；

⑧适时自省：语调适当否？姿态恰当否？优越感外露否……

⑨不争论，如有争执，及早告退；

⑩告别彬彬有礼；如谈得融洽，话别要形成交谈的高潮，显得更加热情。拜望结束后，请对以上各条作反思评价。

（3）展开话题的练习。就当前的一个热门话题与你的一位朋友交谈，学习运用如下技巧：

①对方兴趣不浓：情绪感染；

②对方表述不全：补充完善；

③对方谈锋甚健：鼓励赞扬；

④对方表述抽象：以例补证；

⑤对方意犹未尽：设疑探究；

⑥对方有意回避：暂时搁置。

（4）待客练习。请在接待来客时实践如下要则：

①轻松愉快的问候和寒暄，如“身体可好？眼下乍暖还寒，还得保暖呀！”、“下雨路滑您还赶来，衣服淋湿了吧？”……

②询问时注意问近少问远、问小少问大、问熟少问生、问喜少问忧；

③注意控制话题；

④热情话别。

（5）打电话练习。请在近期打电话时集中进行训练。注意：一拿起电话就说“您好，我是××，您是……”对对方极小的打扰，也说“谢谢您”、“对不起”。替别人接电话，尽量不用“他不在，他没来”去搪塞，而是补上一句：“您是等一会儿再打给他，还是让我转告他？……”

【提示】

“善良的天性比机智更令人愉快”。在访友待客中，我们要坚持与人为善的原则，这样才能广结人缘，赢得更多的友谊。

（二）劝说沟通训练

劝说，是一种由心理置换到心理相容的说服过程。方法很多，主要有：

（1）循循善诱，毫不急躁地规劝，用平等的表达方式说话，晓之以理，动之以情；

（2）避实就虚，迂回包抄。先谈共同性话题以形成亲切感，然后转接，从侧面谈与主题有关的话题，就近迁移到正题；

（3）以退为进，欲擒故纵。只说对方的长处、优势，不正面触及其短处，作积极暗示；

（4）刺激对方，用“激将法”。即有意地适当压抑对方的自尊心，调动其潜在的积极性。

训练内容：

（1）运用上面介绍的劝说技巧，劝说你的一位朋友改掉一种不良嗜好（如赌博、酗酒等）。

（2）选择一种劝说方法，劝说你的一位朋友从颓废中振作起来，迎接生活的挑战；或劝说你的一位朋友在小有成就时，谨慎起来，以更大的勇气夺取更大的成绩。注意，从肯定对方的某些长处入手，并且把自己“摆”进去，例如“我理解你为什么有这种情绪，要是我碰到这种情况也很难摆脱烦恼。”同情与理解能赢得对方的共鸣。要坚持不用直接反驳手段。

(3) 运用劝说技巧，尝试排解一次邻里纠纷。先作观察，然后对明显失理的一方作规劝。

(4) 劝说别人赞同你的一个建议或设想。

沟通是一种体察对方特定处境、迅速选择恰当表达方式以争取认同与配合的交际形式。不善沟通常会使交际受阻。据说美国作家马克·吐温在没有成为知名人士以前就很不善沟通。有人把他介绍给后来成为美国第18届总统的格兰特将军。当时，马克·吐温竟想不出一句可讲的话，而格兰特也保持着平时的庄重和严肃。最后，马克·吐温结结巴巴地说："将军，我感到尴尬，您呢?"显然，此二人均不谙沟通之道。沟通技巧有两点特别重要，一是说好开头几句话，这几句话要有鲜明的情绪色彩，就像掘井选炮眼，选得准，一炮就泉流奔涌；开头几句话说得好，就能打开"言路"。二是抓住共性因素。如经历、爱好、职业、年龄、处境、感受等，人与人之间这些相似的东西是很多的。

【示例】

有两位素不相识的人在轮船上碰在一块：

甲：您高寿啦?

乙：57。

甲：57？比我大4岁，看上去比我年轻多啦。看来各有养生之道，又各有巧妙不同。

乙：您就是头发早白，身子还挺硬朗。

甲：硬朗啥呀，高血压。

乙：上了岁数难免。我也高血压，后来好了。

甲：怎么好的?

乙：做气功呀。

甲：我也做气功，你做哪家气功，这么见效?

乙：……

这段对话中，甲在沟通前期趋于主动，用语热情，善选共同话题；乙被感染带动，双方的沟通很快进入良性循环的轨道。

训练方法：

（1）尝试用 5 分钟交个朋友。例如，在某次公众集会或乘车旅行时，选择一位交际对象与之交谈。要有勇气、信心，并运用沟通技巧。

（2）运用“惯用语”作交谈。交谈中随乡入俗，用语入耳，是沟通的接近技巧。例如，一位教师家访时见到学生的奶奶在家，就说：

“您老身子骨挺硬朗的啊！什么？我来不是告状的。您孙子在学校没有捅漏子，就是念书还要使点劲，数学测验最近又挂红灯啦。在学校您别操心，我们抽功夫给他开小灶，可在家里，您老要敲敲边鼓啊！……”（加点处为惯用语）请面对录音机，想象有人坐在你面前，适当运用惯用语，作独白式谈话。对方可以是一位文化水准不高的老人，或工人或农民。话题：改革开放以来的巨大变化，或改革开放以来产生的某些社会问题。

（3）选择一位不太熟悉而又沉默寡言的人作交谈对象。运用打破沉默的技巧作沟通能力的强化训练。这里提供几种打破沉默的技巧：

①从对方兴趣爱好谈起，触动内心“热点”；

②从对方的烦恼忧虑谈起，给予理解，引起心理共振；

③从自己对对方的评价谈起，启动双向交流；

④从自我暴露谈起，引起“回报效应”。

【提示】

（1）劝说，不要滑入争辩、争吵。劝说是明辨是非，告之以理，导之以行。相互地位平等，心理相容，决不以理压人，甚至有理也让人；争辩虽也是明辨是非，但心理不相容，有理不让人，至于导致争吵，就完全与劝说是两码事了。

(2) 劝说也是沟通。人际交往中的沟通，最大障碍是“否定定势”的形成，这种先决性的感情因素会堵塞沟通渠道。所以要培养积极健康的心理定势，学会宽容让步，求同存异，适应社会、适应他人。这种开放型的性格和生活态度，是人际沟通的重要条件。

（三）求职应聘训练

求职应聘是一种检测性被动交谈。招聘部门通过一次或多次面试谈话，从应试者的举止仪表、谈吐应对、业务能力、思维能力、品德素养等方面了解是否符合他们的需要。测试者的提问，看似漫无边际，但如作一些了解，我们可以归纳为如下几个问题，开列如下，并附交谈提示，作为练习。

练习内容

(1) 请说说您是怎样的一个人？

(这是自我介绍。介绍学历、简历，要强调专业性优势，指出自己的理想、向往与所求工作的投合之处。开头几句就要给人以良好印象。要简练，不要过多涉及其他方面。)

(2) 你为什么要到我们这里求职？

(接语要快，切莫迟疑，显示坦诚与热情，并再次强调“投合”。眼睛看着对方，要恳切。)

(3) 您来我们这里能干些什么？

(事先作调查，做到心中有数，并且适当透露自己“一专多能”的优势，显示信心。)

(4) 您的能力如何？

(指的是业务水平、工作态度、办事能力、学术业绩、自信心和创造力等，最好能简述事例加以说明，给人深刻印象。但要控制时间。)

(5) 你的缺点是什么（或有什么不足)？

(此问并非真要了解题面所指的内容，而是了解是否诚实正直，心态是否平衡。可以讲一件小事。说明由于什么缺点造成并不严重的失误。重在讲教训。)

(6) 您喜欢什么样的领导?

(此问是了解应试者是否爱同领导闹矛盾。有人这样说:"这样的领导我喜欢:他有能力,办事果断,给我以效力的机会,指导我、教导我,当我办错事能严格批评我,帮助我。)

(7) 你最大的成就是什么?

(重点讲近5年来自己的各项引以骄傲的例子,注意顺序,并尽量出示证明材料。)

临别时,再次概述适合此项工作的理由,以表明自己的诚意,并加深印象。

训练方法

设想你要到某重点学校求职,请对上面提出的7个问题作认真准备,然后请你的一位朋友对你进行模拟测试。要"假戏真做",进入"角色"。模拟训练前,可以先面对录音机,作独白训练,揣摩自己的语调、语流、语态、遣词造句等,作复听修正。模拟求职面试时,如有条件可用家庭录像机全部录像,然后与家人、朋友复看,作评议、修正。

【提示】

美国有一家辅导求职技巧的公司,其副总裁安妮·韦恩女士的一段话,对求职应聘者也许有所启发。她说:"几乎每个人都能学会应付求职问答这一关。你要做的就是简单明了地亮出你的有利条件,但是决不要像推销员的样子。要认识自己的优势,自信比别人强。"

(四) 洽谈采访训练

洽谈是向对方提出一个请示并期望得到合作的交际形式。洽谈交谈的技巧归纳起来是:

(1) 作假设。以假设为前提,客气地用商量的口气说话,如

“如果可能的话……就……”；

(2) 顺势推。先摆出对方认可的事实或理由，当对方作出肯定后，再提出请求进行商谈；

(3) 讲前提。提出自己准备承担的义务或准备给对方的补偿，使洽商取得成功。

(4) “登门槛”。这是社会心理学中的一项小技术。即“得寸进尺”。先提出一个对方不易推脱的小要求，然后利用对方要保持一贯良好形象、“帮人帮到底”的心理，提出较高的要求。当然，第二个要求不宜过高，过高会使对方处于防卫状态。

(5) “门面”技术。“门面”技术与“登门槛”相反，它是先提出一个大得会被拒绝的要求，其实是虚晃一枪，然后利用人们想用小奉献达到心理平衡、不给别人留下“漠视公众事业”、“一毛不拔”的坏印象的心理，提出小一点的要求，洽谈会一举成功。

训练内容：

请选择下列话题，设计一个洽谈方案，作假设洽谈对象的交谈练习；或请一位朋友配合作模拟洽谈谈话。有条件时，为本单位某件事出外作洽谈实践。注意运用洽谈技巧。洽谈训练话题如下：

(1) 借某单位的电视录像器材一用；

(2) 要在某大学院校门口摆摊设点；

(3) 煤气管道要通过邻近单位的甬道；

(4) 要在某要道口设立儿童教育咨询站。

采访是使采访对象接受提问达到了解某种情况的目的过程。它不是随便的交谈，目的性、针对性很强，因此必须在采访前做好准备。要了解被采访对象的经历、兴趣、性格、成就等有关情况，拟定采访提纲，提出的问题要注意可答性，尽量大化小、整化零、联成串。进入采访要以自己的坦诚和热情感染对方，建立相互信任的关系，进行和谐的交谈。

训练方法：

（1）作一番努力，争取对你所在地区近年取得一定成就的企业家，科技人员或文艺工作者都进行一次采访。采访前要做好充分准备，制定好采访方案；采访时，最好能带上采访机；采访后复听，与朋友一起评议。如有条件，可以将这次采访写成文章，给当地报纸发表。

（2）如本地区最近有重大活动，或发生重大事件，试与本地新闻单位联系，担任一次采访工作。在作了一番准备以后，到现场作有点有面的采访。采访中注意提问技巧的运用。

【提示】

采访中，可供选择的提问方式：

（1）限制性提问：你是……还是……？

（2）选择性提问：……好不好、……是不是？

（3）直接性提问：为什么……？怎么……？

（4）婉转性提问：也许……呢？……是吗？

（5）假设性提问：如果……呢？……怎么办？

（6）祈使性提问：那就……吧！

（7）反诘性提问：……不是吗？难道……吗？

（8）商榷性提问：是不是、可不可以……呢？

（9）推进性提问：步步为营，层层递进的提问。

（10）潜在性提问：陈述句的形式，但隐含问意，让对方回答。如；我想……也许是……那就得……了。

（引自常耕《口才训练术》）

九、论辩训练

训练目的：

初步掌握直接论辩与间接论辩，证明与反驳的技巧，会编写论辩提纲，能在赛场论辩中灵活运用，做到：思维机敏，言语应对快，讲说有理、有力。

（一）一般论辩训练

1. 导练（直接论辩训练题）

【提示】

直接论辩是指从正面用事实和道理证明自己观点正确或反驳对方观点的论辩。

论辩与逻辑有密切的关系，逻辑是论辩的主要工具。就直接论辩而言，常用三段论法、选言法、假言法、二难法、归纳法、类比法以及喻证法等论辩方法。

训练内容：指出下列论辩各采用了何种直接论辩方法并略加说明：

【示例】

加拿大前外交官切斯特·朗宁在他参加议员竞选时遭到人们的反对，原因是他出生在中国，吃的是中国奶妈的奶汁长大的，身上具有中国血统。切斯特·朗宁与他的反对派展开了精彩的论辩：

我吃过中国奶妈的奶，这是事实，但是吃过中国奶妈的奶就是具有中国的血统了吗？诸位先生，你们喝过加拿大的人乳就具有加拿大的血统了吗？你们是不是也喝过加拿大的牛奶？那么，在你们身上不是也有加拿大牛的血统了吗？

进一步地说，你们长大自然还得吃鸡脯、吃猪排、吃羊腿，这样，你们的血统实在是很难认定了。

切斯特·朗宁运用了类比法来进行反驳的。他从“吃过中国奶妈的奶就具有中国血统”，类推出“吃过加拿大的人乳就具有加拿大血统”，最后类推出十分荒诞的结论：“喝过加拿大的牛奶也就具有加拿大牛的血统”，“吃鸡脯、吃猪排、吃羊腿，所以血统很难认定了”。从而有力地回击了反对派的进攻。

(1) 一个女演员倾慕于肖伯纳就向他求婚说："我们的结合，一定是世界最好的结合，将来咱们生了孩子，他一定会有一副像你那样的聪明的头脑，同时有一个像我这样俊俏的身段。"肖伯纳不喜欢这桩婚事，就回绝说："如果孩子长得头脑像你，身段像我，那就糟了。"

(2) 毛泽东同志说："马克思主义是一种科学真理，它是不怕批评的。如果马克思主义害怕批评，如果可以批评倒，那么马克思主义就没有用了。"

(3) 冯梦龙在《古今谭概》中，讲述了这样一件事：

一个名叫翟永令的人，他母亲因受佛教的毒害较深，迷信思想相当严重，一天到晚不停地念"南无阿弥陀佛"。翟永令与之争辩多次，无论是讲大道理，还是用具体事实论证都毫无用处。于是，他想出一个办法，就是不停地喊娘。老太太听烦了，就责备儿子不该喊她，翟永令马上说："既然不停地喊娘，娘不高兴，佛爷要是听见有人不停地喊他，就会更加生气。"老太太心悦诚服，于是，减少念佛的次数，翟永令终于说服了母亲。

(4) 战国时期，魏王要出兵攻打邯郸，魏臣季梁听到这个消息，马上从半路上赶回来，去见魏王，说："我今天回来的时候，在太行山路上碰见一个人，正朝北驾着车，对我说：'我要到楚国去。'

我问道：'你要到楚国去，怎么往北走?'

那人说：'我的马好!'

我说：'不管你马多好，但这不是通往楚国去的路。'

那人说：'我的盘费足!'

我说：'不管你盘费多足，这不是通往楚国去的路。'

那人说：'我的车夫是好把式!'

谁都清楚，这些条件越好，离开楚国就越远了。现在大王想建立霸业，取信于天下。可是大王却仗着国土广大，兵士精锐，去攻打邯郸，用来扩展疆域，提高威望。这样，大王的行动越频繁，距离建立霸业的目标就越远，这跟到楚国去，却偏要驱车向北去，有什么两样呀!”

魏王听罢点点头，放弃了出兵攻打邯郸的计划。

(5) 有一天，阿凡提被召进王宫，国王给他出个难题，让他列出宫廷里的傻瓜名单。阿凡提略一思索，对国王说：“好吧，我明天就给您。”

第二天，阿凡提果真把傻瓜名单交到国王手里。国王打开一看，上面只有一个名字，就是国王。国王十分恼火，发吼似地叫道：“为什么只有我一个人?”阿凡提不慌不忙地说：“国王陛下，如果说宫廷里有傻瓜，而您身为国王却任用傻瓜当大臣，拿国家俸禄，那你岂不成了傻瓜；如果说宫廷里没有傻瓜，而你却让我从根本没有傻瓜的宫廷里找出傻瓜，那您岂不也是傻瓜。所以，无论宫廷里有没有傻瓜，从这件事上讲，你都是傻瓜。”

(6) 一次，钢琴之王李斯特到克里姆林宫演奏。他开始演奏了，沙皇还在谈着闲话。于是，他停止了演奏。沙皇问他为什么不弹了?他谦卑地（实质上是骄傲）欠身说：

“陛下说话，小子理应缄默（不弹钢琴）。”

(7) 邻近牧场的一位老人好不容易买来一匹种马，谁知第一天深夜便被人盗走。邻居们连夜出动，分头追赶，终于在天亮前追上了盗马贼。可是，这个狡猾的盗马贼却大叫起冤枉来：“这匹马明明是跟了我好几年的坐骑，你们不能诬赖我。”

种马的主人这时也拿不出有力的证据来，不知怎么办才好。这时，正挤进人圈的华盛顿跳上台阶，用双手蒙住这匹种马的眼睛，对盗马贼道：“既然你说这匹马跟你好几年了，那你对它一定很熟悉喽!”盗马贼迟疑地点点头，说实在的，由于夜黑心急，真没注意这匹马有什么特征。

“那好，”华盛顿又说话了，“先生，请您说说这匹马哪只眼睛是瞎的?”

“左眼。”盗马贼吞吞吐吐地说：“嗯，不，不，是右眼，右眼！”

华盛顿放开双手，马的双眼都不瞎。

盗马贼颓丧地低下头。

【提示】

这是一个在论辩中较少运用的例子，涉及到复杂问语的知识。现在可从假言法的角度去思考。

(8) 台湾大学为正方，复旦大学为反方，围绕“儒家思想可以抵御西方歪风”进行辩论。复旦一队员说：“我请问对方同学，如果有人持刀抢劫你的钱包，你是对他念一段《论语》呢？还是让警察把他抓起来？我想大家都会选择后者。”

(9) 早晨，去集市的路上，一位老农妇牵着两头驴，两位贵族骑着马，不期而遇。

贵族：你早，驴妈妈！

农妇：你们早，我的孩子们。

(10) 军队现代化革命化建设需要许多有才干的年轻人，可是有的同志对起用年轻人不那么放心，他们的理由是，年轻人“嘴上无毛，办事不牢。”对此，有人这样说：

“嘴上无毛”就一定“办事不牢”吗？古今中外许许多多军事活动家，恰恰都是风华正茂的时候，建立起了不起的功业的。民族英雄岳飞20多岁即带兵抗金，当节度使时只有31岁；其子岳云12岁从军，14岁打随州率先登城，成了军中骁将，20岁时就当了将军。曾经统帅大军席卷欧洲大陆的拿破仑，从土伦战役中击溃保皇复辟势力，被晋升为少将时，才24岁；统兵攻意大利，战胜奥地利的时候才27岁。俄国十月革命的军事统帅伏龙芝，不到30岁时即当了东线和南线的指挥官，独挡一面，任国防部长时才40岁。在我们军队里，许多老帅参将们，多数不也是在二三十岁的时候就当了师长、军长、军团长以至方面军总指挥了吗？可见嘴上没毛与“办事不牢”之间并没有必然联系，关键是有才与无才，套用一句古话来说：

“有才不在年高，无知空长百岁”。

这个反驳就是运用了“正面进攻法”。这里引用的事实都是真实的，无可辩驳，所以，反驳有股大的力量。

训练要求：练习时应注意运用学到的逻辑知识，在搞清运用的是何种推理的基础上，把握论辩的过程。

2. 导练（间接论辩训练题）

【提示】

间接论辩不像直接论辩那样直接面对论题，而是通过一个中间判断，即用事实或道理证明这一中间判断的真假来证明论题的真假。间接论辩中的证明常用反证法、淘汰法；间接论辩中的反驳常用归谬法。

“反证法”就是通过证明与自己的论题相矛盾的反论题是错误的，从而确定自己的论题是正确的。例如，闻一多先生《最后一次讲演》中说：“其实广大的人民是打不尽的，杀不完的！要是这样可以的话，世界上早就没有人了！”这一论辩中的正论题是“广大的人民是打不尽、杀不完的”，反论题是“广大的人民是打得尽、杀得完的。”这里先假定反论题为真——“要是这样可以的话”，由此就必然推出显然荒谬的推断——“世界上早就没有人了。”由于否定这一荒谬的推断就必然导致否定反论题，从而证明了“广大的人民是打不尽、杀不完的。”应当注意的是：反论题必须与正论题有矛盾关系。

“淘汰法”是列出和论题相对立的种种判断，然后分别证明这些判断的虚假性，从而证明论题的真实性。例如，非洲加纳有一个波维森湖，湖面是极严格的圆形，整个湖是极严格的锥体，科学家分析它可能是人工挖成的，也可能是火山爆发形成的，或者是陨星坠落形成。经周密的考察和研究后认定，古代的生产力水平限制，不可能挖成这种形状；这地区过去和现在都没有火山活动的现象；所以是陨星坠落形成的。这一论辩中，由于排除了“人工挖成”、“火山形成”这两种可能性，剩下的只能是“陨星坠落形成的了”。应当注意的是：在列举与论题相关的种种可能性时，必须穷尽，不然有可能把惟一正确的可能性给遗漏了，这样淘汰出来的结论，只能是错误的。

“归谬法”是反驳对方论题的有力武器。它先假定对方的论题是真的，并依据它进行推论，推出明显荒谬的结论来，从而否定了对方的论题。例如，斯大林在批判“语言是生产工具”论时，说：“假如语言能生产物质财富的话，那么夸夸其谈的人，就会成为世界上最富有的人了。”在这一反驳过程中，斯大林先假定对方的论题——“语言是生产工具”——是真的，也就是说：“语言能生产物质财富”,那就必然导致荒谬绝伦的判断——夸夸其谈的人是世界上最富的人。毫无疑问，这一判断是根本站不住脚的，所以“语言是生产工具”也就是荒谬的了。

归谬法具有“照妖镜”的作用，能将错误不太明显的、似是而非的论题“放大”，显现出麒麟皮下的马脚来。

训练内容：指出下列论辩各采用了何种间接论辩的方法并略加说明：

【示例】

俄国著名作家赫尔岑有一次应朋友的邀请,去参加一个音乐会。可是，音乐会的节目才演不久，赫尔岑就十分厌烦地用双手捂住耳朵，打起瞌睡来了。这时，女主人对赫尔岑的举动感到很奇怪，便推了赫尔岑一下，问他：“先生，你不喜欢音乐吗？赫尔岑摇了摇头，指着演奏的地方说：“这种低级轻佻的音乐有什么好听的！”

女主人惊叫起来，对赫尔岑说：“你说什么呀？这里演奏的都是流行的乐曲呀！”

赫尔岑心平气和地反问女主人：“难道流行的东西都是高尚的吗？”

女主人对赫尔岑的反问不以为然，不服气地说：“不高尚的东西怎么会流行？”

赫尔岑听了这话，风趣地对女主人说：“那么，流行感冒也是高尚的了？”说完，就告辞回家了。

赫尔岑运用了归谬法来反驳女主人的谬论。他从女主人“流行的东西都是高尚的”观点中，推出“流行感冒也是高尚的”这一非常荒谬的判断，从而推翻了女主人的观点。

(1) 演员：“导演，请你关照买一瓶真的白兰地，好不好？因为没有真的东西，恐怕演来不逼真。”

导演：“很好，不过明天拍服毒一场戏，怎么办？”

(2) 在某市召开的“社会主义初级阶段商品经济特征”理论讨论会上，A先生就初级阶段的分配方式作了发言。他说：

社会主义初级阶段必须实行按劳分配的分配方式。大家知道，社会的分配方式，或是按人口平均分配，或是按生产资料分配，或是按劳分配，或是按需分配。“按人口平均分配”的方式，只适用于生产力水平十分低下的原始社会。如果在社会主义社会实行这种分配方式，就会使一部分人无偿占有他人的劳动成果，所以不能实行。“按生产资料分配”的方式，只是以私有制为基础的阶段社会的分配方式。社会主义初级阶段是以公有制为主体的多种所有制经济，因而不能实行这种分配方式。“按需分配”是最理想的方式，但这是共产主义的分配方式。由于在社会主义初级阶段，生产力水平和社会成员的觉悟程度等各方面，都还没有具备条件，所以也不能实行。

(3) 20世纪初，英国一些宿命论者纷纷编造历书，到处欺骗百姓。在伦敦，有一个叫巴尔特利日的占星家，尤为诡计多端，常吹嘘他的占星计算法如何灵验，以此迷惑人心，骗钱坑人。著名的讽刺大师和小说家斯威夫特对这些骗术十分憎恶。

有一次，斯威夫特仿效巴尔特利日的占星计算法，编写了一部《预言》历书。在这部书中，他预言巴尔特利日将于1908年3月29日半夜11点钟得寒热病死亡。到了这一天，他又写了关于巴尔特利日死亡的报告，随后，他便发表了殡葬的消息。安然无恙的巴尔特利日得知此事后，气得直翻白眼，但又不得不到处辟谣，说明自己仍然活着。可是斯威夫特却向公众证明：他是按照巴尔特利日的占星计算法得出的结论，即使不能应验，错误也在巴尔特利日和他荒谬的占星术上。

从此，巴尔特利日声名狼藉，人们再也不相信他的占星计算法了。

【提示】

这虽然不是一个典型的口才例子，但却是一个运用智谋的精彩论辩。

(4) 毛拉去集市买毛驴。卖驴的地方挤满了乡下来的农民。有个衣冠楚楚的家伙经过那里，说道：

“这地方真脏，除了农民，就是毛驴。”

毛拉听了，上前问道：

“先生，您准是位农民了?”

“不！我才不是农民哩。”

“那您又是什么呢?”

(5)《史记·滑稽列传》中载有这样一个故事：

楚庄王十分钟爱他的一匹马，“衣以文绣，置之华屋之下，席以露床，啖以枣脯”。可这匹马由于“养尊处优”，无所事事，得肥胖病死了，于是，楚庄王下令群臣为死马奔丧，按一棺一椁的大夫礼举行葬礼。大臣们议论纷纷，都说不可。楚庄王动了肝火，下令说：“谁再阻止，判死罪!”

宫中有个戏子名优，听说此事，进入殿门便仰天大哭。楚庄王问他为什么哭。他答道：“这匹马呀，是大王最心爱的。以楚国之大，什么东西弄不到，现在以大夫礼埋葬这匹马，太寒酸了！我要求用君王的礼仪来埋葬。”

楚庄王问：“怎么个埋葬法呢?”戏子说：“我请求雕玉作棺，刻梓为椁……齐、赵王走在送殡队伍之前，韩、魏王担任后卫……这样，各诸侯知道了，就晓得大王贱人而贵马的事了！”

楚庄王听了如梦初醒，说：“我的过错，到这步田地了么？这怎么办呢？”戏子说：“既然这样，就请大王改以六畜之礼葬之。这就是：以灶为椁，以锅为棺，以火光为裳、用姜、枣、木兰为祭品，并祭以米饭，埋葬到人的肚子里去就是了！”

【提示】

间接论辩与直接论辩相比，比较复杂，分析起来有一定的难度。但只要掌握了直接论辩，还是不难将两者区分开来的。

另外，在使用直接论辩比较困难的地方，间接论辩往往大显神通。所以如不掌握这一方法，就少了一件有力的论辩武器。

3. 导练（反驳训练题）

训练内容：反驳下列错误观点，说出反驳的方法，并分析反驳的过程：

【示例】

错误观点：

有一天，一个水手准备出海，他的一位朋友问他：

“你的祖父死在哪里？”

“死在海里。”水手回答。

“那你的父亲呢？”

“也死在海洋的风暴中。”

“天哪！”朋友大声说：“那你为什么还要当水手去远航呢？”

反驳如下：

水手先淡淡一笑，然后问他“你祖父死在哪里？”

“死在床上。”朋友回答。

“那你的父亲呢？”

“也死在床上。”

“朋友，”水手说，“那你为什么还要睡在床上呢？”

分析：水手的朋友也许出于好心，但其观点是荒谬的。水手的结论更为荒唐可笑，但他的推理形式和步骤，又是仿照他朋友的，既然水手推出的结论是错误的，那么被仿照的那个推理的结论也是错误的。

水手用的是类比法来反驳的。

(1) 姐姐25岁了。一天她的男朋友到家里来。妈妈见了，直截了当地说：“你要和我的女儿结婚，那好，先拿2500元见面礼来！”

“干吗要2500元呢？”男的不解地问。

“女儿是我生的，养了25年啦，每年就算100元吧，2500元还算便宜了你呢！”

男朋友反驳说：……

(2) 前几年，有个人办了个小工厂，赢利很多。有的单位以“赞助”为名，向他摊派，理由是一人先富起来了，不应忘记社会义务。

厂长反驳说：……

(3) 英国有一个男孩到一家面包店买了一块两便士的面包。他觉得这块面包比往常买的小得多，便对老板说：“你不认为这块面包比往常的要小一些吗？”

“哦，没关系，”老板回答道：“小一些，你拿起来就轻便些。”

“我懂了。”

男孩说着，就把一便士放在柜台上。正当他要走出店门时，老板叫住他：“喂，你还没付足面包钱！”

聪明的小男孩反驳道：……

(4) 1978年，一位已婚农村青年考上大学，毕业后到法院申请离婚。其理由是“妻子文化水平低，与自己没有共同语言。”针对这个命题，法院工作人员与他展开了辩论。

法院工作人员是这样批评教育他的：……

(5) 有一个在民间流传很广的故事：《农民二难国王》。

国王：有谁能说一件非常荒唐的事，让我不得不说出这是谎话，我就分给他一半江山。

农民：(拿一只斗走进王宫) 陛下欠我一斗金子，我是来讨还金子的。

国王：(大吃一惊) 一斗金子，我如此富有，怎么会欠你的金子。

聪明的农民是这样说的：……

【提示】

这是一个用二难推理来进行反驳的论辩。不妨假设一下：农民说的是真话，会怎样？农民说的假话，又会怎样？

(6) 有个乡下人进城，他一身土里土气的打扮引起众人注目。有几个不务正业的家伙围着他，一边瞧，一边嘲笑他。其中一个问：“你们乡下是不是有很多傻瓜？”

乡下人反唇相讥道：……

训练方法：可以先作个人准备，再交流互评。也可分小组集体准备，在大组或全班交流评议。

4. 导练（证明与反驳综合训练题）

训练内容：运用直接论辩或间接论辩的方法，确立正确的观点，批驳错误的思想：

【示例】

(1) 开学不久，一个新生要求退学。老师问他为什么，学生说：“开学第一周，学校死了一头猪，我们就吃猪肉；第二周死了一头牛，我们就吃牛肉；昨天，校长的太太死了，我可不敢再冒险了。”(外国幽默故事)

请你说一段帮助这位外国学生认识的话。

(2) 一个小学生问老师：“老师，为什么要先乘除后加减？”数学老师回答：“这是国务院规定的。”请你说服一下这位老师。

(3)一个女青年在北京饭店迪斯舞厅结识了一位欧洲男青年，两人“一见钟情”，由于女青年只有小学文化程度，根本不懂外语，而男青年又不懂汉语，所以两人只能靠打手势来交流。他们一起来到北京某婚姻登记处登记结婚。登记处的同志关心地问女青年：“你们语言不通，今后怎么生活？”

不料女青年一言既出，四座皆惊：“你难道不知道爱情是无法用语言来表达的吗？”

设想你是登记处的同志，请你帮助教育一下这位女青年。

(4) 一天，学生折了校园里的花，老师见了，说：“你为什么要折花？”学生说：“因为我爱花。”老师说：“古人说，爱花人不折花。可见你不是真正的爱花。”

学生说：“老师，周敦颐在《爱莲说》中说‘晋陶渊明独爱菊’。看来陶渊明是爱菊的吧？”

“当然。”

“可是，陶渊明有‘采菊东篱下，悠然见南山’的诗句。他自说折了菊花，能说他不爱菊吗？”

老师……

现在，假定你就是这位老师，请你批评教育一下这位学生。

【提示】

陶渊明要么采的是野花，要么是自己种的花，而学校的花是公共财物，这是不可等同起来的。

另外还可用归谬法去设想一下：大家爱花，大家都去采花，将会怎么样？

训练要求：这一部分的练习，要求有破有立。即既要正面说理，又要批驳错误观点，不能一批了事。

训练方法：可参考前一部分的方法。

（二）赛场论辩训练

【提示】

赛场论辩是论辩形式中较为特殊的一种，主要是它不像一般论辩形式那样严格地遵守逻辑思维的一般规律，而是有它的反常性。这是因为赛场论辩的辩题应该是中性的，即没有是非结论的句子，不是严格的命题（即有真假的判断）。例如赛场论辩永远不可能拿“人是会死的”这样的命题去让正、反方辩的。正因为辩题是中性的，这样正方要证明的是一个“没有真假的句子”是真的；反方要证明其是假的。所以正方或反方都不可能严格地遵守逻辑思维的一般规律，而要用扩大或缩小辩题的方法，把它变成对己方有利，对对方不利的命题，从而便于防守和反击。而这种“扩大或缩小”的技巧，往往是参赛队在临赛前绞尽脑汁要运用的。

以 1993 年第一届国际大专辩论赛的决赛辩题“人性本善”与“人性本恶”而言。反方复旦大学队的立论就很能说明问题，他们把“人性”分为“社会属性”与“自然属性”，指出“自然属性”是先天的，也就是所谓的“本”，而“恶”指的是“本能和欲望无节制的扩张”实际上复旦队有没有证明“人性本来全部都是恶的呢？”没有！他们仅证明了辩题中很少的一部分。固然，“人类中确有一些人的自然属性无节制的扩张了，所以这些人的人性是恶的。”但他们是人类中为数很小的一部分不正常的人，他们的“自然属性无节制的扩张”，不能说人类的自然属性全都无节制的扩张了，更不能说明人类的全部属性（社会的和自然的）本来就是恶的。

复旦队有意将辩题缩小，目的显而易见：这样易于证明、利于防守。这在论辩赛中是合理合法，不会受到任何红、黄牌警告的。

同时复旦队在反击台大队时，又有意扩大对方的论点，请看下图，便能一目了然：

人性本善 —被扩大为→ 人性善 —又被扩大为→ 所有的人都是善的。

自然，“所有的人都是善的”显然是错误的命题、假的判断，很容易攻击。正是由于采用了扩大对方论点以便于攻击的手法，复旦队在自由辩论中一再举出种种的恶人恶事实例来攻击对方。

以上介绍的这种“扩大或缩小”辩题的技巧，叫“追加前提术”。

1. 话题训练（追加前提训练）

【示例】

1988年亚洲大专辩论赛上，北京大学队与香港中文大学队相遇。辩题是“发展旅游业利多于弊”，明显对反方北大队不利。如果仅仅简单地持反对意见，与对方硬拼，必然会理亏词穷。北大队采取了“追加前提”的办法，将辩题追加了条件，提出：

因为世界各国条件不同，基础不同，文化传统不同以及世界政治经济形势变化无常，这些因素无疑对旅游业的发展造成影响。因此，“不分时间、环境、盲目地发展旅游业必定弊多于利”。

训练内容：用“追加前提术”处理下面的辩题：

（1）中学生异性交往利大于弊，还是弊大于利？

（2）追求利润是导致社会风气败坏的根本原因。

（3）严厉惩处是纠正腐败现象的最好手段。

（4）当今社会要不要老黄牛？

（5）出头的椽子先烂。

（6）当前时代中是先有作为后有地位，还是先有地位后有作为？

（7）教师经商会降低教学质量吗？

训练要求：首先要求审清辩题，把握辩题中的每个词义，找出关键的词；然后根据己方的立场，再“追加前提”；最后落实论点。

训练方法：小组活动，既从正方角度，也从反方角度对辩题追加条件；或一组为正方，一组为反方，然后再交换位置练习。

2. 话题训练（编制整体框架）

【示例】

追加前提并不是审题立论的最后完成，还有一步重要的工作是编制整体框架。所谓“整体框架”，就是辩词提纲。以新加坡辩论赛的形式而言，应在追加前提的基础上，以己方的论点为中心编制好一、二、三、四辩的辩词框架。

如 1993 年第一届国际大专辩论赛的决赛队复旦队的辩论框架是：

一辩：我方的立场是“人性本恶”：

（1）人性由自然属性与社会属性组成；

（2）“人性本恶”指人性本来的、先天的就是恶的；

（3）我们这个世界并未在人欲横流中毁灭，因为人有理性，人性可以通过后天教化加以改造。

二辩：我方认为“人性本恶”基于如下理由：

（1）“人性本恶”是古往今来人类理性认识的结晶；

（2）“人性本恶”是日常生活一再向我们显示的道理；

（3）人有判断是非的理性，能扬善弃恶。

三辩：下面从历史与现实的层面进一步阐述我方观点：

（1）人类诞生之初，本恶的人性充分显示出来了；

（2）“人性本恶”，所以教化才显得重要，也相当艰巨；

（3）人类社会的演进过程是虚假的虚荣被剥去的过程。

四辩：“抑恶扬善”是我方确立立场的根本出发点：

（1）只有认识“人性本恶”才能正视历史和现实；

（2）只有认识“人性本恶”才能重视道德法律的教化作用；

（3）只有认识“人性本恶”才能调动一切社会教化手段，扬善避恶。

训练内容：

（1）机遇是成功的关键。

（2）中学生应当竞争。

（3）发展社会主义商品经济更有利于大学生成才。

（4）当今社会中“宁做铺路石，不做出头鸟”的思想对不对？

（5）赚钱也是一种创造。

（6）文物可以出口。

（7）中学生勤工俭学利大于弊。

（8）发展教育首先应当提高教育经费。

训练要求：在编制一、二、三、四辩的辩词提纲时，必须从全局出发，整体考虑，各有分工：一辩提出论点，提纲挈领地概括论证层次；二辩摆事实讲道理，条分缕析，进行实质性的论述；三辩应转换论证角度，似异军突起；四辩有破有立，批驳对方谬误，总结本方立论。

训练方法：以 4 人为一组，各自设计一方（正方或反方）的一、二、三、四辩的辩词提纲，然后组内交流评析。各组推荐出优秀的辩词提纲来，正、反方成对地在班里交流、评析。

3. 模拟训练（模拟参赛训练）

训练内容：

（1）1934 年，北平青年代表队与天津青年代表队就要不要控制出生率进行论辩。北平队为正方，天津队为反方。

开始北平队咄咄逼人，天津队理屈词穷。这时天津队一队员说：“我们的国父孙中山先生，就是排行第五，如果控制出生率的话，国父何在？”于是天津队反败为胜。

现在假定你为北平队一队员，请你反驳天津队队员的观点。

（2）某演员出国后，在一部影片中有一个裸体镜头，当时在国内引起了很大的反响。某大学的学生以此为题展开辩论。

正方：她演裸体是为追求真正的艺术。在国外当演员和中国不同，要想成名需要付出一定的代价。外国艺术界的竞争，又非常残酷，没有名气就很难生存。演裸体从某种角度可以提高一个演员的知名度。因此这个演员是可以理解的。
请你作为反方成员之一，反驳正方队员的发言。

4．模拟训练（设计论辩赛）

模拟训练 1

训练内容：根据台湾《雄辩大全》一书中的实例："遗失的金表该不该赔"，设计一场论辩赛。该例如下：

台湾某校教师乙放学后，在校门外遗失一只金表，被教师甲拾得，知道是乙所遗失，恐乙寻找焦急，告诉传达室，金表由他带回家中保管，次日璧还。不料甲在途中被扒手窃去金表。第二天甲乙相遇，乙坚持要甲照价赔偿；而甲认为拾得金表代为保管本是好意，被人偷去，虽有过失，但没有赔偿的责任。

模拟训练 2

训练内容：

某杂志曾有一场"该不该说假话"的争论：

甲认为生活中现实存在着该说的假话，适当的假话也可以是美的、好的，适当的假话是指从一个良好的愿望出发而又能取得良好的效果的假话，这样的假话就是该说的假话。

乙则认为所谓假话就是指违背事实真相的语言，而那些对敌斗争使用的策略性语言、劝慰亲朋好友的善意性语言、认识过程中不可避免的"假话"等，都不是假话。与欺诈、虚伪相联系的假话，应该受到人们的唾弃。

请根据甲、乙两方的观点设计一场论辩赛。

模拟训练 3

训练内容：《上海教育报》1993 年 11 月 9 日载：

上海向明中学，一个极普通的初三女学生周青，大胆直言："追星”现象严重影响中学生学习，不利于提高人们的文化素养，浪费了大量资金，对建设社会主义精神文明也有负面影响。因为当今有些中学生对于中国文化几乎一无所知，除了港台还是港台，一些电台几乎24小时播送港台歌曲。

为此，向明中学校长刘冀生亲自主持了专题讨论，并要求大家发扬民主、畅所欲言，不要被周青的“一家”之言塞住了自己的思维。许多教师也认为，完全持否定态度也不是实事求是。

高二一些学生说，他们并不是如周青所说整天听Walk-man、玩CD、看MTV，也并非“追星族”。有的同学说，“我们可以崇拜偶像，但无需盲目地追随他们，应取人之长，补己之短，借鉴他们的成功经验”。

看来，“发烧友”、“追星族”是客观存在，而关键问题是社会对此作何引导，校园将被谁占领。

训练要求：以上三个练习为了让学生了解、熟习赛场论辩，为此在赛前应按照正规比赛那样，审好题，用追加前提术立好论点，编制好整体框架，找好材料。有条件的话，事先还可演习、预排，然后参赛。赛后应作好互评或教师点评，以期实战一次，提高一步。

训练方法：

建议：练习1搞模拟法庭；练习2搞模拟学术论辩。

【资料】

赛场论辩的组织与评分

(1) 论辩分组

参加论辩赛的人员分为两组，一组为正方，另一组为反方，正反方的分配，一般于论辩赛的前若干天由双方抽签决定。正、反方参与论辩的人数相等，现实运用中较多的是每组三人或每组四人，如亚洲大专辩论会采用的是四人一组；1986年全国10城市青少年演讲邀请赛和1987年上海市首届高校学生辩论赛采用的是三人一组。三人一组中设主辩一名、助辩二名；而四人一组中不设主、助辩，更强调互相配合，特别是在团体辩论阶段，第一位发言者有阐明本方观点的要责，第二、第三位发言者既要维护本方观点，又要集中力量批驳对方观点，第四位发言者，则承担总结本方观点的重任。

（2）论辩程序

①“三人一组”一般辩论程序。

每次论辩双方各出主辩一人、助辩两人，每方、每次发言不得超过三分钟。首先由甲方主辩阐明观点，然后乙方主辩发言，时间都为三分钟。之后，双方展开辩论。各方助辩均可在本方每次发言时间的期限内发表观点，参加辩论。辩论进行到一定的回合以后，由主持人宣布由双方主辩进行总结，也可请观众上台提问、参辩。

②“四人一组”一般辩论程序。

“四人一组”的论辩赛，一般分团体辩论阶段、自由辩论阶段和总结阶段。

团体辩论阶段。首先正方第一位成员发言，接着由反方第一位成员发言。然后是正、反两方的第二和第三位成员轮流发言。每位发言时间均为 3 分钟。

自由辩论阶段。每一位辩论员的发言次序。时间和次数都不受限制，但是，整组的发言时间累加应规定一个定数。正方的任何一位成员先起立发言，之后，反方的任何一位成员应即刻发言。双方依此程序轮流发言，直到双方时间用完为止。

总结阶段。先由反方第四位成员总结本方辩论观点，后由正方第四位成员总结。正、反方各有 4 分钟。双方总结完后，可由观众上台提问和参辩。

关于“观众上台提问和参辩”，可视条件而定，一般往往不搞。

（3）赛场座位安排

（4）论辩评判

论辩赛最终要评出胜负，评判工作一般由专家组成的评判组负责。评分的范围一般包括立论、辩辞、风度和整体合作等部分，各项比分由组织者视论辩赛的具体情况事先确定。

例如，1988 年第二届亚洲大专辩论会的评分标准：

a. 个人分数：

内容、资料	25 分
表达能力	25 分
风度、机智、幽默	25 分
自由辩论	10 分
观众发问	10 分
	95 分
四位辩论员总分	380 分

b. 整体合作分数： 20 分

总分	400 分

赛场论辩评分表

得分 项目 / 参赛方		得分：内容资料 25％	表达 25％	风度、机智、幽默 25％	自由辩论 20％	总分	备注
正方	一辩						
	二辩						
	三辩						
	四辩						
合作分 10％							

续表

得分＼项目 参赛方		得　分				总分	备注
		内容资料 25％	表　达 25％	风度、机智、幽默 25％	自由辩论 20％		
反方	一辩						
	二辩						
	三辩						
	四辩						
	合作分 10％						

评委（签名）＿＿＿＿＿＿＿＿

“内容、资料”，主要看论据内容是否充实，引述资料是否恰当；“表达能力”，主要看辩论员的语言水准、说服力、逻辑性和反驳能力；“风度、机智、幽默”，主要看辩论员的表情和动作、应变能力及幽默感；“自由辩论”，主要依据个人在自由辩论中的表现；“观众发问”，看答辩是否得体，是否与本队的论点前后相呼应。

一般“观众发问”不予安排，所以“自由辩论”可增加到 20 分。

十、主持人口语训练

训练目标：

掌握主持人口语表达的基本要求，学会做一般会议的主持人和小型联欢会的主持人。做到：观察敏锐，灵敏应变，表达明快，引导有方。

【资料】

担任主持人的基本要求

提起主持人，我们会想起那些风度翩翩、彬彬有礼、说话风趣幽默、思维机敏灵活的电视节目主持人。他们的节目主持使我们感到亲切，他们的语态气质令人久久难忘，甚至他们中的有些人会成为我们心目中理想的公众形象，潜移默化地影响着我们言语风格和社交风度的形成。这也许就是节目主持人的艺术魅力吧。

其实“节目主持人”只是“主持人”的一种，广义地说，我们在学习、工作等各种活动中，随时有担任主持人的机会。研究并训练主持人口语技巧，对提高教师职业口语水平，也是很有意义的。

担任主持人的基本要求是：

(1) 敏锐的观察

主持人所使用的语言具有鲜明的“临场性”。但是口齿很伶俐，甚至能滔滔不绝地表达自己的看法和见解的人，不一定能当好主持人。主持人要有一双敏锐的眼睛，在自己主持的各种活动中，面对各种复杂情况，随时能准确地观察并迅速地作出判断，这样，才能掌握主持活动的主动权。

(2) 准确的记忆

主持人的脑子应当是贮存与所主持的活动有关的大量信息的“材料仓库”。所以要将一些资料、数字，典故、趣事等记得毫无差错，这些内容随时需要就能脱口而出。若做到这些，主持人的语言就富有知识性、趣味性了。而且，听众会觉得，你确是一个称职的主持人，是一个值得信赖的“向导”。有的主持人，即使是报一个小节目，也要拿着一张节目纸照单宣读，这样，他在观众心目中的“信任度”就会下降。可以说，节目主持人是他所主持节目的“推销员”，他应该“如数家珍”一般介绍有关情况，以引起人们浓厚的兴趣。

(3) 灵敏的应变

“见风使舵”、“随机应变”这类成语，对主持人来说并不带贬义色彩。快速的思考、准确地进行综合与判断，巧妙地根据所在场合的群众情绪、气氛和突发的新情况调整语言，并作出处置——这一切对主持人来说是太重要了。所以，要在实际训练中，培养自己及时控场、当场答对观众提问，随时用几句话缓解因某种失误而造成的僵局的应变能力。

(4) 得体的态势

常言道：“没有笑脸别开店。”微笑，对主持人来说，是最好的非语言信号，是影响听众心理与情绪的主要因素。笑，要笑得真诚、朴实，不可做作。有的人，把担任主持人看作是一次炫耀自己、表现自己的机会，浓妆艳抹，不加选择地穿上过于华丽而又并不得体的衣服，登台后为自己的“一展风姿”而流露出得意的微笑，甚至“亮相”、“走台步”都透露出精心排练的痕迹，这就很容易使观众产生反感。主持人是群众的忠实“服务员”，只有热情诚恳、亲切自然的语态，才是连结别人的心理桥梁。

(5) 明快的表达

主持人的话要说得轻松洒脱，简洁明快，有时带点风趣与幽默，或作一点形象生动的描述，这样轻松畅达明晰的表达，方能统摄全场。冗词赘语、故弄玄虚是主持人语言的大忌；啰嗦唠叨，喧宾夺主，只会令人反感。另外，主持人的语言要根据所主持活动的内容而定。文艺节目的主持，可以活泼些，可以挥洒自如，妙语连珠；而有些活动的主持人语言，就要严谨、简练一些。登上讲台，什么地方该讲，什么地方不该讲；什么地方该详讲，什么地方该略讲，都要心中有底。节目主持人只是节目的陪衬，他应当烘托舞台效果，而不能利用主持人的身份侵占舞台效果。

（据安徽《师范生实用口语训练》：“主持人语言”一节）

（一）会议主持训练

由班级统一安排，让大家都有一两次主持班会、团支部会或小组会的机会，并确定一个中心议题进行深入讨论。

训练要求：

（1）周密的准备：主持人对讨论内容要心中有底，要熟悉有关情况，并作预测思考；

（2）用“开场白”打开局面：这段话要能稳定大家的注意力，导入议题，宣明会旨，形成轻松活泼的会议基调；

（3）冷静疏导：适时对议题作分解，启发大家从不同的角度发表意见；

（4）积极推进：及时提炼出关键处或相异处进行讨论，将议论引向深入；

（5）调节情绪：热情启发，遇有激烈的争论或冲突，以风趣的劝说缓解；

（6）调控议题：偏题、离题时，及时用过渡语将讨论导入正题；

（7）引向终结：审时度势地作会议阶段性小结，最后对议题的讨论作归纳总结，形成共识。

【提示】

（1）“开场白”中可以先提出自己的初步想法，作为议论的依据；也可提出几种看法供大家讨论；

（2）会议主持人必须冷静，不可感情用事，遇有争论，一般暂时以中立姿态出现为宜。

（二）联欢会主持训练

【资料】

如何主持联欢会

联欢会主持人的开场白，应该是精妙的语言艺术小品。或即情即景，借题发挥；或从几句诗文、典故出发，来一段诗朗诵；或来一段幽默的令人开怀大笑的“单口相声”；还可以说一段热情的赞许、顺耳的褒奖的话，提个有趣的问题，猜个有关的谜语等等，这样，就能从一开始把大家带入一种欢乐的气氛中。可以说，主持联欢会是主持人一展口才的大好机会。精妙的语言小品，一句话，一个体态语，就会点燃起人们的欢乐情绪。正是依靠主持人纯熟的口语技巧，联欢会才非常巧妙地进入高潮。如果是早有准备的联欢节目的演出，就应该摒弃固定不变的报幕模式，如“下一个节目是……”、“现在请看……”这一类缺少文采的串场词。而应该将节目的内容、特色、节目之间的内在联系以及对表演者的夸赞等同生动的艺术语言连缀起来。主持人热情活跃，笑口常开，语声清亮，妙语连珠而又不显油滑，幽默风趣而又不显庸俗，并适时地穿插一些笑话、趣闻，这就会在联欢的推进中不断激起欢乐的浪花。如果是并无充分准备的聚会联欢，需要就地产生一批余兴节目方可推动联欢会的进行，这时，主持人的能耐就在于善于激情激趣，善于诱发表演热情了。例如，主持人可以这样说：“在座的有本班的歌舞明星，也有身怀特技的武术、健美大师，还有精通戏曲的客串演员，我们欢迎各位伯乐举荐，更欢迎毛遂自荐！”也可以说：“为了让各种人才崭露头角，脱颖而出，不致埋没，本次联欢会特设‘伯乐奖’和‘毛遂奖’！”“请不要错过一显身手的大好良机！”……在这特定场合、特定气氛中，这些话很可能使千姿百态的节目应时而生。在节目表演过程中，主持人还可以用巧妙的插话推波助澜，如“愿大家用眼睛这部摄影机把这美丽动人的舞姿拍摄下来”、“愿大家用耳朵这个录音机把这悦耳动听的歌声录下来……”笑声迭起，和谐轻松，大家沉浸在欢乐之中，这时，主持人不可忘了自己的职责，应考虑如何继续推进并引向高潮的问题。联欢会的结束阶段，可以安排几个精彩的节目，或者因势利导地安排一个多人登场的歌舞节目，然后使台上台下融为一体，将联欢推向高潮。在这时，主持人可以用洪亮而热情的语调，将精心设计的终场词朗诵出来，大家会为这次难忘的联欢报以热烈的掌声的。

（节录安徽《师范生实用口语训练》）

训练内容：

（1）主持班级的节目联欢会；

（2）主持一次“20岁同龄人生日联欢会”；

（3）主持一次春游联欢会；

（4）主持一次班级之间的联欢会；

（5）“八·一”建军节前夕，学校举办军民共建精神文明音乐会，如果请你担任节目主持人，你如何排定下列歌曲、乐曲的演出顺序，主持音乐会？

① 《接过雷锋的枪》；

② 《歌唱祖国》；

③ 《游击队员之歌》；

④ 电影《地道战》插曲；

⑤ 《长征组歌》之一：《毛主席用兵真如神》；

⑥ 《再见吧，妈妈》；

⑦ 《唱支山歌给党听》；

⑧ 《十五的月亮》；

⑨ 电视片《便衣警察》插曲；

⑩ 《红色娘子军军歌》；

⑪ 《军港之夜》；

⑫ 《我是一个兵》；

⑬ 电影《上甘岭》插曲；

⑭ 《红梅赞》；

⑮　《延安颂》；

⑯　电影《英雄儿女》插曲；

⑰　《祝酒歌》。

训练要求：

（1）要有一段精彩的“开场白”；

（2）要有生动风趣的串场词；

（3）要有热情并富有余味的终场词。

【提示】

（1）最好能对节目内容、表演形式和表演者有些了解（可以先看彩排、访问导演和演出人员等）将有些内容编一串场词；

（2）串场词要灵活，随现场情况有所变化，也不宜太长，不可喧宾夺主，只要起到引发、烘托的作用就行了；

（3）注意掌握节奏，抓好开场、推进、高潮、终结这几个环节。

【资料】

我是这样主持辩论会的

1987年4月，我校以“学精一门，不如学会十门”为题，举办了一次辩论演讲会。我第一次主持这样的大型辩论会，觉得有些力不从心。但是由于我作了充分准备，临场发挥较好，所以取得了较为满意的效果。我的经验是：

1. 设计了有吸引力的开场白。

主持人的开场白是吸引听众的重要一环。我的开场白是：“同学们，辩论会马上就要开始了。这场辩论由我主持。作为主持人，我显然缺少潇洒的风度，善辩的口才，但是，大家会发现，今天参赛的各位选手都是具有雄辩口才的论辩家。（笑声、掌声）我相信，他们的论辩，一定会使各位大饱耳福，深受启发。不信，就请洗耳恭听吧！”这简短的几句，造了气氛，也像洒了点“味精”，开了大家的“胃口”。

2. 用风趣幽默的连接词推进辩论。

在一场论及现实话题的辩论中，如果只是机械、刻板地重复："正方发言完毕，现在请反方发言"，这类话只会使听众感到单调乏味，而主持人的"法官"面孔，一定会令人生厌。我尝试在主持论辩时，采用幽默风趣的连接词，调节了气氛，也推动了辩论的进程。

当正方一号辩论员发言后，我说："正方的观点已经亮出来了。他举出大量事例证明，学精一门不如学会十门。现在请反方一号辩论员亮亮自己的观点，当然，机会均等，也是5分钟。"反方一号辩论员发言结束后，我说："反方提出大量例证说明学会十门不如精通一门的道理。看来双方是据理力争，各不相让，'官司'还得打下去(掌声、笑声)，好，现在请正方二号辩论员作4分钟的发言。"就这样，一直到双方的四位辩论员发言完毕，论辩者的发言时时引来赞叹和掌声，而主持人提纲挈领而又激趣激争的连缀语也引来阵阵欢声笑语，会场的气氛显得活泼而轻松。

3. 牢牢掌握定向的主动权。

主持人必须牢牢把握住论辩议程和论题深化的大方向，对于不知不觉超越论辩范围的发言，对于论辩双方"横炮"乱飞，陷入混战的情况，主持人必须冷静地看出症结所在，并及时指出，将辩论拉回到双方应该争辩的分歧点上来。但是，这个问题也不可绝对化。在某方答辩出现偏题、离题时，主持人也可暂时沉住气，不予点破，尽量让另一方予以指出。只有在另一方没有觉察或无力觉察，而且终于导致"出口千言，离题万里"时，主持人简洁明了的提示就显得非常重要了。这个论辩大方向的把握，是主持人不可推卸的责任。

4. 画龙点睛而又不落俗套的结束。

辩论是有时限的，不能无休止地进行下去。结束时，我紧扣开场白说："我一开始就说了，这几位论辩的能手，一定会使大家一饱耳福。事实证明了我的话，真是名不虚传！让我们为他们精彩的辩才鼓掌！现在，我们请评委们对这次辩论发表评论，作出总结。"

(选自《演讲与口才》1987年第9期公茂成文)

十一、表演性口语表达训练

训练目标：

掌握评话、相声、广播剧、戏剧台词等口语表达的基本技巧，能够比较熟练地用不同的语气、语调和态势语等表达语意，提高口语表达的表现力和感染力。

（一）小品训练

【资料】

小品介绍

小品，是一种短小精悍的文艺形式，是文艺表演的“轻骑兵”，因此而得名。由于这一特点，它能及时反映、表现丰富多彩的社会生活。它的风格多样，或寓庄于谐，或含蓄幽默，或语言夸张……在这方面，小品汲取了相声艺术的许多艺术技巧。

小品虽然形式短小，但这个“品”必须是精品而非粗制滥造的劣品。要写好小品，必须深入生活，勤于积累；要演好小品，要遵循名艺人那句名言——“台上三分钟，台下数年功”。对生活观察不深刻，没有精湛的艺术语言的厚积，是很难写出、演好深受广大观众喜闻乐见的小品来的。

训练内容：

下面是一则讽刺小品，很像单口相声。同座同学面对录音机说一说，然后复听看看效果如何。

电话中的一出戏

丁零零—电话铃响了。

“喂，找谁？”

“官科长在吗？”

"我就是!"

"官科长，是这么回事，我们二车间急需氧气……"

"不行，库房早就没货了。"

"官科长，您能眼看生产受影响吗?"

"我管不了那么多!"

咣当，电话挂上了。

丁零零、丁零零——电话又响了。"讨厌，一天不得安宁!"

官科长不耐烦地拿起电话筒。

"闹什么——什么事!"

"你是老官嘛?"

"……你是……唉，哦，啊呀!你是严局长呀，有啥指示，我听着呐!"

"库房有氧气吗?"

"啊，有，有有，要多少——多少?"

"要两瓶，请马上派人送到二车间去!"

"这个……"

"有困难吗?"

"不不不!没有困难!我马上派人送去。"

"好。办事就是要这样迅速!"

"局长过奖了!您亲自过问的事，我坚决照办!"

(据木子《讽刺小品集》)

(二)仿说"评话"训练

评话，又称评书、评词，是一种只说不唱的曲艺形式。它有述有表，生动活泼。说书人不仅用动听的语言叙述故事情节，而且运用不同的语气语调及摹声和表情动作，把故事中的人物、环境、情绪、气氛绘声绘色地表现出来。我们可用这种形式训练描述能力。

训练方法:

注意听说书人献艺。从广播电视中录些片断，然后选取其中精彩的段子慢慢地模仿着说，逐步将其熟记于心。适当的时候可以“露一手”，讲给亲朋好友听，既是一种娱乐活动，也是很好的训练。

训练内容

下面提供一个评书小段，供训练时使用。

气死兀术笑煞牛皋

（据广播录音整理）

上回书说到宋兵大败金兀（wù）术的乌龙阵，藩兵藩将眼看大势已去，仓惶而逃，边跑还边喊呢：“哥哥兄弟哟，可不得了喽！岳南蛮好厉害，快跑哇！”哗——，真是兵败如山倒！宋兵宋将勇气大振，一路奋勇杀来，直赶到蜃（shèn）华江边。来不及上船的金兵，东倒西歪，被杀死无数。

花开两朵，各表一枝。却说那牛皋（gāo）在阵地上东寻西杀，喊哩咔嚓，砍瓜切菜一般。杀着杀着，迎面正碰上金兀（wù）术。牛皋大喊：“呔！金兀术，今天看你往哪里走！”金兀术大怒：“牛皋，你也来欺负我吗？”回身就战牛皋。金兀术一斧砍来，牛皋一手接住斧柄，撇了双锏（jiǎn），双手来夺斧。“撒手！”“你撒手！”牛皋一喊一叫不要紧，金兀术可受不了了。他身上负了伤，这时候伤口复发，身体往前一冲，掉下马来。那牛皋也一跤跌下，正好掉在金兀术的背上。藩兵正待上前，宋兵劫住乱杀一气。牛皋趁势翻身骑在金兀术的背上：“嘿嘿，金兀术，你也有被俺擒住之日！”金兀术，回转身来瞪圆双眼，大叫一声：“气死我也！”怒气填胸，一口鲜血喷出，绝气身亡。牛皋一见，仰天长啸：“大哥，我可替你报了仇了！”说完哈哈大笑，谁知笑得太猛，一口气没接上来，竟笑死在金兀术的背上。这一回便叫虎骑龙背，气死兀术，笑煞牛皋。后人有诗笑金兀术，空图大业逞英豪，扰乱中原走几遭，今日英豪犹在否？竟将一命殉牛皋！欲知后事如何，下回接着说。

【提示】

(1) 评书的“评”是评说、评论的意思。讲故事时可以夹叙夹议，穿插议论，也可“暂且不表”，说一点个人想法，然后接着往下讲。可以选择表现现实生活的故事，改编成评话来讲。改编后先试着说几遍，再说给别人听。

(2) 讲故事不是“读”故事、“背”文章，要深刻理解，了然于心，发挥口语的通俗、生动、形象的特点，要做到讲着顺口，听着顺耳，一听就懂。

(3) 讲故事可以分为“文讲”和“武讲”两种。“文讲”的动作幅度小，语调适中，表情含蓄一些。《气死兀术，笑煞牛皋》可以用“武讲”，动作夸张些，语调、表情可以“火”一点。

(三) 仿说“相声”训练

相声是夸张的艺术、语气、语调、神态等夸张的表达，很能引起观众的笑声。但是，夸张要注意分寸，讲究火候。

训练内容

(1) 下面是我国著名相声演员孙艺奎口述的一段相声垫话，找一位同学练习说一说。

蛤蟆鼓儿

甲：我有件事不明白，想跟您打听打听；您要知道，您可要告诉我！

乙：好！您说吧。只要我知道，我一定告诉您。

甲：昨天，我上北海玩儿去啦，在水边看见一个怪物。

乙：怪物？什么样儿？

甲：这么大（手势），四条腿，白肚皮儿，花脊梁背儿，金眼圈，大嘴巴，一叫唤呱儿呱儿的。您说说，那是什么东西？

乙：咳！那不是怪物，那叫蛤蟆。

甲：蛤蟆？它叫出来的声音怎么那么大？

乙：因为嘴大脖子粗，叫出声音就大。不光是蛤蟆，万物都是一理，只要嘴大脖子粗，叫出声音就大。懂了吗？

甲：噢，万物都是一理，只要嘴大脖子粗，叫出声音就大？那我们家的字纸篓子，嘴巴大脖子也粗，怎么不叫唤啊？

乙：字纸篓有叫唤的吗？字纸篓，是竹子编的，怎么响哪？

甲：竹子编的就不响？那和尚吹的笙也是竹子编的，怎么响啊？

乙：你没看见上边有窟窿吗？有窟窿就响。

甲：噢，有窟窿就响？筛子那么些窟窿，我吹半天怎么不响哪？

乙：有吹筛子的吗？筛子是圆的扁的，圆的扁的不响。

甲：噢：圆的扁的不响？那戏台上打的锣，也是圆的扁的，怎么响哪？

乙：锣不是有脐儿吗？有脐儿的就响。

甲：噢，有脐儿的就响？我们家的铁锅，这么大的脐儿，怎么打了半天也不响哪？

乙：锅不是铁的吗？铁的不响。

甲：噢，铁的不响？庙里挂的那口钟，也是铁的，一打怎么响哪？

乙：钟不是挂着吗？铁的挂起来就响。

甲：我们家那秤砣挂了三年哪，一回也没响过呀？

乙：秤砣不是死膛儿吗？死膛儿的不响。

甲：炸弹也是死膛儿，怎么响哪？

乙：炸弹里不是有药吗？有药就响。

甲：药铺怎么不响哪？

乙：药不是入口的吗？入口的不响。

甲：泡泡糖怎么响哪？

乙：泡泡糖不是有胶性吗？有胶性的就响。

甲：胶皮鞋怎么不响哪？

乙：胶皮鞋不是挨着地吗？胶皮挨着地的不响。

甲：自行车车胎放炮怎么响哪？

乙：这……你有完没完哪？……

（四）戏剧台词演读训练

【资料】

演读戏剧台词的主要技巧

戏剧展现广阔的社会生活，塑造栩栩如生的人物形象，其重要手段是台词（或唱词）。即使以“唱”为主的戏曲，也强调说白的功力和韵味，有“千斤道白四两唱”之说。戏剧台词的表达是一种艺术性表达，作为口语训练手段，对提高我们的口语魅力很有好处。

那么，什么是“演读”呢？“演读”就是边读边有表情、语调、态势等演示，在“演”的情境中说出台词，给人以鲜明的角色感。“演读”台词的主要技巧是：

1. 运用再造想象引动感情，产生丰富的“内心视象”，使角色语言具有感染力。因为“心中有形”方能“言之有形”；言而有“形”，就会形成由己达人的外射趋向。

2. 找出台词的个性、心理依据。不但要了解角色说了什么，更要了解角色为什么这样说。

3. 灵活运用口语修辞手段。生活里千人一腔的现象是没有的。戏剧台词的“脸谱化”表达，不符合生活的真实。

4. 声音造型戏剧台词强调以声音塑造角色。首先，要训练自己的声音造型能力，不能拘泥于美声技法。剧情的发展、角色的差异与处境的改变，使不同色彩、不同亮度的声音，甚至鼻音、喉音、气声、沙声、阻噎声等，都成为声音造型的重要工具。

训练内容：请演读下面的戏剧独白。

训练方法：先试读，然后录音，在班上交流。

1.《哈姆莱特》中的一段独白

〔英〕莎士比亚

哈姆莱特：

生存还是毁灭，这是一个值得考虑的问题；默默忍受命运的暴虐的毒箭，或是挺身反抗人世的无涯的苦难，通过斗争把它们扫清，这两种行为，哪一种更高贵？死了；睡着了；什么都完了，要是在这一种睡眠之中，我们心头的创痛以及其他无数血肉之躯所不能避免的打击，都可以从此消灭，那正是我们求之不得的结局。死了；睡着了，睡着了也许还会做梦；嗯，阻碍就在这儿：因为当我们摆脱了这一具朽腐的皮囊以后，在那死的睡眠里，究竟将要做些什么梦，那不能不使我们踌躇顾虑。人们甘心久困于患难之中，也就是为了这个缘故；谁愿意忍受人世的鞭挞和讥嘲、压迫者的凌辱、傲慢者的冷眼、被轻蔑的爱情的惨痛、法律的迁延、官吏的横暴和费尽辛勤所换来的小人的鄙视，要是他只要用一柄小小的刀子，就可以清算他自己的一生？谁愿意负着这样的重担，在烦劳的生命的压迫下呻吟流汗，倘不是因为惧怕不可知的死后，惧怕那从来不曾有一个旅人回来过的神秘之国，是它迷惑了我们的意志，使我们宁愿忍受目前的折磨，不敢向我们所不知道的痛苦飞去？这样，重重的顾虑使我们全变成了懦夫，决心的赤热的光彩，被审慎的思维盖上了一层灰色，伟大的事业在这一种考虑之下，也会逆流而退，失去了行动的意义。

2. 话剧《大雷雨》中的一段独白

〔俄〕奥斯特洛夫斯基

卡杰琳娜：

（独自地）现在我到哪儿去呢？回家去吗？不，我回家去就跟到坟墓里去一样。对啦，回家，要不然，就进坟墓，坟墓！最好是到坟墓里去！一棵树下面的一座小坟！多愉快……阳光温暖它，雨点淋湿它……春天它上面长满青草——嫩嫩的青草……鸟儿会飞到树上去；他们会唱歌，会养小鸟。野花会开出黄的、红的、蓝的……各式各样的花朵……（沉思）各式各样的花朵……多宁静！多愉快！我会轻松多了！我不要想起人生。再活下去吗？不，不，没有必要……没有意思！我憎恨那些人，我憎恨那些墙壁！我绝不去那儿！不，不，我决不去……要是我回到他们那儿去，那他们就会到处说。可是，这对我有什么要紧呢？哦，天已经黑了！他们又在什么地方唱起歌来了！他们唱什么歌？我不明白……现在我只想死！他们唱什么歌？等死来或是我自己去寻死；这都是一样的……总之我不能再活下去了！这是罪恶！他们去替我祈祷吗？反正谁爱我，谁就会替我祈祷……他们会把我的手迭成十字……放到棺材里去！对啦，像这样……我记得。要是他们抓住了我，那他们就会把我拖回家去。哦，赶快，赶快！（她走到河边，大声地叫道）我的朋友！我的欢乐！再见！

3. 话剧《红色风暴》中的一段独白

施　洋：

今天下午6时左右，江岸铁路机厂的工头胡大头——就是他！（指胡大头）跑到工人黄得发、江有才家里，用威逼利诱的办法，叫黄、江二人去车站替魏处长的父亲开压道车，魏处长的父亲因急于要去新市场看女伶风骚泼旦“夜明珠”的上场，一路上就迫令黄、江二人加紧摇车，这时，迎面开来了一列军车，按铁路行车规章，压道车必须让大车，所以，黄、江二人准备车让路，但是魏处长的父亲因急于看“夜明珠”的上场，迫令黄、江二人继续往前开车。黄、江二人向魏处长的父亲委曲陈词，还扶他老人家下车，但是这个老人蛮不讲理，破口大骂，说什么“我的儿子魏学清，乃是京汉铁路总局的警务处长，手里捏着好几团人，任何车辆见了我魏老太爷一律得让路……”他一面谩骂，一面用手杖猛击黄、江二人，这时眼看军列已经开近了压道车，黄得发不得已跳车逃命，江有才被魏处长的父亲拖住了一起辗死在火车轮下。这就是全案的经过。这难道还不明白吗?真正的杀人凶手正是那位已经死去了的魏处长的父亲！工人兄弟们，哪个父亲不爱儿子，哪个儿子不爱父亲，父亲被谋杀了，做儿子的能俯首帖耳不表示抗议吗？不能！但是江有才的儿子还未满周岁，他不会说话，他生在穷苦的工人家里，吃不饱穿不暖，他现在病在他母亲的怀抱里，他除了干嚎之外，做不出任何表示。工人弟兄们，工人弟兄们！哪一个妻子没有丈夫，哪一个丈夫没有妻子，她（指江妻）没有了丈夫，她的丈夫江有才被魏处长的父亲谋杀了，她难道甘心俯首帖耳的不表示抗议吗？不能！但是她毕竟不敢有所表示，她从小受尽了有钱有势人的压迫，她从小就过着牛马不如的生活，她体弱，她胆怯，她现在除了悲痛啼哭之外，作不出任何表示，这难道是公道的吗？这难道是公道的吗？我们难道不该为死者伸冤吗？我们难道不应该要求魏处长父亲的儿子魏处长负责赔偿死难家属的一切损失吗？还有，工人黄得发因为遭受魏处长的父亲的纠缠，不得已跳车受伤，（指黄得发）请看他，他现在左额的鲜血未干，右腿和右肘都有伤痕。这难道也要他自己来负责吗？难道不应该由魏处长的父亲的儿子魏处长——你，负责赔偿工人黄得发的一切损失吗？

（选自话剧《红色风暴》第二场）

（五）广播剧训练

广播剧，是由声想形的语言艺术，它滤掉了大千世界的一切可视形状，纯然用一片声音把人们带到作品的境界，去观赏大千世界的千种事物，去领略大千世界的万般风情。

训练内容

广播剧《竞选州长》

竞选州长（广播剧）

初中语文课本第六册

原作者　［美］马克·吐温

编　剧　王雨玉

演出提示

1．这是一个揭露美国“自由竞选”的讽刺广播剧。在演出中要注意掌握分寸，既要火炽、具有强烈的讽刺效果；又要防止演成闹剧。

2．在选取角色时，解说由一个人担任，其他角色分别由不同的演员担任，对白的音调高低，感情色彩要与人物的身份相吻合。

3．马克·吐温是个正派人，单纯，有点天真，缺乏政治斗争经验，对竞选中出现的一连串攻击，没有思想准备，总是出乎意料，手足无措，陷入十分尴尬的境地。演出时要围绕着“莫名惊诧”的思想状况来处理感情。

4．马克·吐温的对手所进行的指控纯属毫无事实根据的攻击和诽谤，指控越耸人听闻，就越暴露出攻击者的卑鄙无耻，攻击者越装模作样，煞有介事，也就越滑稽可笑，所以他们的叫骂等于是一幅“自画像”。演攻击者的要在漫画式的夸张中揭示其讽刺性。

人物　马克·吐温。记者。女管家　玛丽小姐。

时间　19世纪末。

地点　美国　纽约。

第　一　场

〔马克·吐温家客厅，早上。

解　说　马克·吐温先生是独立党纽约州州长候选人，与共和党的斯图阿特·伍德福先生、民主党的约翰·霍夫曼先生竞选。报社记者对马克·吐温先生进行了采访。

记　者　马克·吐温先生，您被提名为独立党的纽约州州长候选人，与伍德福先生、霍夫曼先生竞选，您觉得前景如何？

马克·吐温　（自信地）我觉得我有一个胜过这两位先生的显著的长处，那就是——声望还好；而他们似乎已经忘记了保持名誉的好处，显然对各式各样可耻的罪行都习已为常了。

记　者　马克·吐温先生，最近，您的名字经常与他们相提并论，到处传播，对此，您有什么感触？

马克·吐温　（心情烦乱）此刻，我能说些什么呢?!

女管家　（推门声）先生，您祖母的回信来了。

马克·吐温　（拆信声）记者先生，这是我的女管家，玛丽小姐。

记　者　玛丽小姐，你好！马克·吐温先生，您忙得很，我告辞了。祝您交好运！

马克·吐温　（椅子移动声）再见！

〔脚步声。开关门声。

马克·吐温　（自言自语）啊，现在来看看祖母的信……她老人家总是这么关心我。

老年女人声　你生平从来没有干过一桩可羞的事情——从来没有。你看看报纸吧——先弄明白伍德福和霍夫曼这两位先生是一种什么人物，然后再想一想，您是否情愿把自己降到他们的水平，和他们公开竞选！

马克·吐温　（自言自语）我也是这么想的呀！可是事已至此，无法撒手了，我已经卷入了旋涡，不得不继续这场斗争。

第二场

〔马克·吐温家客厅。

解　说　第二天早晨，马克·吐温正在吃早餐，女管家玛丽小姐拿着几张报纸急急忙忙地走进来。

〔急促的脚步声。

女管家　先生，您看这报纸上登了些什么？

马克·吐温　啊！民主党的报纸，竟然用这么大的字做标题。

粗厉的男声　伪证罪——马克·吐温先生当了州长候选人，也许会赏个面子，说明一下他怎样在交趾支那被34个证人证明犯了伪证罪。他作伪证的意图是要从一个贫苦的寡妇及其无依无靠的子女手里，夺取一块贫瘠的香蕉园，那是他们失去亲人之后的凄凉生活中惟一的生活来源。吐温先生应该把这桩事情交代清楚，才对得起他自己，才对得起他的选民。他是否会照办呢？

马克·吐温　（扔报纸声，椅子移动声。激动地）这是无耻的诬蔑，我一辈子连见也没见过交趾支那！至于什么香蕉园，我简直就不知道它和一只袋鼠有什么区别！

第　三　场

〔马克·吐温家客厅。

解　说　第三天的早晨，马克·吐温正在看书，他打定主意对昨天的不愉快经历采取不予理睬的态度，但是，女管家送来当天的报纸，使他重新陷入情绪激动之中。

〔脚步声。

女管家　先生，您看这报纸，越来越不像话了。

马克·吐温　这个无赖，纠缠不休！

粗厉的男声　耐人寻味——大家都会注意到，吐温先生对于那桩交趾支那的伪证案保持缄默，似有隐衷。

马克·吐温〔摔报纸声。大声叱道）胡说！完全是胡说！啊，共和党也加入了大合唱！

矫揉造作的男声　敬请说明——独立党州长候选人可否将下述事实经过，向本市若干迫切等待着给他投票的市民赐予说明，以释群疑？他在蒙大拿的时候，和他同住在一间房子里的伙伴们时常遗失一些小小的贵重礼物，后来这些东西通通在吐温先生身上或是他的“皮箱”里找到了。大家为了帮助他改过自新，不得不给他全身涂满柏油，粘上羽毛，让他尝尝“坐木杠”的苦头。这究竟是怎么回事，他可以说明一下吗？

〔重重的脚步声，急促的搓手声。

马克·吐温　（大声激愤地）世间还有比这更居心险恶的事情吗？我是一辈子也没有到过蒙大拿的。

第　四　场

解　说　当天的傍晚，精神疲惫的马克·吐温刚刚回到家里，女管家送上报纸和一大叠信件。

〔脚步声。

女管家　这是今天的晚报和来信。

马克·吐温　（疑惑地）这么多信哪儿来的？

女管家　不知道，这些信都没有落款。

马克·吐温　（惊愕地）噢，全是匿名信。（翻动报纸声。）民主党又出什么新花样？

粗厉的男声　谣言被揭穿了——根据五点区的迈克尔·欧弗纳兰根先生和水街的启特柏恩斯先生及约翰·亚伦先生三人提供的宣誓负责的证词，证明无耻的伪证犯吐温先生诬蔑我党德高望重的领袖约翰·霍夫曼已故的祖父，说他是因为犯盗窃罪被处绞刑的。这纯粹是一种卑鄙的下流的谣言，连一丝一毫的事实根据都没有。像这种依靠诽谤九泉之下的死者的无耻手段，以博取自己政治上的成功，叫正人君子看了实在寒心。

马克·吐温　（喝水声。与对方辩论似的连声嚷道）恶毒！难以想象的恶毒！我可以把手按在《圣经》上发誓，我从来没有听说过他，也从来没有提到过他！

粗厉的男声　面对这种卑鄙的谣言，遭受了诬蔑和侮辱的公众，感情冲动占了上风，采取断然行动，对诽谤者实行非法的报复，显然，陪审员是不能给这些激于义愤的人们定罪的。

马克·吐温　（神经质地苦笑着）看到了吧，他们准备打上门来了。

女管家　（同情地，）这里还有一段也讲到了先生，您千万不要生气。

熟悉的粗厉的男声　（阴阳怪气地）：好一个体面的候选人——无耻的伪证犯、盗尸犯吐温先生原订于昨晚在独立党的群众大会上作一次中伤别人的演说，但是他不曾按时到场！而有人分明看见一个人醉得不成样子，一歪一倒地走进吐温先生住的旅馆。

独立党的党员们有不容推卸的义务，应该赶快证明这个醉鬼并非吐温先生本人。人民的呼声响雷似的要求回答，那个人究竟是谁？

马克·吐温　（愤慨地）这简直令人难以置信，绝对难以置信！（面对女管家说）您是知道的，我已经整整三年没有尝过任何一种酒了！（拆信声，自语）这封信只有一句话。（读信）被你从你的公馆门口一脚踢开的那个讨饭的老太太现在怎么样了？爱管闲事的人启。

马克·吐温　（拆信声）这封信写得长一点。

沙哑而神秘的说话声　你干的事情有些是除了我一人而外，谁也不知道的。你最好识相点，快给鄙人拿出几块钱来，要不然就会有一位大爷对你不客气，在报纸上给你过不去。

马克·吐温　落款是“随你猜”敬启，噢！这些胡编乱造的东西都是哪儿来的。

〔一阵吵嚷声。急促的脚步声，开关门声。

女管家　先生，不好了。外面有一群人气势汹汹地闯进来了，说是“受了诬蔑和侮辱的公众”，我们怎么办啊？

马克·吐温　（平静地）那张报纸上的话还真的应验了，我们快走，这是一群不会受到任何处罚的强盗。

〔慌乱的脚步声，随后响起骂声、砸门窗声、抢夺物品声，“砸啊！砸啊！砸它个痛快！”“这是我的！这是我的！”……

第五场

解　说　第四天的早上，马克·吐温家中，一片抢劫后的残破景象，女管家在收拾东西。马克·吐温颓然地坐在沙发上吸烟。出现在第一场的记者靠书桌站着，他是赶来采访马克·吐温的意外遭遇的。

马克·吐温　（激动地）我的光荣称号越来越多了，最近，又获得了两个新称号“肮脏的舞弊分子吐温”和“可恶的讹诈者吐温”。第一个是共和党的报纸颁发的，说我有大规模的贿赂行为；第二个是民主党的权威报纸恩赐的，它把一桩大事渲染的讹诈案硬栽到我的头上。

记　者　马克·吐温先生，您不能再保持缄默了，再不说话，您就会在政治上垮台，您看这份报纸说了些什么？

马克·吐温　我已经估计到了。

男声激昂地　独立党的候选人还在保持缄默。因为他根本不敢说话，这说明他承认了对他指控的一切罪状，现在他是永远也不能翻供了。(女声快速地) 独立党党员们!请看你们这位候选人!请看这位声名狼藉的伪证犯!这位酒疯症的化身! 这个肮脏的舞弊分子! 这个可恶的讹诈专家! 睁开眼睛盯住他——把他仔细打量一番——然后再打主意:像这么一个犯了滔天罪行的败类,你们是不是可以把你们规规矩矩的选票投给他!

马克·吐温 (重新陷入神经质的激动里,好像面对攻击者)下流! 无耻! 诽谤! 诽谤! 全是诽谤! 我要控告!

记 者 您不要过于激动,您要了解他们做了些什么,然后好考虑对策,这儿还有几份报纸我读给您听:吐温先生烧毁了一个疯人院,连里面所有的病人也给烧死了,为的是妨碍了他的住宅的视线。(继续读)吐温先生在弃婴收养所当所长的时候,曾经雇佣了一些掉光了牙齿的老迈无能的亲戚担任烹饪工作。

(又读下去) 紧急呼吁,开棺验尸。吐温先生为了夺取叔父的财产,竟丧失天良地把他毒死了。

马克·吐温 (似乎把一切都看透了,心情反倒平静下来,以鄙夷的口吻说)他们是什么鬼蜮伎俩都施得出来的,在昨天的竞选集会上,我正在演讲,忽然九个刚学会走路的小孩子,包括各种肤色,带着各种穷形怪相闯上台来,抱住我的双腿叫:"爸爸",好像现在耳边还响着这种声音。

〔不同的男女童声迭起"爸爸,爸爸……"随后群众的哄笑声,夹杂着呼喊声:"流氓! 流氓! 把流氓拉下台来!"

记 者 吐温先生,您不舒服?

马克·吐温 (苦笑地) 我舒服得很。请您帮个忙,我要在报纸上发表退出竞选的声明。

记　者　（出乎意料）怎么……

马克·吐温　（嘲讽地）我自愿偃旗息鼓，甘拜下风。我够不上纽约州州长竞选所需要的条件，（略带诙谐地）请您记住这声明的下款，千万不要弄错了。下款写：你的忠实的朋友——从前是个正派人，可是现在成为伪证犯、小偷、盗尸犯、酒疯子、舞弊分子和讹诈专家的马克·吐温。

——**剧　终**

（六）排演课本剧训练

课本剧，顾名思义，它是把语文课本中有文学性的课文改编成一种戏剧形式。

“演课本剧，可以启发学生潜在的智力，使他们对听课、读书发生兴趣，从而引起学生想读其他的文学书籍。”（曹禺语）

课本剧的表演和演读，也是口语表达训练的好形式。

训练内容：

（1）课本剧：《渔夫的故事》

（2）课本剧：《乐羊子妻》

训练方法：先在一起声情并茂并富有角色感地演读，然后排练并演出。

1. 渔 夫 的 故 事

根据初中语文课本改编

原作选自《天方夜谭》

编　剧　王雨玉

演　出　提　示

1. 这是一个渔夫以机智战胜魔鬼的阿拉伯民间故事，他经历了从“遇魔”到“降魔”的过程。“他是个魔鬼。我是个堂堂的人，我的智慧一定能压倒他的妖气！”是渔夫从“遇魔”到“降魔”转折的关键，在演出中要抓住这一关键，调动必要的艺术手段，突出它的艺术效果。

2. 恶魔的外形可采用幻灯等形式，以夸张的手法突出它令人憎恶的凶相。

3. 黄铜胆瓶这个道具在剧中占有重要位置，需要加以设计。

人物　魔鬼。渔夫。

时间　初秋的一个早晨。

地点　海边。

〔幕启：天蒙蒙亮，一望无际的大海，幕后不断传来早晨潮水拍击海岸的声音。海边，一位穿着破旧衣衫的老渔夫背对观众正在撒网。可见其剪影。天渐渐亮，渔夫转身，面向观众。

渔　夫　（扫兴地）唉！天亮了，已经是第三网啦，看来，今天没有多大指望了，再碰碰最后的运气吧。（撒网，收拢网）

（疑惑地）嗯？怎么这么沉？我都拉不动，脱了衣服下去看看。

〔再使劲拉，没有拉动，把网拴在一棵桩上，脱衣下水，拖上网来，打开网，一个胆形黄铜瓶，俯身察看。

渔　夫　（惊奇地自语）一个黄铜胆瓶，还有所罗门的印封，（转而笑逐颜开）对，我把瓶子带到市上去，可以卖它10块金币，呀！我都摇不动这个瓶子，好沉！

（费力地摇动着，不解地皱了皱眉，自言自语）这个瓶里到底装的是什么东西？我要打开来看个清楚，再拿去卖。好在我带着小刀，先把锡封撬去，把里面的东西倒出来。

〔在自言自语的同时，从腰带上拔出小刀，撬去锡封，摇了摇瓶子，想倒出里面的东西，但什么也没有。

〔奇怪地起身凝视。

〔一会儿，只见瓶里冒出一股青烟，飘飘荡荡升到空中，继而，又弥漫到地上，逐渐聚成一团；最后，变成一个巨大的魔鬼，头像堡垒，手像铁叉，腿像桅杆，口像山洞，牙像白石块，鼻孔像喇叭，眼睛像灯笼，凶恶狰狞。

渔　夫　咦！这是什么呀？

〔面对这个魔鬼，渔夫惊恐得不知所措。

魔　鬼　（震耳地讨饶地呼喊）所罗门啊，别杀我，以后我再不敢违背您的命令了！

渔　夫　（好奇地、试探地）魔鬼！所罗门已经死了1 800年了，你是怎么钻到这个瓶子里的呢？

魔　鬼　（得意的狞笑）哈哈哈……原来如此，那么，渔夫啊，准备死吧！（凶狠地）你选择怎样的死法，我，立刻就要你死掉。

渔　夫　（紧张而又气愤地）我犯了什么罪？是我把你从海里捞上来，又把你从胆瓶里放出来，救了你的命，你为什么要杀我啊！

魔　鬼　你听一听我的故事就明白了。

渔　夫　好，你说吧。

魔　鬼　你要知道，我是个无恶不作的凶神，曾经跟所罗门作对，他派人把我捉去，装在胆瓶里，用锡封严了，又盖上印投进海中。

渔　夫　（惊奇地）啊！

魔　鬼　我在海里呆着，在第一个世纪里，我想谁要是在这个世纪里解救我，我一定报答他，使他终身享受荣华富贵，（失望地）一百年过去了，可是没有人来解救我。第二个世纪开始的时候，我说："谁要是在这个世纪里解救我，我一定报答他，把全世界的宝库都指点给他。"可是还是没有人来解救我，第三个世纪开始的时候，（渐渐地升起怨恨）我说："谁要是在这个世纪里解救我，我一定报答他，满足他的三种愿望。"（怨恨大起）可是整整过了400年，始终没有人来解救我，（恼怒地）于是，我非常生气，我说："从今以后，谁要是来解救我，我一定杀死他，不过，准许他选择怎样死。"

渔　夫　（震惊地）怎么……?!

魔　鬼　（得意地）渔夫，现在你解救了我，所以我叫你选择死法。

渔　夫　（悔恨地呼叫）真倒霉啊，碰上我来解救你，是我救了你一命啊！

魔　鬼　（凶狠本性暴露无遗）哈哈！正因为你解救了我，我才要杀你。

渔　夫　（无比气愤）好心对待你，你却要杀我！俗语确实讲的不错，这真是"恩将仇报"了！

魔　鬼　别再啰唆了，反正你是非死不可了！

渔　夫　我想想，我想想，你这个恶魔，（内心独白）他是个魔鬼，我是个堂堂的人，我的智慧一定能压制他的妖气。

渔　夫　（机智地）你决心要杀我吗？

魔　鬼　（点头）是的。

渔　夫　（严肃地）凭着神的名字起誓，我要问你一件事，你必须说实话。

魔　鬼　（有把握地）可以，可以，问吧，要简短些。

渔　夫　（装作不解地）你不是住在这个胆瓶里吗？可是，按理说，这个瓶既容不下你一只手，更容不下你一条腿，怎么容得下你这样庞大的整个身体呀？

魔　鬼　（忽然作色地）你不相信我住在这个胆瓶里吗？

渔　夫　嗞……我没有亲眼看见，绝对不能相信。

〔噗地一声，魔鬼摇身一变，瞬时青烟一团，逐渐又缩成一缕，慢慢全钻进胆瓶。渔夫趁势立刻拾起盖印的锡封，把瓶口封上。

渔　夫　（学着魔鬼的口吻）告诉我吧！魔鬼，你希望怎样死？现在我决心把你投到海里去。

魔　鬼　（哀求）渔夫大爷，渔夫大爷，刚才我是跟您开玩笑的呀。

渔　夫　（坚定地痛斥）下流无耻的魔鬼，你这是说慌！（渔夫边搬动胆瓶边说）我要把你投到海里，你说你在海里已经住过1 800年，这一回我非叫你在海里住一辈子不可。我知道你是坏透了的！我一定要把你投到海里。（重物落水声）

渔　夫　（面向观众）魔鬼太可恨了，他怎么对待我的，你们都可看见了，大家千万要当心，捞着他就立刻把他投回海里去，让他永远留在海里。

——**幕落**

2. 乐羊子妻

根据初中语文课本改编

原作者　范　晔

编　剧　吴亚芬

演　出　提　示

1. 此剧情节集中，人物不多，但寓意深刻，且富有现实意义，可演性较强。可在学完课文之后，在教室当场演出。

2. 为突出课文主题思想，需加强乐羊子妻的表现力，突出她的远见卓识和贤能，诚心及耐心。

3. 织布机如准备困难，可采取虚拟方法表示。

4. 第一场背景如制作困难，可免去。从大街走到家，开门进门都可虚拟表演，所以无需固定地点。

人物 乐羊子——男，30多岁。乐羊子妻——女，30多岁。

时间 古代。

第 一 场

〔幕启：背景上房舍相连，绿树成荫，场上空旷。

〔乐羊子逛逛荡荡上。

乐羊子 （自语）我终日无所事事，穷闲无聊。今日一早来到大街之上游逛游逛……唉！也觉无趣，只得仍回家去……

〔乐羊子走着走着，忽然左脚被地上的一个硬物硌了一下。

乐羊子 （奇怪地）咦，什么东西硌了我一下？待我看看。

〔乐羊子低头把硬物拾起来，用袖头擦了擦土，仔细地看来看去，用手掂了掂。

乐羊子 （狂喜）呀，是一块金子！（两眼睁得大大的，眨也不眨地紧盯着金子，声音发颤地）金子……金子啊！（大笑）哈哈哈……我乐羊子竟然有这等财气！有了这块金子，从此再也不需愁吃愁穿了……快快回去，给我妻报喜……报喜啊！

〔乐羊子快步走一圈，作到家并敲门状。

乐羊子 娘子快些开门，快快开门！

〔乐羊子妻款款走上，作开门状。

〔乐羊子作急步推门状，差些与妻撞个满怀。

乐羊子妻 （奇怪地）你为何这样跌跌撞撞？

乐羊子 （极其兴奋地）啊呀娘子，你哪里知道，喜从天降，喜从天降啊！

乐羊子妻　（不解地）你此话何意呀？

乐羊子　（高举手中的金子）看，这是何物？……（一字一句地）黄澄澄的一块金子！（大笑）哈哈哈……

乐羊子妻　（冷静地）你哪里来的这块黄金？

乐羊子　（乐滋滋地）苍天赐福，苍天赐福啊！……适才，我在回家的路上，被这块金子硌了一下，此时，周围无过往行人，我就从地上拾起，拿回家来……这不是大喜吗？

乐羊子妻　（不悦地）拿与我看。

〔乐羊子双手捧着金子，送到其妻面前，其妻接过，看也不看，掷于地下。

〔乐羊子吃了一惊，不解地盯着妻子，少许，又急急地把金子从地上拾了起来，紧握手中。

乐羊子妻　（严肃郑重地）夫君，此事你做差了！妾闻有志之士不饮盗泉之水，品德高尚之人不受嗟来之食，何况拾捡路上遗失之物，而玷污了自己的品行呢？

乐羊子　（语塞）你……你……

乐羊子妻　（激动，不满地）你堂堂五尺须眉，每日只知大街游逛，不思进取，现又如此贪求小利，为妻实实为你感到羞耻！

〔乐羊子妻掩面啜泣。

乐羊子　（稍有羞惭，犹豫地）这……娘子所言，固然有理。只是这黄金……它可使我家不愁吃穿……

乐羊子妻　（恼怒地打断乐羊子的话头）大丈夫所行，当光明磊落，我安贫乐道，绝不受这来路不明之财……（转而殷切地）夫君，我每每劝解于你，要苦读诗书，立志进取，可你从不听为妻劝解，三十而不立，于今一事无成，白白辜负为妻一片苦心！我……我怒你

不争，怨你不醒啊！……（掩面哭泣不止）

乐羊子　（尴尬而羞愧地）娘子休要哭泣……唉！为夫的确无志，无能，使你受委屈了。（下定决心）这块黄金我……我舍去不要了！……把它仍放回原处，决不贪此小利，你看可好？

乐羊子妻　（转怒为喜）自然甚好！可喜夫君尚有悔悟之心。

乐羊子　娘子夸奖。

乐羊子妻　（启发、鼓励地）夫君，不贪小利，固然甚好。但仅限于此，尚不能称为有志之士，你说是与不是？

乐羊子　（思考地）……唔……娘子之意是要我立志苦读么？

乐羊子妻　（大喜）妾身正是此意，你虽三十未立，但若当即发奋，尚不为迟。夫君应有鹏程万里之壮志，方不负为妻一片苦心。（诚挚地）望夫君三思！

乐羊子　（为妻子的勉励所感，痛下决心）吾妻拳拳之意，感我肺腑……（坚决地）我当远寻师学，奋发立志，以求成为国家栋梁！

乐羊子妻　（欣喜万分，向前紧紧抓住乐羊子双臂）你有此志，妾身欣甚！我去收拾行装为你送行！

〔两人十分激动，四目对视。

——**幕　落**

第　二　场

〔幕启：舞台右侧置放一台织布机。乐羊子妻专心织做。

〔乐羊子上。

乐羊子　（情绪低沉地）唉，外出拜师求学，倒是读了一些经书，略有长进。怎奈常常思念家乡和妻子，使我寝食不安，倦于寒窗苦读，故趁尊师不在，我偷偷溜了回来……来此已是家门，待我敲门进去。

〔乐羊子作敲门状。

〔乐羊子妻从织布机上走下，作开门状。

〔乐羊子妻十分惊讶跪在其夫面前。

乐羊子妻　夫君，你……你……怎么回来了?!

乐羊子　娘子起来讲话（扶起其妻）我外出求学已有一年，久行怀思，没有其他缘故。

乐羊子妻　（不悦，质问地）你讲些什么?

乐羊子　我久行怀思，故而返家。

〔乐羊子妻怒而拿起织布机架上所放的刀，高高举起。

〔乐羊子十分惊诧，呆站一旁。

乐羊子妻　（恼怒地）夫君，你看这织布之机。

〔乐羊子走到织布机旁，仔细观察。

乐羊子妻　此布生自蚕茧，成于机杼，乃由根根布丝织成寸布，寸布织成丈匹。如今若用刀砍断机上所织之布，则前功尽弃，且荒废时日。

乐羊子　（连连点头）吾妻所言甚是……是这个道理，是这个道理。

乐羊子妻　夫君外出求学，犹如妻在家织布一样。应当日有所进，用以成就美德；若半途而归，与断割此块织布，有何不同？望夫君三思！

乐羊子　（惭愧自语地）唉！乐羊子啊，乐羊子，你为何这等糊涂？前者，路上拾金，贤妻开导于你，你幡然悔悟；今者，为何又不明事理了呢？……（诚挚地）贤妻，贤妻呀！你是贤达明理之人，实乃女中豪杰。（坚决地）为夫决意返回尊师之处，刻意求学，不学得真才实学决不回家见你！……告辞了！

〔乐羊子转身外出。

〔其妻追至门外。

乐羊子妻　（大声地）夫君，夫君，且稍等候，为妻为你备些干粮……

〔乐羊子头也不回坚决走下。

〔其妻依恋而欣喜地目送丈夫远去。

——**剧　终**

十二、口语交际技巧训练

（一）委婉语技巧训练

1. 同义式委婉语技巧训练

【示例】

李书记要求王煜同学作系办的迎新晚会节目主持人。这位同学身高才 1.60 米。

“我们考虑让你作节目主持人，好吗?”

“可我个子太矮。”

“你个头是不高，但重要的是气质……”

【评析】

“不高”与“矮”同样表达了个子小的意思。但前者比后者委婉。

训练内容

使用同义委婉语进行应对练习。请根据题目横线后括号里的直述语义选择恰当的同义语。

（1）甲：正德，你刚从老家回来吗？

乙：嗯。

甲：你邻居刘大叔身体还好吗？

乙：__________。（唉，他已经死了两年了。）

（2）一个学习异常勤奋的学生期末考试考得很糟，非常沮丧。

学生：老师，我这次考得太糟糕了！

老师：__________。（是很糟）

（3）请列举“死”的十种委婉表达法，并思考、说明这些同义语所适合的语境。

2. 虚拟式委婉语技巧训练

【示例】

记者：王先生，您能给我三个小时的采访时间吗？

王先生：噢，如果不是感到有些不适的话，我可以陪您谈六个小时。

记者：那好吧，我改天再来。

【评析】　王先生用的是虚拟式委婉语。虚拟式委婉就是用假设的方式提出自己拒绝或反对的理由，使对方既明白自己的意图而又易于接受。

训练内容

【提示】

不直接回答对方提问，多使用一些“假设”、“如果”等假设连词以及“我希望我已经……等”句式，婉转地表达自己的意图。

用虚拟委婉语完成下面的练习。题中横线后的括号里是直述方式。

①女儿看爸爸抽烟太多。

女儿：____________________（你不该抽那么多烟！）

爸爸：“好吧。我今后一定注意，鬼丫头，还挺会说话嘛！”

②甲：今晚我请你看电影，去吧！”

乙：_______________（不去，我要做作业。）

③教师：______________。（您应该给您的孩子勤换衣服。）

家长：我们实在太忙了，真不好意思。

3. 模糊、揣测式委婉语技巧训练

【示例】

甲：你是既害怕他的成功危及了你的利益，又怕他的失败丢了你的面子，我说的对吗？

乙：你大概还不懂“多管闲事”是什么意思吧。

【评析】

甲将乙推入难堪的境地。乙并没有直接用“多管闲事!”的粗暴语言直接回敬。而是用“大概……”这种模糊语较为委婉地表达了自己的厌恶。

训练内容：

【提示】

注意运用“或许”“也许”“大概”“大致”“基本”“差不多”等程度副词的模糊功能，使言语交际中语言更周密，更委婉。

（1）某学生在你提问后没有仔细听清问题的性质，立即抢答，结果答错了。在同学们的哄笑声中，你如何向他说明审题的重要性，并且不使他难堪。请选用恰当的模糊委婉语。

（2）改说。下面学生的答话有绝对之嫌，你觉得怎么说才比较周密？

老师：长青树的叶子都是青的吧？

学生：那当然。

（3）试比较下面几组句子中的（1）（2）两式之间在同样的语境下表达效果有什么不同？

①你的答案有问题。

②你的答案恐怕有问题吧。

①你应该再考虑考虑。

②你是不是再考虑考虑？

①你帮我一下！

②你能不能帮我一下？

4. 其他形式委婉语技巧训练

训练内容：

【提示】

变换角度的委婉语比前面几种更富于回味。口语交际中在发话、答话时对你的初始表达意念换个角度考虑一下，这样能够培养较好的思维习惯，以求达到委婉问答的目的。

(1) 有个班主任家访。学生的妈妈问这位老师："我家这孩子近来表现怎么样？"该生的确在学校经常恶作剧。有一次放学前他把抹布挂在同学的背上，害得这位同学惹出一路的笑话。事后两人大吵一架。这位妈妈很宠爱孩子，你如何变换角度，说说这件事？

(2) 一位公司的领导想要他的下属老刘去办一桩颇为棘手的推销工作，但老刘资历较深，这位领导又担心老刘会误认为被降职使用。后来他采用了变换角度的委婉方式和老刘谈了一次话。老刘主动提出自己去。请说说这位领导怎么同老刘谈的。

(二) 暗示语技巧训练

训练内容：

【提示】

注意观察事物之间的联系，往往能做到言此意彼。细心体味常见语句中的潜在信息。(主要是隐含前提) 会帮助你巧用关联式暗示语。"前进了"暗示出以前的位置所在。"他又生了一场大病"暗示出他曾经生过大病。因此生活中常常出现这样的对话："你又拿我的钢笔！"答："我以前并没有拿过啊？"

(1) 乒乓球运动员甲、乙单打比赛结束，甲赢了。记者问甲：

“你觉得你的对手水平怎么样?”他想说对手以前水平很差，而现在仍然不如自己。但不能明说。如果你是甲，你怎么说?

(2) 一个人去拜访他的朋友，坐了很长时间。这位朋友当时还有很多事等着处理，如果你是这位朋友，你将怎样使用暗示语，让这个人起身告辞?

(三) 应变语技巧训练

1. 顺接式应变语技巧训练

【示例】

问：你恨王老师吗?(王老师是一位受人尊敬的老先生。)

答：恨！在我不懂事的时候。

【评析】

看上去像顺接对方的问话，但在后句中蕴藏着机变，表达了答话人的真实意图。

训练内容：

【提示】

这种应变语是在别人的问话时先进“圈套”，后边的续语与前边的答话自然相接，却蕴藏机变。

训练内容：

课堂。老师问：“你们说过去日本人为什么总把中国人称作‘东亚病夫’?”学生甲：“因为他们自恃强大。”学生乙：“因为中国经济落后，自然软弱可欺。”学生丙：“他们的理由可以理解，因为________________。(同学们热烈鼓掌)

请问学生丙说了什么?

2. 逆转式应变语技巧训练

【示例】

林肯在学校读书时，老师想试试他的应变能力。

“林肯，这里有一道难题和一道容易的题，你回答哪一个？”

“那就是难的吧。”

“好，鸡蛋是怎么来的？”

“鸡生的呗。”

“鸡又是哪里来的呢？”

林肯立即意识到老师设置了一个圈套。他马上说：“老师，这是您提的第二个问题了。

【评析】

林肯借用内语境（见第三章的第四节）的存在，轻松地拨开老师扔过来的圈套。因为林肯曾说他选答第一道题。充分利用语境来逆转难局是逆转式应变技巧。

训练内容

(1) 乾隆皇帝下江南时，某一天黄昏，看见天际飞来一只白鹤，就要随行的冯诚修赋诗。冯诚修应声吟道：“远望天空一鹤飞，朱砂为顶雪为衣。”这时乾隆有意为难他，说要吟黑鹤，但前两句已出口，又不许更换。周围的文人学士都替他捏一把汗。可他不慌不忙地接着吟出两句。语出自然，天衣无缝。你试试补出这两句。也可用白话陈述。

(2) 课堂。老师问：“‘谁是最可爱的人？’这是什么问句？”突然一个学生拉长声音说：“我——”并得意洋洋地环视。一片哄笑。老师说：“××同学的回答可以说是对的……”请问，省略号省去的理由是什么？

3. 归谬回敬式应变语技巧训练

【示例】

有位懒汉在朋友家里借宿。

早晨，朋友替他叠被。懒汉说："反正晚上要睡，现在何必去叠！"饭后，朋友忙着刷碗。懒汉说："反正下顿要吃，现在何必去刷！"晚上，朋友劝他洗脚，懒汉说："反正还是要脏，现在何必要洗！"

第二天，吃饭的时候，朋友只顾自己，不理懒汉，懒汉问："我的饭呢？"朋友说："反正吃了要饿，你何必要吃！"睡的时候，朋友同样只管自己，不理懒汉。懒汉问："我睡哪儿？"朋友说："反正迟早要醒，你何必要睡！"懒汉发了急，叫道："不吃不睡，不是要我死吗？"朋友答道："是啊，反正总是要死，你又何必活着?!"懒汉被驳得哑口无言。

【评析】

归谬回敬式应变的特点是针锋相对，以其人之道还治其人之身。实例中懒汉的朋友正是用了此法。懒汉用整洁了还会乱，干净了还会脏这种理由为辩解，他朋友同样运用饿饱睡醒、死活的极端对应来针锋相对地进行反击，使懒汉哑口无言。

训练内容

(1) 在某次国际会议期间，一位西方外交人员对我方代表进行挑衅："如果你们不向美国保证：不用武力解决台湾问题，那么，显然就是没有和平解决的诚意。"

请你运用归谬回敬式应变语来进行反驳。

(2) **请看下面的材料：**

一次，英国一家电视台采访梁晓声，现场拍摄电视采访节目。采访记者40多岁，是个老练机智的英国人。采访进行了一段时间后，记者让摄像停下来。记者走到梁晓声跟前说："下一个问题，希望您做到毫不迟疑地用最简短的一两个字，如'是'与'否'来回答。"

梁晓声点头认可。

遮镜板"啪"的一声响，记者的录音话筒立刻伸到梁晓声嘴边。记者问道："没有文化大革命，可能不会产生你们这一代青年作家，那么文化大革命在你看来，究竟是好是坏？"

梁晓声略为一怔，未料到对方的提问竟如此之“刁”，分明有“诓”人上当之意。他灵机一动，立即反问道：________。

请问：梁晓声是怎么回答的，试用反击应变的方法。

（四）幽默语技巧训练

1.【示例】

一家饭店的圆桌边围坐着几位老师。不一会饭菜上了桌。

一位老师说：“那个青椒肉丝里的肉好像不太新鲜。”

另一位老师说：“恐怕在冰箱里冻的时间太长了。”

一位老教师神情严肃，“也不太长。我可以肯定，决不是解放以前的。”

大家开怀大笑。

【评析】

这位老师的两句话，一波三折，最后一抖包袱，谐趣横生。极度扩大时间概念，夸张地“捍卫”肉丝的新鲜，与人们的听话期望构成极强烈的反差，收到幽默的表达效果。

训练内容

【提示】

注意谐趣式幽默和低俗的玩笑以及滑稽之间的差别。注意运用趣味思维方式观察事物间的有趣的联系。

(1) 在春天，上课时一些学生往往被和煦的春风吹得睡意矇眬。如果你是老师，你怎么用切合当时的环境的幽默话语让他们重新振作精神？

(2) 一位老师在讲到“告”字比较难分析时，问：“谁能来试试，谁来形象地分析分析。”一个学生站起来说：“________”大家一听，全乐了，既形象又幽默。他是怎么说的。

2.【示例】

30 年代的作家郁达夫，有次请一位在军政界做事的朋友到饭馆吃饭。吃完饭付账时，郁达夫从鞋底下抽出钞票交给堂倌。

朋友很诧异，问道：“你怎么把钱藏在鞋子里？”

郁达夫笑笑，指着手里的钞票说：“这东西过去一直压迫我，现在我也要压迫它。”

朋友噗哧一声笑了。

（《巧》）

【评析】

郁达夫的幽默语言里透着深刻的生活哲理。被经济困窘的严肃话题与用脚底这种机械压迫钱币的戏谑行为形成反差，叫听话人掩口。

(1) 欣赏并评论。

美国的莱特兄弟——威尔伯·莱特和奥维尔·莱特是人类航空史上勇敢的开拓者，他们于1903年12月17日成功地驾驶有动力的飞机飞上了蓝天。之后不久，莱特哥俩前往欧洲旅行。在法国的一次欢迎酒会上，各界人士聚集一堂，主人再三邀请他们演讲。大哥威尔伯只好站了起来，但他只讲了一句话：

“据我们所知，鸟类中会说话的只有鹦鹉，而鹦鹉是飞不高的。”

这一句话的演讲博得了与会者长时间的掌声。

请欣赏威尔伯的这句幽默语。在老师的指导下分析这一句话的演讲为什么会赢得经久不息的掌声？

(2)哲理式幽默语的幽默效果与语言感悟能力当然密不可分，也与语言形式的巧妙配合有紧密关联。然而，它需要更多的智慧、知识、思辨。

(3) 下面的空格中歌德说了什么，让那个批评家如此受窘？

德国诗人歌德的作品曾受到某一位无知批评家的尖锐指责，歌德也进行了反批评。而这位批评家耿耿于怀。

一天，歌德在公园里散步。这条小路很窄，只能通过一个人。恰巧，他那位批评家迎面走来。

批评家冲歌德嚷道："我向来没有给傻瓜让路的习惯。"

歌德不慌不忙地让到一旁，笑容可掬地说：

"______________________________"。

这个无知的批评家像斗败的公鸡一样，红着脸匆匆走了。

3．认真阅读下面的两则教学幽默资料，讨论以下两个问题：

a．这两则幽默各有什么特点？哪一种幽默方式更好一些？格瓦列夫的幽默可能会形成什么局面？

b．教学时运用幽默的原则是什么？运用幽默教育学生应注意什么？

【资料】

①一位老师由于自己了解不够，错误地批评了一位学生。该生立即站起来辩解，说得有理有据，老师也觉察到自己的失误。这时，同学们屏住呼吸，瞪大眼睛望着老师，一时间课堂气氛很是紧张。只见这位老师轻咳一声，从容说道："经调查，我们认为对××同学的指控不能成立。经本人慎重研究后决定：接受该同学的上诉，撤销原判，为××同学彻底平反昭雪。钦此！"同学们顿时哄堂大笑，受委屈的那位同学忍不住笑了。气氛松动之后，这位老师才诚恳地说："今天我批评了××同学是因为自己了解不够，错怪了他。为此，我向××同学表示歉意。"同学们不笑了，都用一种异样的目光望着老师。

②生物学家格瓦列夫正在讲课，突然一个学生在下面学鸡叫，课堂里顿时一片哄笑声。

格瓦列夫镇定自如地看了看自己的挂表，不紧不慢地说："我这只表大概出毛病了，没想到现在已是凌晨。不过请同学们相信我的话，公鸡报晓是低等动物的一种本能。"

十三、礼貌语训练

训练目标：

掌握称呼语、招呼语、称赞语以及致谢语、道歉语的表达要领，做到有礼貌地待人、说话。养成运用礼貌语言的良好习惯。

（一）称呼语训练

1. 讨论

读读下面的小故事，说说斯诺和红小鬼的关系由冷转热的原因是什么？

斯诺和红小鬼

斯诺初到陕北革命根据地时，有关方面为他安排了两个小兵照料他的生活。开始，不知怎的，他们之间的关系总不大融洽。

一次，斯诺对正靠近他身边站着的一个小兵说："喂，给我拿点冷水来！"

小兵绷着脸不理他，慢悠悠地转过身去，走了。

这时，另一个小兵正向他走来，斯诺便又招呼这个小兵，结果也完全一样。

斯诺初来中国，显然还不太了解中国人民军队中的交往礼节，因此很纳闷。一次，他把这件事告诉了红军领导人李克农。

李克农笑了。他告诉斯诺："你可以叫这些小兵为'小鬼'，或者叫他'同志'，可是你却不能叫他'喂'，因为在我们这里什么人都是同志。"

斯诺听了，才恍然大悟，感到自己一时失检，没有注意与这些小兵交往中的"言之有礼"，于是，就去向这两个"红小鬼"道了歉。

这一道歉倒使这两个“红小鬼”不好意思起来。从此以后，斯诺与“红小鬼”之间，彼此的关系处理得很好，双方都能以礼相待，互相关心，互相帮助。

（引自《社交礼节名人趣事》陈贤德、陈雪良编著）

2. 情境训练

训练方法：全班分成若干个小组，每个小组为四人，假设各种社会身份：师范生、老师、大学教授、工人、退休老人、学生家长、营业员、医生……

四人在路上两两相遇，互相称呼、介绍、寒暄……

训练要求：运用合乎礼貌的称呼语。

【提示】

（1）称呼是交际的序幕。人们对称呼常常是十分敏感的。礼貌而恰当的称呼能沟通双方的感情，促使交际成功，反之，会导致不愉快的情绪以致交际失败。

（2）汉语中同一种称呼常有褒贬尊卑之别，用褒称、尊称是有礼貌和尊重对方的表现，特别是对师长更应注意。

（3）称呼不仅看职业、年龄，还要考虑时代特点。解放初，称“同志”感到亲切自豪，“文革”期以称“师傅”为时髦，现在又流行称“先生、小姐”了。

（4）称呼还因民族不同、甚至同一民族的地域不同而有所差异，如对已婚女子，西方称“夫人”，我国一般都称“女士”。对年轻女子，我国南方多数地区称“姑娘”、“小姐”，但北方有些地区称“大姐”。

（二）招呼语训练

训练方法：假设某时间（早上、中午、傍晚等）、某地点（校园内、街上、医院里等）。两人一组，轮流上台训练相遇时打招呼的礼貌用语。先招呼者可假设对方身份，后者作出相应反应。

【示例】

甲：（假设对方为原中学班主任）啊，张老师，您好。还当班主任吗？要多保重身体啊。

乙：（发现对方是毕业多年的学生小王，很高兴，握手）小王同学，好久不见了，最近在忙什么呀？

…………

训练要求：注意双方身份，招呼的时间、场合，运用礼貌而恰当的招呼语。

【提示】

（1）遇到熟人，一般以态势语点头微笑表示打招呼，有时也用招呼语，这是有礼貌的表现。招呼语视双方身份、时间、场合的变化而不同，常用的是“您好！”“您早！”等，也有用“你哪儿去？”“吃饭了吗？”等，但后者只是一种问候语，不必认真回答的。一般情况下，晚辈、小辈总是先打招呼问候。

（2）打招呼问候时要脸带微笑，语气亲切，音量适中，不要给人以生硬、勉强的感觉。

（3）打招呼的同时，有时伴以握手表示亲热。握手一般应用右手，对下级、晚辈应先伸出手去，以示关怀与谦和。对女性，要等她先伸手，而且不可用力，象征性轻轻一握即可。

（三）赞美语训练

情境训练：

根据以下情境，每人设计一段赞美语，在班上交流。

（1）假如你是班主任，发现一个学习成绩不好的差生劳动特别积极；

（2）假如你是叔叔（阿姨），发现你的淘气而特别不听话的侄儿特别喜欢用橡皮泥做各种小动物；

（3）假如你是经理，发现你的一位工作并不出色的下属在上班途中勇斗歹徒；

（4）请你为自己假设一种身份，假设在某个情境中，赞美一个值得赞美的对象。

【提示】

（1）赞美语不仅是人际交往中一种礼貌语言，也是思想工作的重要手段。“赞美如阳光，人人不可少。”赞美能使家庭和睦，集团团结，人际关系和谐、协调。人人需要赞美。这是渴求上进、寻求理解的表现，是满足自尊和增强自信的正常心理需求。

（2）赞美语不应是虚情假意的恭维和客套，贵在真心诚意，重在发现对方身上潜在的美，用语要有分寸。

（3）赞美语可以直接指向对方，比如“你这件衣服真漂亮”“你真能干”“你太热情了”等等，也可以指向对方从事的职业、工作单位以至于所属的民族、国家。

（4）赞美语要注意对象、时间、场合，也要注意国家和民族习惯。比如外国姑娘，你赞美她漂亮，她会很高兴地说“谢谢”，但中国女孩子不习惯这种直率的赞美，反而会认为你居心不良。

（四）致谢语与道歉语训练

情境训练：

全班分成若干个小组（每组四人左右），各组都排演一个生活小品，地点可以在教室、操场、宿舍或者校外，但必须有一个需要致谢和道歉的情节。各组都在班上表演，并评论哪一组的道歉语与致谢语最恰当。

【提示】

（1）得到别人的帮助要致谢，这不仅是礼貌的表示，也能起到沟通双方心灵的作用。说“谢谢”必须真心诚意。如果你感谢的是几个人，最好能一一道谢。道谢时要微微点头，目光注视被谢者并伴以真挚亲切的微笑，语音要清晰，说话自然、认真，不要给人以敷衍了事的感觉。

（2）妨碍了别人要道歉，这不仅是礼貌与认错，而且还传达了希望修复关系的信息。道歉不是耻辱，是真挚与诚恳的表现。道歉要及时，时间拖得越久，就越难启齿。道歉要堂堂正正，不要自卑，因为勇于认错是值得人尊敬的好事。

道歉要诚心诚意，目光友好地凝视对方，语气温和坦诚但不谦卑，并多用“打扰”“对不起”“请包涵”“请指教”等礼貌用语。当对方表示谅解时，切忌再重复、啰嗦。

（五）礼貌教育训练

【示例】

三个“外宾”

在班级新年联欢会快开始的时候，突然来了三个打扮得怪头怪脑的男同学。只见他们衣服敞开，半卷起骑士裤，头发擦得油光亮，帽子歪戴，脸上露出得意的神情。

班主任张老师一看，就知道三个“小调皮”是来捣乱的。让他们进来，势必引起一场混乱，板起脸批评一顿，又会破坏晚会的欢乐气氛。怎么办呢？张老师迎上去，把他们招呼到外面。满脸笑容地对他们说：“你们来得好，今天晚上正差几个客人。我看，你们就做客人吧，不过，客人是要讲礼貌的。”说着，便帮他们把衣服整理好，头发理齐，帽子戴正。接着，老师进教室向大家宣布：“同学们，我们今天的晚会很荣幸请到了三位客人，大家向他们表示热烈欢迎！”在一阵掌声中，三个“小调皮”彬彬有礼地走进来，在前排就座。晚会在欢乐的气氛中开始了。

（引自1993年4月《教育艺术》）

【评析】

班主任张老师要用有理、有礼的语言，教育三个小淘气“懂礼”，终于避免了一场风波。

情境训练一

小王老师上课说话声音较轻，一位调皮的同学在黑板上写道：“王老师说话向小鸡叫”——还把其中的“像”字错写了“向”字。小王老师一进教室就看见这行歪歪斜斜的字。如果你是小王老师，该怎样用有礼貌的语言去教育孩子懂礼貌，较完美地处理好这个难题？

情境训练二

朱老师踏进教室，看到黑板上画了个猪头，她明白，这是针对她——朱老师来的。如果你是朱老师，怎样用礼貌语言教育学生懂礼貌，机敏地扭转这种尴尬局面？

【资料】

有教养的人

无论是开会、赴约，还是做客，有教养的人从不迟到。他懂得，即使是无意迟到，对准时到场的人来说，也是不尊重的表现。如果万一由于某种原因开会迟到了，那么，他就会尽可能悄悄走进会场，力求不因为自己的到来而影响别人研究正事。他会坐在紧靠门口的椅子上，而不是在屋里来回走动，到处去找座位。

有教养的人从不打断别人的讲话。他首先要听完对方的发言，然后再去反驳或者补充对方的意见。在这种情况下，急躁和慌乱，不仅不能加速事情的进程，反而会引起神经过敏和思维紊乱，以致延误问题的彻底解决。

有教养的人在同别人谈话的时候，总是看着对方的眼睛，而不是翻阅文件，来回挪动什么东西，或者摆弄铅笔、钢笔等，因为这些动作只会反映出不耐烦的情绪，使来访者发窘，以致打断人家的思路。其结果，只会占去谈话双方更多的时间。

还是在古希腊时代人们就发现：文明的人不高声讲话。高声讲话令人厌烦，会影响周围的人，甚至使人恼怒。

有教养的人从不生硬地、断断续续地回答别人的问题。明确简练和简单生硬毫无共同之处。

有教养的人尊重别人的观点，即使他不同意，也从不喊叫什么“瞎说”、“废话”、“胡说八道”，而是陈述理由，说明不同意的理由。

无论是工作还是休息，有教养的人在与人交往时，从不强调自己的职位，从不表现出自己的优越感。

有教养的人遵守诺言，即使遇到困难也从不食言。对他来说，自己说出来的话，就是应当遵守的法规。

有教养的人，在任何情况下，对妇女，尤其是上了年纪的妇女，总要表示关心并给予照顾。

有教养的人，从不忘记向亲人、熟人、同事祝贺生日和节日。特别是由于某种原因而无须特别庆祝某一纪念日的时候，表示关怀尤为重要。

有教养的人善于分清主次，权衡利弊，不会因为一点小的冲突或难言的心事而和朋友断绝友好关系。

有教养的人，不当众指责别人的缺点。对别人的兴趣、爱好和习惯从不表现出否定态度。

有教养的人，在别人痛苦或遇到不幸时，绝不袖手旁观，而是尽自己力量和可能给予同情。如果是很亲近的人，他就要全力以赴做出需做的一切。如果是同事、熟人或邻居，他也要表示同情，打电话问候，或者抽时间前去看望。

有教养的人，在街上发现孩子们的越轨表现和淘气行为就会前去制止，并认为这样做是自己的责任。

（前苏联　阿列申娜　作　云成　佑华　庚东　译）

第三部分

教师职业口语训练

一、教学口语训练

教学口语训练是教师职业口语训练系统中非常重要的一部分，师范生应当花大力气认真训练。

训练目标

把握课堂教学口语的特色，通过教学口语的语音训练、修辞训练，基本达到话语清晰、生动、有感染力；通过叙述语、导入语、讲授语、提问语、结尾语以文科、理科用语特色的系统训练、初步掌握运用教学口语的基本技能。

（一）教学口语的语音训练

1. 响度训练

（1）仿说

同学们，我们今天学《少年闰土》这一课。闰土是谁呢？这篇课文在介绍这位少年时，描绘了这样一幅动人的画面：深蓝的天空中挂着一轮金黄的圆月，月亮底下，海边沙地上，是一望无际的碧绿碧绿的西瓜地。夜深人静，田野静悄悄。就在这碧绿的瓜地里，一个十一二岁的少年项带银圈，手捏一柄钢叉，向一匹偷吃西瓜的猹尽力地刺去……这少年就是闰土。多么勇敢机灵、活泼可爱的少年啊！鲁迅先生用他生花的妙笔，塑造了“少年闰土”这一生动鲜明的形象，真是栩栩如生啊！我们今天就来仔细研究一下，鲁迅先生是怎样具体地写少年闰土的。

训练方法：熟读数遍，先独自试讲，然后在教室的讲台上作讲述。

训练要求：要有一定的响度，体现响度的层次性。运用学过的发声用气、吐字归音的科学方法。

（2）根据以下材料编述一段教学口语。

北京有位特级教师在讲“聪明”一词时是这样开讲的：问：“你们愿意做聪明的孩子吗？愿意的请举手！”霎时，每个学生都争先恐后举起小手。接着，他告诉学生：“每个人都有四件宝。如果学会了运用这四件宝，人就会聪明起来。这四件宝是什么？我暂时不讲。”停了一会儿，她叫学生猜四则谜语：

东一片，西一片，隔座山头不见面——（耳朵）

上边毛，下边毛，中间一粒黑葡萄——（眼睛）

红门楼，白门槛，里面坐个胖小孩——（嘴）

小白孩住高楼，看不见，摸不着——（脑）

在猜谜之后，就剖析字形说：“‘聪’字，左边是耳朵的耳；右上方是两点，代表两只眼睛；右边中间是口字，就是嘴；右下方是个心，代表脑，这四件宝合在一起，正好是个聪字，聪字后边加个‘明’字，是因为对这四件宝要天天用，月月用，天长日久，你们就会聪明起来。”

训练方法：根据以上材料编出一段话，先试讲，然后在讲台上讲述。

训练要求：用偏低的声调讲述，但要低而不虚，尾音不弱化，既有亲切感，吐字又富有力度。

2. 流畅度训练

改说

“我们是有想法的，这个……我们是这样认为的，学校厨房嘛，炊事工作、炊事人员，这个这个，在有些方面是有困难的，有麻烦的。他们嘛，有他们的难处。这个……我们学校，一所师范学校，大致算起来有700多人，这个这个700多人有学生、有教师、有职工、有家属，这个这个，当然不能把外面搭伙的什么小工啊、开汽车的啊、做小生意的七七八八的人算在内，他们不能算我们学校的人。这个这个……700多师生员工，各有各的情况，各有各的需要，各有各的脾性，各有各的爱好，这个这个各有各的味口，说实话，要做到每个人都说好，各个人都没有意见，人人都满意，同志们哪，这是困难的，是很难办到的！”

训练方法：

删削上面这段话的冗余部分，然后重讲一遍。

【资料】

改改“口头禅”

口头禅本佛教语，指不能领会禅理，只是袭用禅宗和尚的常用语作为谈话的点缀，后来指说话时经常挂在嘴上但并无多大实际意义的词句。

不知何时，口头禅被我们的一些老师引进到课堂上，诸如“是不是”、“对不对”、“这个”、“那个”、“嘿”、“啊”、“是啊”、“当然”、“那么”、“好”、“哼”、“嗯”、“咳咳”之类的口头语，满教室乱飞。有位老师上课时爱说“当然”，据学生粗略统计，该老师一堂课竟“当然”了60多次，因而被学生戏称为“当然先生”。这种无意识重复的口头禅，没有任何语义，不仅给人大量的无用信息，还常把好端端的一句话弄得支离破碎，使人听起来别别扭扭。这是一种干扰素，干扰了学生对有用信息的接受，对教学的危害很大。

探究一下“口头禅”患者的病因，我们便可发现：口头禅多是一些肤浅俗气、毫无价值的词，这与语汇贫乏有关；口头禅常常是不经意溜出来的，这与心中没谱、说话急躁有关；口头禅是一种语言定势，这与说话的习惯有关。

针对上述情况，笔者给患有“口头禅病”的先生介绍三种治疗方法：第一是多学习一些民间语言、各类作品等，不断拓宽知识面，使自己成为语汇的“万元户”，语汇丰富了，就不至于经常偏重使用个别浅显粗俗的词了。第二种方法是，说话前在思想上做到深思熟虑，说话时避免急躁，把话说得慢些，稳健些，使词汇“对号入座”，有条不紊。第三种方法是努力矫正说话时的习惯。说了口头禅，遭人指责，红了一次脸，出了一身汗，就要下决心痛改之。要强制自己多读，高声朗诵，锻炼自己敏捷的思维和严谨的语言习惯，这样，口头禅才不会轻易插足于你的说话之中。

（《江苏教育》1993 年 3 月谭子好　文）

3. 响度、流畅度、清晰度综合训练

（1）改说

“……这个嘛，这幅图，当然是中国地图，也是中华人民共和国的地图。嗯……是我们祖国，我们国家就这么大，当然，是 960 万平方公里，对不对？这是我们祖国，这个祖国，为什么叫祖国，当然，我们看，看看这几人就知道了。这是男的，有胡子，当然是老人，我们的爷爷当然有胡子啰。女的是奶奶，很老，当然是奶奶。这个……嗯……还有小孩，他很小，他们喊他们是什么呢？是……当然，爷爷奶奶。他们大家住在什么地方呢，当然住在我们中国。嗯……那么好了，我们的爷爷奶奶，祖父祖母，当然还有爸爸妈妈，当然还有更早的祖先，当然是我们的祖祖辈辈，嗯，都一直生长在这个土地，这块国家，所以叫做‘祖国’。”

训练方法：先讨论这段话的中心意思是什么，然后看语言表达的问题出在什么地方，先作修改，再用清晰、流畅的口语说一遍。

（2）讲故事

两只笨狗熊

狗熊妈妈有两个孩子，一个叫大黑，一个叫小黑。他们长得挺胖。可是都很笨。是两只笨狗熊。

有一天，天气真好，哥儿俩拉着手一起出去玩儿。他们走着，走着，忽然看见路边有一块很大的干面包，捡起来闻闻，嘿，喷喷香。

可是只有一块面包，两只小狗熊怎么吃呢？大黑怕小黑多吃一点，小黑也怕大黑多吃一点。这可不好办哪！

大黑说："咱们分了吃，可要分的公平，我的不能比你的小。"

小黑说："对。要分得公平。你的不能比我的大。"

哥儿俩正闹着呢，狐狸大婶来了。她看见干面包，眼珠骨碌碌一转，说："噢，你们是怕分不公平吧？来，让大婶给你们分！"哥儿俩高兴地说："好，好，咱们让狐狸大婶来分！"

狐狸大婶接过干面包，恨不得一口吞下去。可是她没有这样做。她把干面包一下掰成两半。哥儿俩一看，连忙叫起来："不行！不行！一块大，一块小。"

狐狸大婶说："你们别着急呀！瞧，这一块大一点儿吧？我咬它一口。"狐狸大婶张开大嘴，"啊呜"咬了一口。哥儿俩一看，又叫起来了："不行！不行！这块大的被你咬了一口，又变成小的了。"

狐狸大婶说："你们急什么呀，那块大了，我再咬它一口吧。"狐狸大婶张开大嘴，"啊呜"咬了一口。哥儿俩一看，急得叫起来："那块大的被你咬了一口，又变成小的了。"

狐狸大婶就这样这块咬一口，那块咬一口，干面包只剩下小手指头那么一点儿了。她把一丁点儿大的干面包分给大黑和小黑，说："现在两块干面包都一样大小了，吃吧，吃吧，吃得饱饱的。"

大黑和小黑你看我，我看你，一句话也说不出来。

训练方法：诵读数遍，熟记于心，上讲台讲述。

训练要求：讲述的句子要完整，词能达意，无口头禅，冗余度小，吐字干净利落，字字清晰。

（二）教学口语修辞训练

1. 语音修饰训练

(1) 仿说

①同学们，你们想去杭州旅游吗？你们知道杭州为什么这样出名吗？这是因为那里有一个美丽的西湖和高达数丈的钱塘潮。西湖三面青山环绕，湖面碧波荡漾……湖心吸引着游人……所到之处令人留连忘返；钱塘潮又以它的壮观而令人神往。我们今天就来学《杭州西湖和钱塘潮》这一节。

②前面几节课我们学习了黄河流域的地理概况，我们知道了黄土高原的南界是秦岭，华北平原的南界是淮河；秦岭位于黄河流域的陕西省境内，淮河流域的大部分是在华北平原地区，它们又都是黄河流域和长江流域的分界线。今天，我们就来学习、认识秦岭、淮河的地理特征。

训练方法：

①将这两段话作一些口语化处理；

②面对录音机试讲；

③互讲互评。

训练要求：把握重音、停顿和节奏。

【提示】

①防止习惯性重音的干扰；

②注意表明强调的重音、停顿的运用。

（2）朗读

自选 300～500 字的小学课文一篇（段）。

训练要求：

①要使人感到不是在“读”，而是在“说”；

②要在语气、语调、重音、停顿、节奏等方面作口语化的处理。

【提示】

①语气、语调的表达，重在以情领声，以情运气；节奏宜在适当的对比度中显示出来，切莫生硬做作；

②对原文可以作适当的口语化加工。

2. 修辞综合训练

(1) 讨论并仿说

师：看了这段课文，我们知道了车夫是怎样的人呢？他是一个饱经风霜的人，是一个受苦的人，是个穷人。是不是这样？

我们请一位同学读课文。

生：(读)

师：我们会看到，书上用了一个很有表现力的词，那就是“饱经风霜”，他是一个饱经风霜的人！那么，什么是“饱经风霜”呢？

生：就是吃过不少苦。

师：是的，是吃过不少苦。“饱”就是充分的意思，很多、很充分；“经”是经历，“风霜”呢？可不是平时看到的刮风下霜，这里是比喻用法，比喻什么呢？

生：艰难困苦。

师：对。我们把它串起来讲，就是——

生：经历了许多艰难困苦。

师：对，经历了许许多多的艰难困苦，已经有许多年了。书上说，他的脸上现出“难以忍受”的痛苦。什么是“难以忍受”呢？

生：就是很难忍受。

师：对，很难忍受。“难以忍受”，这就突出了痛苦的程度，书上又说，他的嘴唇是灰白的。为什么他的嘴唇是“灰白的”，可我们的嘴唇是那么的红润，这是怎么了？

生：因为天太冷了。

生：因为他流血了，流了很多的血。

师：是的，天很冷，在风里奔波，又流了血，所以他的嘴唇是灰白的。那么他的腿又怎么是“抽动着”？

生：是疼得发抖。

生：是冷得发抖。

师：啊，又疼又冷，又流了很多血，他的腿发抖，抽动了起来，他难受极啦，所以他发出的声音是怎么样的？

生：低微的。

…………

训练方法：

①逐句阅读，讨论并分析其口语修辞方式；

②同桌同学分别仿说这段教学实录，看看口语的语音修饰方面，作哪些加工才能增强表达效果。

（2）仿说

师：什么叫冬眠？最近《少年科学》上有一篇文章，就是讲冬眠的，老师读给你们听听，可有意思了。冬天，天冷了，植物都枯萎了，很多动物都找不到吃的东西，怎么过冬呢？它们各自都有巧妙的办法。青蛙、蛇、乌龟这些动物就是靠睡觉来度过寒冷的冬天。这就叫“冬眠”。动物在冬眠的时候，身体变冷了、心跳得很慢，呼吸也减少了，不吃也不动，就像我们睡觉差不多。睡觉的时候，肚子还会饿吗？

生：不会。

师：要是白天，一天不吃东西，肚子要饿得咕咕叫了。可是，睡觉的时候，肚子就不容易饿了。再说一件有趣的事给你们听听。曾经有一只青蛙，在美洲墨西哥的矿井里冬眠了两百万年。当人们发现它的时候，它还没有死呢！冬眠的动物到了春暖花开的时候，就慢慢地苏醒了，醒来以后就大口大口地呼吸新鲜空气。它的身体慢慢地活动起来，随着天气的转暖，它们又恢复了原来的样子，蹦蹦跳跳，到处找吃的了。苏醒之前就叫做冬眠。

训练方法：熟记、试讲、评讲。

（3）试讲互评

①《小小的船》是一首儿歌，全文如下：

弯弯的月儿小小的船。

小小的船两头尖。

我在小小的船里坐，

只看见闪闪的星星蓝蓝的天。

课文的画面上画着一片蓝天，天空中有一钩弯月，像一只小船。有一个小女孩坐在“小船”上，周围有闪闪的星星。

②体育教学中动作要领口诀：

A. 小学一、二年级“兔跳”动作：

“学习小兔跳，两腿向前跃。

两臂要配合，落地不跌跤。”

（据《安徽师范教育》贺舒芳　文）

B. 小学三年级支撑跳跃教材中“跳上跪撑跪跳下”动作：

“跳上跪撑不要怕，

两臂摆动腿前压，

展体收腿向上跃，

做好动作老师夸。”

（据《安徽师范教育》贺舒芳　文）

C. 快跑动作：

“两腿用力蹬，全身要放松。

两臂前后摆，使劲向前冲。”

（据《安徽师范教育》贺舒芳　文）

D. 小学六年级“横箱分腿腾越”动作：

跳起撑箱快提臀，

两腿伸直向侧分。

及时推手越器械，

挺身并腿屈膝蹲。”

（据《安徽师范教育》贺舒芳　文）

E. 小学五年级“鱼跃前滚翻”动作：

“摆臂前跃体腾空，

撑垫低头臂缓冲，
团身如前滚翻，
切勿展体记心中。”

（据《安徽师范教育》贺舒芳　文）

训练方法：

（1）根据教学素材设计教法和教学口语；

（2）根据设计进行试讲；

（3）互相听对方讲并互评。

训练要求：综合运用口语修辞手段。

【提示】

重在口语修辞技巧运用方面的评议。

3. 口语化、儿童化训练

【示例】

①原文

小公鸡和小鸭子一块出去玩。他们走到草堆旁，小公鸡的嘴尖尖的，在草堆里找到许多虫子，吃得很欢。小鸭子的嘴扁扁的，捉不到虫子，急得直叫。（选自《小公鸡和小鸭子》）

改为儿童化口语：

小公鸡和小鸭子是一对好朋友。有一天哪，他们一块儿出去玩儿，走到草堆边儿，小公鸡的小嘴儿尖尖的，在草堆里找到了许多小虫子，他一边吃一边唱：“唧唧、唧唧！真好吃，真好吃！”小鸭子呢，它的嘴呀，又扁又平，在草堆里找了半天，还找不到一条虫，用嘴一啄，没吃到虫子，反把草哇、土哇弄到嘴里，小鸭子吃不到虫子，急得“呷—呷—呷”直叫唤。

②原文

冬去春来，冰雪消融。青蛙苏醒产卵了，水中出现点点蝌蚪；枯树嫩芽初绽，柳树披上丝绦。春燕纷飞，蜂蝶飞舞，春风吹拂，春雨飘洒，农家已开始春耕、播种。好一派美丽春光！

改为儿童化口语：

小朋友，寒冷的冬天过去了，天气渐渐暖和起来，一年中的第一个季节——春天到来了。

春天来了，池塘里的冰融化了，青蛙妈妈产下的卵慢慢活动起来了，变成了一条条大脑袋、长尾巴的小蝌蚪；春天来了，小草从泥土里探出了绿色的小脑袋，光秃秃的树枝冒出了嫩绿的芽芽，柳树像梳起了一根根绿绿的、长长的小辫。燕子在天空中飞翔，蜜蜂、蝴蝶在花丛中跳舞，连冬眠的动物也醒来了，要看一看美丽的春天。春天来了，春风轻轻地吹着，春雨沙沙地下着，农民伯伯开始忙着春耕、播种了。春天来了，迎春花、桃花都开了，它们好像张开了小嘴，告诉大家："春天来了。"

春天的景色真美，我们一起去春游好吗？

(1) 改说

训练内容：

请作口语化、儿童化加工，然后试讲。

为什么植物需要水？

没有水，植物就会枯萎死去。水分通过植物的叶片蒸发，为了补充蒸发掉的水分，植物需要其根部源源不断地提供水。

一株植物体的90%是水分。这似乎显得过多了，但对于植物来说都是必不可少的。首先，在植物细胞中的所有化学反应都只有在水中才能发生。光合作用的过程也会消耗水。另外，水能帮助每个细胞保持活力。如果这些细胞没有足够的水，就会失去活力，植物就会枯萎。

植物的水分是通过叶背的气孔散失的，这一过程叫蒸发。同时，植物的根部又从泥土中获得水分。蒸发有两方面的作用。一是通过叶片蒸发水分帮助植物保持凉爽。另外，通过茎部输送上来的水分，带来了从泥土中获得的植物生长所不可缺少的矿物质。

【提示】

将书面语转为口语，要注意用词避难就易，多用常用语、双音词，将难懂的书面词改为口语词；将长句改为短句，并采用惯用语序；修饰成分多的要改成几句来说。在说上面内容时应富有儿童情趣。

（2）讲故事

小乌龟

小乌龟从河里爬到岸上，对妈妈说：“我在这里住够了，想到城里去看看。”说完，它躲在路旁，等着好机会。

一辆运蔬菜的大车停下来。趁车夫去河边提水，小乌龟悄悄爬到车上去了。

车夫在城里卖菜的时候，有个男孩子看见小乌龟，他说：“叔叔，这真好玩，请你卖给我吧！”他丢给车夫两角钱，把小乌龟带回家里。他把小乌龟放进厨房的水池，就忙别的事了。

水池的四壁很滑，小乌龟怎么也爬不出去。好在这儿不愁没有水喝，还可以捡些菜叶、饭粒来吃，日子蛮不坏。

每天，男孩子洗脸时总要看它一次，洗碗时又来看它一次，洗手帕时再来看它一次，别的时间，他就不来了。小乌龟感到很寂寞。

有一天，它见到男孩子，心里一急，就急出话来了，说：“你怎么不陪我玩呀？”

男孩子说：“真对不起，我得自己叠被子，还得上学、写作业，没有时间啊！”

转眼过去了一年，小乌龟实在受不了啦，就借着水池里的一个盆子，爬了出来。它爬上窗台，爬出了窗口，从三层楼上滚下去。幸好它的背甲十分坚固，一点也没有跌伤。它白天躲起来，夜里爬行，爬了一个多月，终于又回到了故乡。

一天，城里的小学生来农村春游，那个男孩子又在河边遇到小乌龟。他惊喜地说："啊，你原来在这里！你走了以后，让我找得好苦哇！"

小乌龟说："真对不起，让你白白花了两角钱。可我，实在是想家呀！"

"不不，我早就应该把你送回来。再说，我升到三年级，更没工夫陪你玩啦！"

小乌龟在河里几次浮出水面，好像在说："好朋友，我永远忘不了你！"

【提示】

(1) 择词以浅代深，多用表现形状、色彩、声音、动态的形容词和动词；

(2) 句式更短小、更简单；

(3) 适当用后续句诱发儿童参与；

(4) 多用体态语助说话；

(5) 语调甜一些、语气柔一些，要富有童趣。

【资料】

假斯文自讨苦吃（笑话）

古时候有个白面书生叫贾思文，肚子里有点儿墨水就爱咬文嚼字穷卖弄，常闹点笑话，人家就索性叫他"假斯文"了。

不久，他进京应考，钱花光了，就写信给父亲要钱，又想显露文才，就这么写："值此应考之际，鉴于该生业已断银，兹责成其父速汇银20两，接函速办是荷。"

贾思文的父亲见儿子用公文套语对他"打官腔"，气得七窍冒烟，把信撕得粉碎，一个子儿都不寄给他。贾思文名落孙山，没钱回家，只得卖书作盘缠。

一回到家，又羞又怕，钻进被窝蒙头大睡。半夜，一只蝎子把他蜇（zhē）醒了。贾思文便坐起来，摇光晃脑道："贤妻，迅燃银灯，尔夫为毒虫所袭！"连说几遍，酸溜溜的八股腔叫他妻子一句也听不懂。贾思文疼得实在受不住了，脱口大喊："哎哟，老婆子，快点灯，我被蝎子蜇啦！"

这位"假斯文"，地道一个"寻章摘句老雕虫"。说话不得体，当然到处碰壁了。

（据《笑禅录》改写）

（三）教学口语表达方式训练

1. 叙述和描述训练

（1）课题讲述

【示例】

斯巴达克的最后决战

在布林迪西港附近，最后的决战就要开始了。战友们把黑色的战马牵到斯巴达克的身边。他在沉思中抚摸着马头，像有千言万语要对这匹跟随他南征北战、出生入死的战马诉说。然而，他什么也没说，只是默默地把自己的头靠近战马的眼睛，依贴在战马的嘴边。突然，斯巴达克怒目炯炯，一跃上马，拔出利剑，果断地对战马说："如果我胜利了，我可以从克拉苏那里夺得更多的战马；要是我牺牲了，我也决不让你成为俘虏！"斯巴达克一剑向战马尾部猛刺下去，战马在嘶鸣中向前直冲而去。斯巴达克挥剑招呼战友们："冲啊，杀死克拉苏！"在激烈的战斗中，斯巴达克身先士卒，一往无前，跃马横剑，来回冲杀，接连砍杀两个敌军军官，可就是没有找到大刽子手克拉苏。突然，斯巴达克腿部被敌人的长矛刺伤，鲜血直流，他从马背上跌落了下来。但他又慢慢爬起来，弯曲着一条血肉模糊的腿，手握盾牌，继续浴血奋战，直到壮烈牺牲……

（据傅元根的文字材料改写）

【评析】

这是用描述性语言再现一个历史场面的例子。它从现有的历史资料出发，通过合理想象和加工，运用了肖像描述和表情、语言、动作的刻画，使我们看到了斯巴达克的英雄形象；它的具象可感的场面描述，有动有静，有声有色，气势宏大，动人心魄，使我们看到了永载史册的“永恒的瞬间”。

训练内容：

讲一位英雄的英勇行为或壮烈牺牲场面。

训练要求：

A. 叙述要注意相关情节的交代；

B. 描述要注意细节的刻画；

C. 做到形神兼备、声情并茂。

（2）课题讲述：

【示例】

导游员妙语辑录

在苏州石公山上，导游员说：

朋友们，我们已身在仙山妙境，请看，我的背后是蜿蜒葱翠的丛林，面前是无边无垠的太湖。青山绕着湖水，湖水托着青山。山石伸进了湖面，湖面“咬”进了山石。头上有山，脚下有水，真是天外有天，山外有山；岛中有岛，湖中有湖，山如青螺伏水，水似碧海浮动……

在苏州城外，导游员说：

苏州城内园林美，城外青山有雅趣。一座座山头活脱脱像一头头猛兽；灵岩山像伏地的大象，天平山像金钱豹，金山像条卧龙，虎丘山有如蹲伏着的猛虎。狮子山的模样活像常年不动地回望虎丘的雄狮，那也是苏州一景，名叫“狮子回头望虎丘”。

在宜兴善卷洞，导游员指着一块名为“狗熊爬树”的岩石说：

这个狗熊在用力地爬树，已经爬了几千年了，它虽然很笨拙，但却是一只有毅力而且长寿的狗熊。

在介绍到“狮象大场”时，有人小声说：“说是‘青狮’倒挺像，只可惜那个白象缺了一条尾巴。”导游员马上说：

对了，这头白象没有尾巴，其实，尾巴还是有的，在什么地方？它藏在石头里面了，我们看不到；不过，等下一次地壳变动的时候，它会抖出来给你看。

【评析】

这几段导游妙语，准确、贴切而生动。恰当的比喻注重神似，能引起人们的联想，其间不乏幽默的点评。导游员的描述使人们眼前的美景锦上添花了。

训练内容：描述游览胜地。

【提示】

A. 用词可以有些文采，注意选用恰当的形容词、动词，使描述更生动、具体；注意运用比喻、夸张、拟人等修辞手法，增强描述的趣味性。

B. 注意顺序。一般是先作总貌描述，然后作特征描述，并注意方位、角度的推移、变化。

C. 要显示鲜明的感情倾向。

(3) 口头写生

【示例】

自贡一条街（口头写生）

清晨，天灰蒙蒙的，我在自贡一条极普通的小街漫步。街两旁是独具四川特色的木房，黑黝黝的木梁、粉白的墙。街的中段有小茶馆，两层小楼，一色红漆桌凳，一个镏金的“茶”字嵌在黑漆漆的木板上。清早雾还没散尽，临街的一口大黑锅已经翻腾着热气。一把黑漆漆的大铁水壶比煮饭的锅还大，伙计提着它楼上楼下窜，黑布鞋踏得楼板蹬蹬响，吆喝声却毫不打颤，依旧是热辣辣地道的四川话："茶——来了！"紧靠茶馆的是一排小吃摊。临街搭几张芦苇席，排几张桌子、几条长凳，架几口大锅就做起了买卖。热气腾腾的"抄手"（馄饨）一个个圆滚滚的，浇上一瓢辣椒油，吃得人满头大汗。那砧板上的凉粉洁白如美玉，厨子熟练地把它切成小丁，倒上酱油，浇上一瓢红辣椒，再撒上绿油油的葱花，白、绿、红色彩相间，吃起来清凉爽口。远远有个货郎挑卖"担担面"。扁担一头是小炉子和柴禾，一头是些小碗和佐料，还有细长细长的面条。货郎不吆喝，从小街刚走过，大人小孩一个个跟了过去。货郎不慌不忙地拣一处干净地停住，放下挑子，燃起炉子。一碗"担担面"不过一两多点，大家却吃得很有味。"食在广州"？我看"食"也在天府。

（据《语文教学与研究》同名作文改写）

训练方法：

"口头写生"是对近在眼前、身边的事物作原原本本的、生动传神的描述，是将口语作为一支高明的画笔，画出一幅幅活生生的生活画面。请站在阳台、窗前或操场旁边，对眼前的景物或生活场景作观察，然后用平静的语调作力求准确、生动的口头写生。说的时候可以使用便携式录音机录下当时所作的描述，然后复听，并在班级交流，请别人作出评价。

2. 解说训练

（1）话题训练

①请介绍一种球类活动的竞赛规则；

②请说说你理想中的老师是怎样一个人；

③请说说你近期看过的一部电影或电视片的内容梗概，并讲讲观后感；

④如果请你当班长或学生会主席，请说说你的"施政方针"；

⑤请你说说某一门功课的学习方法，或介绍自己克服学习困难的经验。

（2）语境训练

①有外宾来你校参观，如果请你接待并担任向导，你怎么向他们介绍学校概况？

②你的邻居阿姨想给一个上初中三年级的侄儿买一份生日礼物，买什么礼物最好？如果她想买一本书，请你向阿姨推荐一本好书，说一说这本书好在什么地方。

③邻居李奶奶刚从农村搬到城市来住，不会使用液化石油气灶具，请你向她说说怎样安全使用。

（3）设计并试讲

运用下列材料，设计向小学四、五年级学生解说的教学口语：

①怎样写请假条：请假条是一种应用文，是每个同学都应学会写的文体。写请假条，关键要掌握请假条的格式。

请假条的格式是：第一行顶格写称呼；从第二行空两格开始写请假原因和天数，转行要顶格；这些写完了，在右下方分两行写上请假人的姓名及请假日期。

写请假条，除了格式要正确外，还要注意：话要写得简单明白；要运用礼貌用语；字要写工整，标点不能用错。

②知识介绍：

大雁为何总是编队飞行？

大雁是一种候鸟，老家在新疆、内蒙古、东北的北部和西伯利亚一带。它们春天回到北方，一到秋天，便携儿带女，成群结队向南方搬家。我国的广东、广西以及台湾等地都是大雁的“冬宫”。它们有的还远飞南洋群岛、缅甸、泰国、印度，它们在途中要飞行一至两个月（每小时飞60～90公里），为了避免“敌害”，它们总是结队飞行，由有经验的老雁当队长，幼雁和体弱的雁插在中间，形成一个强有力的集体。它们有时排单行，成“一”字形；有时排双行，成“人”字形。

除了“团结就是力量”这个原因外，大雁还从飞行中懂得编队飞行可以提高飞行效率。一群呈人字形的编队飞行的大雁，要比它们单独飞行节余30%的体力。这是因为编队飞行的每只大雁，当前面的雁向下鼓动翅膀时，可以产生一股微弱的上升飞流，后面的雁就可以借助这股上升气流的冲力，在空中滑翔，以减少自己体力的消耗。如果不这样，它们是无法支持两个月连续飞行的。它们这样一只接一只地编队飞行，自然就形成一支整齐的队伍了。

这就是大雁为何总是编队飞行的奥秘。

训练要求：

①力求通俗易懂，切合学生理解水平，尤其要注意力避专业术语；

②注意从不同角度作追加复述；

③语速不宜过快，吐字力求清晰。

3. 评述训练

(1) 话题训练

训练内容：

请就下面的文字发表一段评述：

据1989年11月29日《新民晚报》报道，11月14日傍晚5时许，公交101路新风车驾驶员杜明生驾驶一辆公共汽车从吴淞驶向北站。途中，人们看到一辆外地汽车油箱起火，那位驾驶员急得束手无策。小杜看见后立即停车，拿起车厢里的灭火机，冒着呛人的浓烟和油箱随时会爆炸的危险，奋不顾身去扑灭了烈火。外地司机拉住小杜的手感激不已。但遗憾的是，当小杜回到车上时，车厢里隔车观火的部分乘客竟指责他多管闲事，自讨苦吃，并怪他耽误了他们回家的时间。

训练方法：先想好自己的观点，打好腹稿，然后即席发表评述。

【提示】

①注意述有选择，评有针对；

②先述后评，边述边评均可。

（2）课题训练：

作文教学中的评述。

【示例】

……大家听我讲个故事。北宋时有位著名诗人，叫梅尧臣，诗写得又快又好。有一次，他同几位文人朋友一道乘船到一个地方，船开得很慢，大家觉得很寂寞，很无聊，就聚在一起吟诗、对对子。一个诗题一出来，别人还皱着眉头苦苦地想，梅尧臣已经一边吟诵一边提笔写出一首绝妙的好诗来。人人都惊叹梅尧臣有“一肚皮好诗”。但是不久人们就发现了其中的秘密。大家发现梅尧臣身边有一个布袋，他不管是靠在船舱休息，默默地看江面美丽的景色，还是上岸游玩、谈笑，甚至在吃饭、睡觉时，常常会突然掏出一张小纸片儿，在上面写些什么，然后塞进那个小布袋里去。有人趁梅尧臣不在意时打开布袋，一看，原来里面许许多多小纸片写的全是妙言佳句——大家终于明白，梅尧臣时时都在认真观察、思考，在积累材料，时时都在锤炼语言。他提笔就能写出绝妙好诗的原因全在这里。有人说，他这么做不累吗？原来，他懂得，写作虽然在于一时。但是积累全靠平时。有的同学平时没有积累，写作文时脑子里是空空的，最后勉强凑几句，敷衍交差，这样文章怎么能写得好呢？俗话说，“巧妇难为无米之炊”，没有“米”怎么做饭呢？没有材料怎么作文？用脑子记，当然是可以积累一些东西的，但是完全靠脑子记，能记多少东西呢，而且也记不住。“好记性不如烂笔头”，我们要养成随手勤记的好习惯。比如准备一个小本儿，有什么好的想法，好的语句，就记在上面，这样对写作文是大有好处的。

【评析】

这段评述，教师先生动地介绍了梅尧臣勤思勤记、落笔成诗的轶事，然后对其作评述。由于是面对小学生，“述”可以更生动、更丰富一些，而评价又须切合学生理解水平，并指出如何去做。这几方面在这段评述中都体现得比较好。

训练内容：先看下面的资料，然后完成练习。

①杰克·伦敦是美国的一位进步作家。他家境贫困，读书不多，自从立志从事文学创作以后，他就抓紧读世界名著，特别是莎士比亚、歌德、巴尔扎克的作品，不断地丰富自己。为了掌握文法，掌握更多的词汇，他把书中、字典中和生活中学到的有表现力的单词，依次抄在一张张小纸片上。他把这些小纸片，放在衣袋里，参加音乐会、拜访朋友、散步时，只要一有空就摸出来读读、想想，用它们组织成一个句子或者一段话。他还把有的纸片挂在窗帘上、衣架上，挂在柜橱上、床帐上，连梳妆台镜框的缝隙里，也插上了词汇纸片。这样，他对着镜子穿衣、刮脸，甚至入睡前或者一觉醒来，都能看到。后来，他成了著名作家。有人问他，他的语言为什么那么丰富、那么俏皮，而且写得毫不费力？杰克·伦敦公开了自己的“秘密”。他说，他写文章之所以得心应手，一气呵成而很少修改，没有语病，就是靠了这个“笨”办法，日积月累地掌握了大量的词汇，才收到这样的效果的。

②高尔基最初学习写作，走过一段“鹦鹉学舌”的弯路。他读了不少诗，也想写诗，就把意大利的和英国的著名诗人的诗句抄下来，抄录了不少，然后拼拼凑凑“写”成了一首长诗：《老橡树之歌》，并且兴冲冲地把它送给当时很有名的作家柯罗连柯看。他满以为一定会得到称赞，可是，老作家读过以后，皱起了眉头。柯罗连柯语重心长地说：“请您说自己的话，写您看到的东西吧！”高尔基脸红了。回来以后，把《老橡树之歌》从头到尾仔细看了几遍。把别人说过的话全部画掉，只留下两句自己的话：“我到这个世界上来，

就是为了不妥协！”确实，他没有“妥协”，又鼓起劲头，动手写第一部小说《马加尔·邱德拉》。虽然这部小说不大成熟，但是，由于他用自己的话写出了自己的感受，热情歌颂了主人公渴望自由的乐观主义精神，给当时的文坛“带来了一股清新的气息”，引起了人们的注意。高尔基在文学的道路上刚刚起步的时候，是柯罗连柯的亲切教诲，使他走上了一条正确的路。

③唐代大诗人李白，读了《文选》以后，深受启发，就仿写了许多“赋”(一种有韵的散文)。后来，他一篇篇地修改，前后三次，每修改一次就烧掉一部分不满意的文稿，最后只留下《恨赋》、《别赋》两篇，有一篇现在已经失传了。

晋朝有位文学家、史学家，叫夏侯湛。他辛苦多年撰写《魏书》。后来他听别人告诉他，陈寿也写了这一段历史，书名叫《三国志》，共60篇，他就赶快找来读。当他发现陈寿的《三国志》确实写得比他的《魏书》好时，他不声不响地把他那本还没问世的书稿烧掉了。

④俄国有位著名作家，叫果戈理。有一次，他请来一位老诗人，对他刚写好的剧本提意见。他先请诗人在他家吃了午饭，然后请他坐在靠椅上，听他读剧本。果戈理津津有味地读着，老诗人舒舒坦坦地靠在椅子上，听着听着，打起瞌睡来了。果戈理看看瞌睡绵绵的诗人，皱皱眉头，停止了朗读。诗人一下子醒了过来，抱歉地说，他年纪大了，有午睡习惯，刚才小睡片刻，实在提不出什么意见。果戈理冷静地说：“谢谢您！我已经听到了您的意见了。您打瞌睡就是对剧本最好的批评。”说着，他毫不犹豫地把剧本丢进炉火正旺的壁炉，不一会儿，手稿已烧成一卷纸灰。老诗人赶忙上前制止，已来不及了。

其实，果戈理烧他不满意的文稿，不止这一次。年轻时，他就烧过自己的小说《海士曼》、《第三战役的乌拉基米尔》。最著名的长篇小说《死魂灵》的第二部分，他反复修改，写过两遍，都不满意。

他在重病去世前10天，又悄悄地把第二部分稿拿出来，烧掉了。

训练方法：请结合小学某年级的作文情况，运用以上提供的材料，设计教学中的评述语。

(3)“说课”

【资料】

“说课”是教师口语训练的好形式

什么是“说课”？说课是从教者用教育理论指导课堂教学的一种述说，是解说和评说的结合，是对课堂教学的解说与评说的双边活动。述说者要用清晰准确的语言，有条理地述说课堂教学的教材处理、教法选择和相关的理论依据；而评说者除从中受益外，又可以提出质疑，并根据一定的标准给予恰当的评价。这个过程也是很好的口语训练的过程。

说课包含以下几方面的内容：

①说对教材的理解；

②说教学目的制定的依据；

③说教学方法运用及其依据；

④说教学过程以及教学细节的处理；

⑤说板书设计；

⑥说教学效果并作评价。

说课的方法，一是教者主述，集体评议；二是教者答询；三是片断演示并作解说；四是集体讨论。这四种形式都建立在“说”的基础上，这就使“说课”不仅是教学研究活动，也是口头表达的训练活动了。

（据汤瑞桢主编《说课》有关内容改写）

【示例】

小学语文第六册《试航》说课讲稿片断

今天我说的课题是《试航》，教材内容在六年制小学语文课文第六册第24课。先说对教材和教学要求的认识：

1. 教材简析：《试航》是六年制小学语文课本第六册第八组的第一篇课文。本组的训练重点是叙事时怎样抓住事物的主要情节，突出重点。而《试航》这篇课文作为本单元的第一篇讲读课文，也正体现了这样一个训练重点。作者用较多的笔墨写了“克莱蒙特号”的试航过程，较详细地叙述了“克莱蒙特号”试航的时间、地点、人们和富尔顿在试航过程中的表现，而富尔顿的出生和“克莱蒙特号”的试制过程则略写，这些都充分肯定了本文在本组课文中所占的地位。

2. 教学要求：根据《小学语文教学大纲》对本年级段的具体要求，结合教材特点及学生情况，我制定了以下几个教学要求：

(1) 学会11个生字和由生字组成的新词，培养学生查字典、联系上下文理解词语的能力。

(2) 让学生多层次朗读，在朗读中体会人们的行为表现和思想感情。

(3) 依据重点段和自然段来培养学生划分段落的能力，并要求学生抓住文章重点，弄清重点段内句群之间的内在联系。

(4) 使学生懂得：任何一种发明创造都要付出艰苦劳动，不怕失败，坚持反复试验，才能成功。体现《大纲》文道结合，教书育人的要求。

3. 重点及难点：为了突出本单元的训练重点，结合本文特点，我把“克莱蒙特号”的试航过程定为本课的重点，引导学生按事情发展顺序，弄清重点段内句群之间的内在联系。

由于小学生接触社会较少，对世界地理知识的了解也不多。在理解“蒸汽机”、“大洋”、“海峡”等词语时可能会有一定难度，因此，我把理解这些词语作为本课教学的难点。

（选自马龙杰、丁西省统稿的《说课》一书）

小学自然常识“机械”说课讲稿（节选）

根据“直观教学”原则，我准备运用观察、谈话法导入新课，以起重机为例，引出滑轮的作用，激发学生的学习兴趣，并利用起重机的作用对学生进行思想教育。

我这样问同学们：你们见过起重机吗？起重机能帮助人们干些什么呢？学生可能会随口回答：“起重机能帮助人们搬运木头、钢铁等很多的重物。”这时我予以肯定，就说：“对！我们学习机械，认识机械，就是让它更好地为人类服务。”在此可以对学生进行学科学、爱科学、用科学等思想教育。接着我想又问，你们知道起重机是怎样吊起物体的吗？同时出示挂图(课文P29下图)。向学生提出问题，要求学生思考，挂图上的图是哪种机械上的一部分？这部分机械有什么作用？它是有哪几部分组成的？估计学生回答后两问可能有些困难，我准备适当加以解释。接着介绍滑轮、定滑轮、动滑轮的概念，并突出课题，板书课题。为了使学生能深刻地认识滑轮的概念，同时也为研究滑轮的作用打基础。请几位同学分别说一说挂图上哪个是定滑轮，哪个是动滑轮。我继续提出问题，当物体随着动滑轮升降时，定滑轮、动滑轮各有什么作用？你注意过这个问题吗？怎样才能弄清这个问题呢？这时我启发学生用前面研究轮轴作用的方法来研究滑轮的作用。

由于学生所处环境和生活条件不同，基本上对起重机有过接触，以它为例让学生观察，师生谈话，引入研究定滑轮的作用。符合儿童心理特点和认识规律，从感知事物和现象入手，由具体思维到抽象思维，通过由浅入深，由易到难，循序渐进的设问，吸引学生的注意力，调动学生积极性和主动性，激发他们去思考、分析、争议，使他们大脑的兴奋点集中在课堂教学的中心上，同时为下面研究滑轮的作用提供了思路，这样步步深入，也起到承上启下的作用。

(选自马龙杰、丁西省统稿的《说课》一书)

训练方法：“说课”是解说与评说的综合训练，是在教学研究中推动口语表达训练的一种形式。请选择一门课，确定一个课题，认

真准备，开展“说课”活动。说的内容包括：

(1) 对某一教材如何理解？对难点作重点说明。

(2) 教学目的如何制定的？有何依据？

(3) 准备用什么教学方法？为什么？

(4) 教学环节有哪一些？

(5) 教学中如果遇到意外情况如何处理？

(6) 作一个片断的教学演示，然后作说明。

(7) 说一说主要教学环节教学口语的设计。

其说课的过程，可以安排为教者主述——集体评议、教者答询——教师小结。

(四) 主要教学环节的口语技能训练

1. 导入语训练

【示例】

(1) 一位教师用创设问题情境的方法导入新课。她说，教《我和狮子》这课时，开始她提出了这样的问题：“狮子是一种非常凶猛的野兽。一次，因笼门没锁好，徐州动物园的一头狮子夜间跑了出来，咬死了一个人。解放军战士赶到，才用枪打死了这头狮子。可《我和狮子》的作者——一位英国女学者却和一头狮子一块生活了三年！她为什么要和狮子住在一起？狮子不吃她吗？”同学们都睁大好奇的眼睛，感到非常有意思，对学习这一课产生了浓厚的兴趣。

(2) 一位教师教《植物怎样传播种子》时，先问学生：谁看到过房屋顶上、悬崖峭壁上长有植物？有的学生说在电影上看到过，有的说亲眼看到过。我又问：这些植物是谁种上去的？大部分学生虽然看到过这种现象，但平时没认真思考过，经老师一提，感到问得很新奇，自已似知非知，处于想说又说不出来，欲罢又不忍，跃跃欲试的状态之中。

(3) 一位教师教小学自然《水的蒸发》一课时，这样开讲：

师：我在黑板上写个字，同学们看它有什么变化：(师用湿抹布在黑板上写个“水”字)

生：(观察一会儿)“水”字由大到小，最后不见了。

师：那么这个“水”字跑到哪儿去了呢？

生：水干了，“水”字就不见了。

师：这种“水”慢慢干了的现象就叫“水的蒸发”，今天我们一起来研究“水的蒸发”。

训练内容：

(1) 仿说

一位教师教《海底世界》运用的导语是这样的：

教师一走进教室就用兴奋的目光扫视学生，然后问：“同学们，你们喜欢大海吗？”

生：(齐答)“喜欢。”

老师兴致勃勃地说：“我也喜欢大海，今年暑假我还特地到北戴河海滨去看过大海。大海是那样辽阔美丽。白帆点缀着碧蓝的海面，洁白的海鸥在水天之间翱翔。望着这美丽的景象，我忽然产生了一个想法：这大海深处是什么样子呢？那里有没有阳光？有没有声音？有没有深山峡谷？有没有动物、植物和矿产呢？我是多么想知道这一切啊！同学们，你们和老师想的一样吗？想知道海底是什么样的吗？”

生：“想知道。”

师：“好！今天我们学习一篇新课文《海底世界》，它将向我们介绍海底深处许多新鲜、有趣的事。那么海底究竟是什么样呢？让我们来细心读课文。”

训练方法：熟读后在班级模拟演练

【提示】

①这是以激发情感的方式导入新课。教师说话要声情并茂，把

学生带入相关的意境；

②注意语音的修饰。

（2）话题训练

请根据下面的教学安排设计导入语

上课了，美术课老师拎着一只口袋走进教室。学生不知袋中何物，都想探个究竟。第一个学生走上前把手伸进口袋，“是把茶壶”。第二个学生摸索一会儿后描绘了茶壶的形状。第三个学生碰到了难题，他无法回答“茶壶是什么颜色”这个问题。于是周老师便对大家说：“每人按照自己喜爱的样式、花纹、颜色画一把茶壶。”快下课了。各式各样的茶壶画好了，老师才解开布袋，让那神秘的茶壶“亮相”。

（3）话题训练

请根据下面给的材料，设计“列方程解应用题”的导入语

2000年前，古希腊出了一位著名的数学家，他的一个很重要的贡献是用字母来表示未知数和用字母进行一些运算，他是近代符号代数的鼻祖。他写过三部书，其中最著名的是《算术》。这是一部很伟大的著作，它在历史上的重要性可以和欧几里得的《几何原本》相提并论。可惜的是，他的年龄和生平史书上没有明确记载，惟可供查考的是他那别具一格的墓志铭。全文是这样的：“过路的人！这儿埋葬着刁潘都，下列数量可以告诉您，他一生度过了多少个寒暑。他一生六分之一是幸福的童年，十二分之一是无忧无虑的少年。又度过了一生的七分之一，才建立了幸福的家庭。五年后儿子出世，但孩子在世上的光阴只有他父亲的一半。老年丧子，老人真可怜，悲痛之中度过了四年，终于结束了自己的一生。”请你算一算，刁潘都活了多少岁，才和死神相见？

（4）讨论并改说

①下面是小学数学“比例尺”两段不同的导入语，讨论一下，说说哪一种更好些？请设计一段导入语，最好能与这两段不同：

A. 有一位老师在教“比例尺”时用启发式谈话创设情境，导入新课

一上课，便按学习小组把全班同学分成六个红领巾旅游小分队，指定某小分队到杭州旅游等。

师：要旅游祖国的名城胜地，出发前要算出从重庆到各旅游胜地的行程。谁算得正确、迅速，谁最先到达，也就是这次旅游的获胜者。

生：如何计算？

师：今天讲的新课就是介绍计算方法。（板书课题——比例尺）

B. 在讲“比例尺”时，教师是这样激发学生的学习兴趣的。

上课时教师在黑板上挂出一幅1∶6000000的中华人民共和国地图。教师指着地图告诉学生：“只要你用直尺量出地图上两个城市间的图上距离，我就能马上告诉你在地面上的实际公里数。”

于是教师请一位同学到黑板上量出北京到天津的图上距离是2厘米，教师立刻回答出北京到天津的实际距离是120公里。学生感到很吃惊。

接着，教师又让学生用直尺量出任意两城的图上距离，教师立刻答出地面上的实际距离。于是做起了“师生问答”游戏：

生：北京到南京图上距离15厘米。

师：两地实际距离900公里。

生：北京到西安图上距离15.5厘米。

师：北京到西安实际距离930公里。

…………

就在学生急于想知道其中奥妙时，教师向学生指出，“你们一定想知道我是怎样算的吧？等你学完‘比例尺’这节课后，可能比我算的还要快呢！”

②下面是小学语文《种子的力》的两段导入语。请讨论其特点，并重新设计、试讲。

A. 师：同学们可能知道，抗日战争初期，广大民众在中国共产党的领导下，浴血奋战，抵抗日本侵略者，可国民党反动派却采取不抵抗政策，以致大片国土在日本军国主义铁蹄下呻吟，一时，消极悲观的气氛笼罩在祖国的上空，甚至“亡国论”盛行。这时，作家夏衍在四川重庆，面对这一情形，写了《种子的力》这篇文章，发表在当时的报刊上，目的在于鼓励民众像小草那样有弹性、有韧性、坚持不懈、坚韧不拔，抗争到底，夺取最后的胜利。今天，我们就来学习《种子的力》这篇课文。

B. 一位老师教《种子的力》，一开口就向学生提出这样一个问题：“世界上什么东西的力气最大？”学生听后，兴趣就来了，个个根据自己的认识争着回答。有的说是大象，它用鼻子就可以将一棵大树连根拔起；有的说是起重机，它可以把很重很重的东西吊起；有的说是千斤顶，它可以把汽车顶起……众说纷纭，谁也拿不准，都希望得到一个准确的答案。老师摸准这种心理，抓住时机，提出将要学习的课题说：“究竟世界上什么东西的力气最大呢？现在我们一起来学习《种子的力》这篇课文。”

③研究下面的导入语有什么特点，并根据所附资料重新设计一段导入语。

A. 教《飞夺泸定桥》一课，有个教师是这样讲的：

师：今天我们学习第十四课《飞夺泸定桥》。(板书课题)，请同学们读读课题。

生：(齐读) 飞夺泸定桥。

师：泸定桥在泸定城西，又叫铁索桥。红军长征时从这里渡过大渡河，北上抗日。请同学们想一想，课文为什么不用《过泸定桥》作为题目，而用《飞夺泸定桥》作题目？“飞夺”是什么意思？过桥就行了，为什么还要“夺”呢？

生：因为桥上有敌人的重兵把守，你不夺，他不让你过。

师：夺桥就行了，为什么还要用这个“飞”呢？

生：“飞”就是飞快，不快就过不去了。

师：不快，为什么过不了桥？我们带着这个问题学习课文就知道了。

B设计导语的材料：教《飞夺泸定桥》一课，应以表现环境的恶劣来突出红四团承担这次任务的艰巨，这场战斗的险恶。建议选用石达开在大渡河全军覆灭的故事引入新课：1863年6月，曾使清军闻风丧胆，逼得清军统帅曾国藩几次跳河自杀的太平军优秀将领翼王石达开率军从南京前往四川，在大渡河边被清军包围，因地形险要，太平军强渡突围失败，结果全军覆灭。红军长征挺进大渡河，蒋介石想把红军当作“第二个石达开”，他调集重兵，对红军围追堵截，妄图在泸定桥边把红军队伍全部歼灭，而结果呢？这样导入有助于紧扣主题，渲染大渡河的险，红军处境之难，突出红军险中求胜的胆魄。

2. 讲授语训练

【示例】

(1) 数学“行程问题”教学片断

师：当两个人在这一段距离中行走时，在运动的“方向”上会碰到哪些情况？

生：这两个人可能是面对面，背对背，或者向同一个方向前进。

师：对！这两个人可能是面对面，我们称它为“相向”；也可能是背对背，我们称它为“相背”；也可以是同方向，我们称它为“同向”。今天这节课我们学习的是有关“相向而行的行程问题”（揭示课题）。这两个人相向而行的出发点会不会在同一地点？

生：因为是相向而行，因此一定是在不同地点出发的。

师：在这类行程问题中，我们还要研究他们的出发时间。在出发时间方面可能会有什么情况：

生：在出发时间上：可能同时，也可能有先后。

师：两个人在这段距离中相向而行时，在一定时间内通过运动，会得到怎样的结果？（用教具演示）

生：这两个人相向而行时，会在某一点相遇；或没有相遇；中间还相隔一段距离；也有可能相遇后交叉而过。（教师边提问边板书）

运动方向：相同。

出发地点：两地。

出发时间：同时；不同时。

运动结果：相遇；没相遇；交叉而过。

(2) 语文《我的老师》教学片断

师：对。我读的时候在“难忘”二字下面加了着重号。我一直在想，文章写的几件事是不是值得难忘。作者写文章时如果有40来岁的话，离开他的老师总有二三十年了。可是连老师脸上的一颗黑痣都记得很牢，肯定这位老师是不平凡的。那么老师给我总的印象是什么呢？

生：（齐声）“温柔和美丽”。

师：对。把“温柔”和“美丽”的次序调换一下行不行？

生：不行，主要讲“温柔”。

师：“温柔”表现在哪里呢？对学生的爱。我想，我小时候，凡是爱我的人我都觉得他美丽，这是小孩子的心理。那么，从哪里可以看出她对我们的爱呢？“他从来不打骂我们”。可是，偏偏写要打我们。到底打了没有？

生：（齐声）没有。

师：只是“好像”。教鞭怎么样？

生：“轻轻地敲在石板边上”。

师：刚才有位同学说这里“狡猾”一词用得不当。“狡猾”是褒义词还是贬义词？

生：（齐声）贬义词。

师：那么这里怎么可以用“狡猾”呢？（指一学生）你讲讲。

生：小孩子是比较活泼的。

师：“狡猾”前边有个修饰语“儿童的”。

老师从来不打我们，有一次发火要打了，恰恰要打我，因此我的印象很深刻。

那么，课外生活呢？为什么不写唱歌？为什么跳舞给我留下深刻的记忆？

生：（齐声）“把我扮成女孩子……”

师：多么有生活情趣！下边写假日里到朋友家去玩，留下的印象是什么？

生：认识了蜂王，吃了蜂蜜。

师：而且是“第一次”，因此印象深刻。看了这几段，我对这位老师有了感情了。假如我有这样的老师，我一定很高兴。课堂上对我们很严，又很爱，课外又带我们参加丰富的文娱活动，假日里又让我们接触自然，开阔眼界，你们能说不是一位好老师吗？

（3）语文《我的战友邱少云》教学片断

一位教师执教《我的战友邱少云》文中“邱少云像千斤巨石一般，趴在火堆里一动也不动。”这一比喻颇给人以启示。现把教学片断实录在下，并略作评析。

师：邱少云是一位伟大的战士，作者为什么把他比作“石头”呢？烈火中的邱少云与石头有哪些相似之处呢？

（这一比喻句看似平凡，其实不平凡，它是全文的“文眼”。教者在学生无疑处设疑，于平凡处教出不平凡。）

生：（思索后回答）：石头在烈火中是不会动的，邱少云在烈火中也一动不动，所以作者把邱少云比作“石头”。

（纹丝不动，这是两者的相似之一。）

师：这是他们的一个相似之处。还有吗？

（不是浅尝辄止，而是把思维引向深入。）

生：石头在烈火中是不会发出声音的，邱少云在烈火中连一声呻吟都没有发出，所以比作石头。

（悄无声响，这是两者相似之二。）

生：老师，还有一个原因。石头是坚硬的，不怕火烧的，邱少云也像石头那样坚强，不怕烈火烧身。

（不畏火烧。这是两者相似之三。）

师：噢，石头是不动的，烈火中的邱少云也纹丝不动；石头是无声的，烈火中的邱少云也一声未吭；石头是坚硬的，烈火中的邱少云也意志坚强，不怕火烧。正因为有这三个相似点，所以作者才把烈火中的邱少云比作“石头”。这一比喻句用得多么恰当啊！

（老师小结，强化印象，让学生体会作者遣词造句的用心。）

师：为什么作者不说“邱少云像石头一样趴在地上一动也不动”，而说“邱少云像千斤巨石一般”，这里的“千斤”和“巨”两个词各突出了什么呢？

（紧扣词句，继续深究。问得好！）

生：“巨”是高大的意思。这里用上“巨”字突出了邱少云趴在烈火中的形象高大，仿佛要抬起头来才能看得清楚！

生：老师，我是这样理解“千斤”的，“千斤”说明很重很重，这里的邱少云像泰山一样稳稳地趴在烈火之中，即使别人去推也推不动的。这里突出了邱少云为了严守潜伏纪律，宁愿牺牲自己，决不暴露潜伏部队的决心。

师：看，普通的一个比喻句竟然包含着这么丰富的内容，我们祖国的语言文字是多么地有表现力呀。我们读书就应该这样咬文嚼字，体会出语句所表达的情感来，读出语言的味道来！

（适时小结，引导学生热爱祖国的语言文字，指导学生读书的方法——咬文嚼字，读出味道。这样的小结叫做“画龙点睛”。）

（引自《师范教育》孙双金　文）

【评析】

这几个讲授片断所使用的教学口语，因是经过整理的，有书面语色彩较重的倾向。但是，教师能正确理解教材，用语精当，条理分明，突出了侧重面，而且表述有一定的吸引力。例1中，教师讲行程问题的几个概念，紧扣容易模糊的关键处讲授；在例2中，教师情绪饱满，动情地讲授蔡老师的“温柔”之处，几段集中讲授有激情，有探询，也有点拨，有归并，层次很清楚。《我的战友邱少云》的一句话的教学扣紧一个比喻句，层层深入地将本体与喻体的关系作为讲授的侧重面，体现了讲读教学的深度。

训练内容：

(1) 仿说

①

师：……你们知道《在仙台》这篇文章是谁写的吗？

生：《在仙台》是鲁迅写的。(板书：鲁迅)

师：……鲁迅是我国最伟大的文学家、思想家、革命家。这一篇文章是讲他在日本东京、仙台那一段的生活。鲁迅是在22岁的时候到日本去的。先到东京，在东京读了两年书，又到了仙台。仙台也是日本的一个地方。大家知道日本有几个大岛吗？这下又考住了。日本有四个大岛，其中最大的一个岛叫做本州。(板书)本州的东南部有东京，本州的东北部有个比较偏僻的小城市，叫仙台。那个时候在东京上学的中国留学生很多。鲁迅22岁去的时候是1902年，想想看，那个时候是辛亥革命以前呢？还是辛亥革命以后？你说说看。

生：是辛亥革命以前。

师：对，那时是辛亥革命以前，是哪一个朝代呀？

生：清朝。

师：对，鲁迅到东京去上学的时候还是清朝。那时候男子都留着辫子的。那个时候叫做清国，满清帝国。清国留学生到日本去上学。鲁迅在东京上学，看到留学生在那里过的日子很不好，有的留学生很用功，有的整天就在那里玩玩乐乐，鲁迅心里很不高兴，就跑到一个没有清国留学生的地方去，这个地方就是仙台。仙台那个地方有一个医学专门学校，鲁迅到那儿去上学。

……这篇课文就是说的鲁迅刚刚到仙台去的事。

②

师：你们知道《粜米》这篇课文的作者是谁呢？

生：叶圣陶。

师：对，是叶圣陶爷爷写的。我们过去学过的《记金华的双龙洞》、《赶集》都是叶圣陶爷爷写的。这篇课文是从他解放前写的小说《多收了三五斗》中节选下来的。你们读过课文了，知道它写的是什么时候的事吗？

生：旧中国的事儿。

师：对，是写旧中国的事。那时候是什么样子，大家不清楚，老师简单地说一说吧。1931年，咱中国发生了一件大事：日本帝国主义发动了“九·一八”事变，侵占了东北三省。那时候，英、美、法等帝国主义已经侵入了我国，又加上了个日本，中国人民更倒霉了。帝国主义给中国造成了很大的灾难。他们一方面用武力侵略，一方面搞“经济侵略”。他们为了抢占中国这个市场，运来很多工农业产品，来排挤中国的民族工商业，使我们的东西卖不出去，民族工商业到了破产的境地。国民党反动派又采取了投降的政策，对外不抵抗。于是，地主、资本家以及投机商人就趁机加紧剥削人民。这篇课文写的就是农民在丰收以后去卖米，米价跌了，农民吃了亏的事儿。

（选自湖北《口语教程》）

训练方法：

①先试讲，作独白方式的演练，录音后作自我评价；

②作公开模拟演练，评议。

训练要求：要有较鲜明的教师“角色意识”，在讲授的语气、语调、停顿、重音等语音修饰技巧上下功夫。

（2）设计并试讲

①向小学五年级学生讲“少壮不努力，老大徒伤悲”，对学生进行思想教育，要求学生懂得，浪费时间，对一个人来说就是浪费生命；浪费时间，对国家来说会造成无可挽回的损失。因此，同学们要珍惜时间，为祖国的“四化”建设争分夺秒地刻苦学习。

建议：通过闹钟、幻灯的直观演示，让学生了解“一分钟”的重要作用，结合谚语“寸金难买寸光阴”，进一步说明：时间是宝贵的。因为，它具有方向性，永远朝一个方向流逝，过了今天，今天就不会再回来。虽然时间无偿地奉献给了每一个人，可它是金子买不回的。举例说明：战场上时间与胜利；运动场上，时间与速度；我国运动员，为了给祖国争光，坚持最后“一分钟”的拼搏，冲刺，这一分钟又是何等宝贵。

②向小学四年级学生讲“什么是‘队列’”。

③向小学四年级学生讲“什么是‘动词’”。

（3）讨论

①

一位实习同学担任小学二年级语文教学。在语汇教学中解释“轮流”一词时说：“什么叫‘轮流’呢？‘轮流’就是循环往复，周而复始的意思。”而同年级的实习的另一位同学却是这样讲的：“今天我们学习一个新词‘轮流’。‘轮流’是什么意思呢？你们都当过值日生。前天是汪小丽当值日生，昨天是方会圆当值日生，今天是李向红当值日生，明天是张伟林当值日生，过一段时间，又轮到汪小丽当值日生。这样当值日生就叫轮流当。你们可以轮流当值日生，还可以轮流唱歌，还可以轮流干什么呀？……‘轮流’的意思懂吗？”

②

一位教师是这样叙述的：这篇课文是以物命题，什么叫落花生？为什么叫落花生？（教师指着挂图讲述）落花生就是花生。这是因为花生的花落了，子房柄就钻到土里长成花生果，所以叫落花生。这篇课文是作者许地山童年生活的回忆。许地山是现代小说家、散文家，“落华（花）生”是他常用的笔名。因为小时候对父亲关于花生的一席话，印象很深，他决心要像花生那样去做有用的人，所以特地用这个笔名。课文也就以它为题。

另一位老师释题讲解却是这样的：

落花生是什么意思呢？落是种的意思，落花生就是种花生。

（选自朱特雄、熊源职、赵和平主编的《口语教程》）

训练方法：先进行小组讨论，比较这几段讲授语有哪些共同特点，有哪些不足。然后根据这几份材料，自已设计对“轮流”、“落花生”的解释，并试讲。

训练要求：做到准确、生动，富有儿童情趣。

（4）改说

一位教师讲《暮江吟》三、四句时说：“九月初三的夜晚，景色多么可爱啊！露水像珍珠一样明亮，弯月像弓一样，挂在西边的天空。”随后她问学生还有什么不懂，可以提出来。于是学生七嘴八舌地提开了。

有的说：“月亮刚出来在东方，怎么挂在西边的天空？”

有的说：“题目是《暮江吟》，为什么写夜里，不是跑了题吗？”

教师不知所措，含含糊糊地答道：“月亮刚出来就是在西边。”为什么？教师说不出个所以然。学生照样皱着眉头，不满意。

训练方法：先想一想这位教师的这段讲授为什么失败了？请你找出原因，重新说一遍。

（5）课题训练

①数学课：根据如下一组例题，设计讲授语，使学生掌握带分数除法运算技能。

$$48\div\frac{1}{2}\qquad\frac{6}{8}\div6\qquad\frac{7}{9}\div\frac{5}{6}$$

$$1\frac{1}{3}\div\frac{3}{4} \qquad \frac{9}{10}\div 2\frac{1}{2} \qquad 8\frac{5}{7}\div 11\frac{3}{2}$$

$$2\frac{5}{4}\div 1 \qquad 1\div 23\frac{1}{2} \qquad 0\div 54\frac{7}{8}$$

$$9\frac{6}{7}\div 3\frac{1}{2}\div 43 \qquad 8\frac{4}{5}\div 5\frac{3}{4}\times 3\frac{1}{2}$$

②语文课：根据下面的教学建议，讲读《试航》第1、2自然段：

先让学生齐读，然后，介绍科学知识，不仅要使学生学习语言文字知识，也应该渗透正确的科学教育，使学生获得一定的科学知识。本段教学中，结合试航挂图，地理图，让学生知道：1.富尔顿想造的船和以前的船最大的不同点是什么？2.他为什么要造这种船？同时让学生了解这艘船是怎么造出来的，从中体会干什么都要付出艰苦劳动，并着重让学生根据课文理解“大洋”“海峡”的意思，说明把大洋变为海峡，使美国和欧洲成为近邻的原因是由于轮船的速度很快，通过宽阔的大西洋就像通过一条海峡那样容易，省时，从而使美国和遥远的欧洲像邻居一样。并适当地教给学生一些观察地图的方法。

训练方法：

（1）初上讲台应认真备课、写出详细教案（讲案）熟记于心，关键处句句记牢，然后试讲并录音，修正自己的教学口语。

（2）在班级进行模拟教学并评讲。

训练要求：讲授语必须做到：准确清楚、有吸引力、有侧重面。要运用多种口语修辞的技巧，使表达更有感染力。

3.提问语、诱导语、应变语综合训练

【示例】

①教“动物”这个概念：

一位教师是这样教学生学习“动物”这一概念的：

师：为什么说鸡、鸭、猪都是动物？

生：因为它们都会叫唤。

师：对吗？蚯蚓不会叫唤，不也是动物吗？

生：蚯蚓会爬，会爬会走的都是动物。

师：水里的游鱼，空中的飞鸟，不会爬也不会走，不也是动物吗？

生：它们都会活动，能活动的叫动物。

师：飞机会飞，汽车会爬，是不是动物？

生：它们自己不会活动，不是动物。

最后，师生共同概括出：能自己活动的生物叫动物。

②教“笔”这个生字：

特级教师斯霞是这样教学生认识“笔”这个字的：首先，老师拿起一支毛笔问：“笔杆是用什么做的？”学生答：“竹子。”于是老师便在黑板上写了一个“竹”字。接着又问：“笔头是用什么做的？”生齐答：“毛做的。”于是老师又写下个“毛”字并告诉同学们说，“竹”在上“毛”在下就是“笔”字。然后，教师又问学生：“除了毛笔，大家还知道什么笔？”孩子们争着回答：“铅笔、圆珠笔、蜡笔……”这时老师又举起手中的粉笔，孩子们敏捷地补充说：“粉笔。”

③小学说话课：“转告”

上课铃响了，学生等待于老师来上说话课。他怎么没来？于老师从来不迟到呀！几个小脑袋探出窗外张望——来了，怎么不是于老师呀？

一位青年妇女急急地走进教室：“请问，这堂课是于老师来上吗？我姓孟，是教育局的。请你们转告于老师，他的那篇文章本周内一定要写好，写好以后打个电话给我，电话号码是57159。”她重复了一遍，走到门口又说：“另外，他丢在教育局的一把雨伞，我给带来放在传达室了。”

她走了一会儿，于老师夹着书本匆匆进来：“对不起，刚才有急事，迟到了。现在上课。”

“老师——”一位胖乎乎的男同学喊起来：“有人找你……”另一位女同学补充：“是个女的。”

“有人找我？”于老师故作惊讶：“人，有老年人、年轻人、中年人……还是个女的？‘女的’范围也很广，你也是‘女的’呀！”他转身在黑板上写了两个大字：“转告”。接着说：“今天我们就来学学怎么转告别人一件事、一段话。转告，首先要准确，不能含糊。谁能把刚才的情况准确地转告我？请大家准备一下。”

小声的练习、窃窃的议论以后，大家对这位“不速之客”的介绍比较准确了。一位同学站起来说：“于老师，刚才教育局有位姓孟的阿姨来找你，请你把文章写好，有把雨伞放在传达室了。”

于老师点点头，说：“啊，是孟干事找我。那篇文章我还没有写，以后再说吧。”他又大惑不解地问：“雨伞？孟阿姨送我一把雨伞？”

大家笑起来，争先恐后地站起来补充：“谁送你雨伞啦？是你自己的。”“你忘了丢在教育局，孟阿姨给你捎来啦！”一位同学喊起来：“文章要快点写，阿姨说这个星期必须写好！”

于老师也笑了：“哎呀，原来还有这么多内容‘瞒’着没告诉我。大家记住，转告别人一件事、一段话，不但要准确，还要周全。”

一位同学又举手补充：“于老师，阿姨还说，你把文章写好以后，打个电话告诉她。”于老师问：“告诉你们电话号码了吗？”大家面面相觑，都不说话了。一位文静的女同学站起来，说：“电话号码是57159。”“对，是57159。”于老师夸奖她：“这个号码我总是记不住，你怎么一听就记住了？”“阿姨讲话时，我静静地听。电话号码阿姨讲了两遍，我听57159有点像‘我吃一碗酒’，就记住了。”

于老师兴奋地为她带头鼓掌：“说得好！这位同学在别人说话时是‘静静地听’，而且想办法记住重要的内容很好！只有这样，转告别人时才能做到又准确，又周全。好，现在大家再准备一下，看谁能把今天的事说得既准确又周全？”

于老师的说话课在热烈欢快的气氛中继续进行着。

（引自《师范教育》1993年3月常耕　文）

【评析】

这一组教学片断显示出教师较高的教学艺术水平。他们灵活运用提问语、诱导语、应变语，使学生在轻松愉快的气氛中学到了新的知识。这一切其实是让学生“自悟其理”。教“动物”这个概念，教师适时用反问归谬，激疑激争，把学生一步步诱入正确的思维轨道，包含着丰富的逻辑思维训练的内容。教“笔”这个字，言之有趣、导之有方，既强化了字形的感知，也使这个字的音、形、义的教学一气呵成。于永正老师的说话课，运用创设生活气息浓郁的情境，用提问、讨论因势利导地让学生掌握“转告”的说话要领，无论从教学设计上说，还是教学口语的运用上说，都具有独创性。

训练内容：

（1）讨论

试分析下面几则诱导语、提问语、应变语好在何处？

①有一位老师为了使学生理解：已知某数的几分之几是多少，求某数的分数除法应用题的数量关系，他运用诱导式开讲法，真是别开生面。

上课了，老师从粉笔盒内拿出2支粉笔，问学生。

师：老师的这个粉笔盒内原来装有几支粉笔？

生：（都感到惊奇）老师粉笔盒内原有几支粉笔，我们不曾看见，哪能知道呢？

正是老师突如其来的提问引起了学生的兴趣和注意。接着老师说：粉笔盒内原有几支粉笔，你们是难以猜着的，现在老师告诉你们：我拿出2支粉笔正好占有盒中的三分之一，你们想想，那么粉笔盒中原有几支粉笔？

生：“6支”！学生经过思索很快得出正确结论。

师：你是怎样想出来的？

生：老师提出的这个条件，正好是对应分率，一盒粉笔的三分之一是 2 支，则这盒粉笔的三分之三应是 6 支。

②小学语文中《松鼠》的习作例文要求：写动物一定要抓住动物的外形和习性特点。教师上课时说了这样一段话："同学们，今天我们学习写动物。你们先听我说一段描写动物的话，猜一猜我说的是什么动物："有一只动物，两只眼睛，四条腿，一张嘴巴，一个鼻子，一条尾巴，你们说是什么动物呢？"

③一位老师在板书时，将"植"字中间少写了一横。当他走到前来听课的老师身旁时，听课老师低声对他说："'植'字少写了一横，错了。"他等学生们做完了课堂练习，才回到讲台指着那个少了一横的"植"字问学生："同学们，你们看这个字写得对吗？"大家顿时活跃起来，有的说对有的说不对。老师就要求大家查字典，大家很快地统一了意见："老师写错了，里面应该是三横。"老师面带亲切的笑容，对大家说："是老师写错了，里面是少了一横。"然后郑重其事地用粉笔添上一横，并笑问："为什么要有三横呢？"给学生们一定的思考时间后，老师指定一位同学回答："植字是形声字，右边表音旁，是'笔直'的'直'字。"老师肯定了他的回答。

（2）思考回答

下面的提问和诱导为什么失败了？

①《葡萄沟》是二年级课本上的一篇讲读课文，读来饶有风趣。一位教师在教这一课的第一段时，提了这样两个问题要求学生回答：

"这一段的段落大意是什么？"

"课文开头有这样一句话：'新疆吐鲁番有个地方叫葡萄沟'，这样开头有什么好处？"

经教师多次暗示，学生仍然答非所问，教师不得已只好自己作了解答。

②在讲授 10 以内数的加法时，一位老师从桌箱中拿出三只小白兔和一只大灰狼的模型，说"同学们想想看，如果把这三只小白兔和一只大灰狼放在一起，一共有多少只动物？"学生回答："四只"。

老师说："对，一共有四只。"突然有一学生说："不对，应只剩下一只。"教师问为什么，学生说："因为大灰狼肯定会把小白兔吃掉，只剩下一只大灰狼。"教师哑然。因为教师原意思是想借助模型讲"1＋3＝4"的算式的。为什么会出现这种情况？

（3）设计提问

①当教师原来设计的问题，落后于学生的思维进程时，教师可以适时地追加提问，以调节难度。例如，在教学异分母分数加、减法之前，一位教师把"$\frac{1}{2}+\frac{1}{3}$"放在复习同分母分数加减法的口答题中，目的是使学生处于暂时的困惑中，以激发其探索知识的欲望。但出乎预料，有几个学生准确地作出了回答，不仅说出答案$\frac{5}{6}$，而且把"$\frac{3}{6}+\frac{2}{6}$"这关键性的一步也说出来了。这时教师该怎样追加提问呢？

②教"正比例的意义"，教师板书如下例题

一列火车行驶的时间和路程如下表

时间（小时）	1	2	3	4	5	6	7	……
路程（公里）	60	120	180	240	300	360	420	……

请围绕正比例的意义，抓住$\frac{y}{x}=K$（一定）中K是常量，x是自变量，y是因变量，运用"列举法"进行系统提问。

（4）续接教学片断

请根据下面教学设计的内容组织教学语言，并将这个教学课题完成。

①学分数除法时，学生对于"一个数除以分数就是这个数乘以原分数的倒数的运算法则"，往往产生这样的疑问：把除法变为乘法算，为什么计算结果还是一样的？

师：求4的一半是多少？有几种方法求得？

生：①$4\div2=2$ ②$4\times\frac{1}{2}=2$ ③$4\times0.5=2$

教师引导学生重点分析比较 $4\div2$ 和 $4\times\frac{1}{2}$ 两个算式的区别与联系，这样在学生头脑中初步形成一个数除以另一个数等于这个数乘以另一个数的倒数的方法。

师：如果除数是分数，或是小数，是不是也可变成乘以它们的倒数？

这时班上讨论开了，有的说可以，有的产生疑问。

师：你能说出它的道理吗？

这时学生思维活跃、积极探索。最后老师引导学生观察例题，进行比较分析，从而使学生理解了“甲数除以乙数等于甲数乘以乙数的倒数”的运算法则。

②在讲行程问题时，有位教师设计了这样一道题

少先队员张红参加登山运动，上山每小时走 6 里，从原路下山每小时走 12 里，上下山每小时平均走多少里？

教师刚把题念完，同学们不加思索就做出结果了：$(6+12)\div2=9$（里）

这时老师又举例：假如这山是 36 里，那么你们验算一下自己的结果，是否正确？

同学们进行验算，发现自己的做法不对。 $(36\times2)\div\left(\frac{36}{6}+\frac{36}{12}\right)=8$（里）

接着教师又举出几个根据山高 72 里、84 里、108 里…叫学生做，学生做出来都是 8 里，这时学生都感到惊奇，要求教师讲一讲道理……

③教《黄河象》一文的难点是引导学生想象理解黄河化石的来历，认清黄河象化石形成的条件。对此，在教学时，首先通过启发谈话：“1973 年春，甘肃省有个地方在挖掘沙土时忽然发现沙土中一

段洁白的象牙，后来在上级指挥下进行挖掘。这具化石出土时的形象怎样呢?”学生根据课文想到了黄河象化石站立的姿势：“斜斜地插入沙土”“脚踩着砾石”。以此为出发点，引导学生思考“这样的化石是怎样形成的呢?”教学第二段。这样的教学程序，顺应学生认识事物的情理。凭借“斜斜插”“脚踩砾石”，结合第二段内容，比较容易理解推导这具化石的来历。推测有依据，想象有实体：1. 一群干渴的黄河象高兴地来到小河边。2. 带头的先到河边的老年公象右脚踩块圆石，石陷，右脚来不及收回而渐渐地陷进直到淹没淤泥里。3. 年长日久，泥沙掩盖骨胳和象牙终成化石。这样去想象推导，索本求源，顺理成章。请据此设计完成这个课题的教学。

（5）讨论并仿说

①有位老师在教物体的热胀冷缩的原理时，先拿了一个瘪了的乒乓球问：“怎样才能使它鼓起来?”一学生回答：“放在热水里烫。”教师问“是什么力量使它鼓起来的?”学生回答：“热水。”

然后，老师把球戳破，并捏瘪，放进热水里说：“大家看，热水流进球内，但并没有使球鼓起来。那么到底是什么力量使刚才的瘪球鼓起来的呢?”接着老师演示了书本上的三个实验。这时有学生起来回答了：“是乒乓球里的空气被热水烫热，膨胀起来了。”老师乘机追问：“那么戳破了的乒乓球为什么鼓不起来呢?”学生自信地回答：“因为热空气从洞口跑掉了。”

②

师：“陶醉”一词是什么意思呢？请同学们看看课文，想一想。

生：陶醉是如醉如痴的意思。

生：陶醉是入了迷的意思。

师：他们两个理解的重点是个醉。为什么如醉如痴？为什么入了迷？

生：听了这个曲子弹得太美了，兄妹俩听了非常高兴，入了迷了，所以整个身心沉浸在美妙的乐曲声中，被乐曲陶醉了。

生：听了这个曲子，心里非常快乐，兄妹俩心满意足了，他们沉浸在享受之中，把周围的一切都忘了。

师：好的。这里的快乐啊，高兴啊，满意啊，乃至于忘掉了一切，沉浸在美妙的享受之中，这就是陶醉一词的含意。那么从这篇课文里的哪些地方可以看出兄妹俩被这美妙的琴声陶醉呢？

生：盲姑娘眼睛看不见东西了，但听到这美妙的琴声后，眼前出现了一幅美丽的图画了。

生：等贝多芬走后，兄妹俩才苏醒过来，他们才知道贝多芬走了，这说明他们如醉如痴，被音乐所陶醉了。

师：连贝多芬走出茅屋他们都不知道，仍旧沉浸在音乐所描绘的情境之中。这样，我们就理解了陶醉这个词了，对课文的理解也就深了些。

③

一位教师讲《跳水》的开头“有一艘轮船环游了世界，正往回航行。这一天风平浪静，水手们都站在甲板上……”设计了这样一组提问语：

师：课文开头“风平浪静”是写什么？

生：是在表达当时的环境。

师：为什么要交代这个环境？

生：因为是在返航途中，加上“风平浪静”，水手们愉快、悠闲，所以才有时间、有兴致拿猴子取乐。

师：是不是就这些？

(纷纷举手回答)

生：正因为“风平浪静”，所以图上轮船降下了船帆。

生：正因为“风平浪静”，猴子和孩子爬桅杆很快，很顺利。

生：正因为“风平浪静”，那个帽子才能挂到桅杆横木的一端而不致被风刮下。

生：正因为“风平浪静”，船长才有兴致打海鸥，船长叫孩子跳到海里的急救的办法才能生效，水手们才能在40秒钟内把孩子打捞上来。

（选自湖北《口语教程》、山东《口语课堂教学集锦》）

训练方法：

①讨论这几则提问诱导教例的特点；

②同桌同学把这几则教学实录说给对方听；

训练要求：

①教例特点用评述、分析其提问的思辨性、量力性和协调性；

②仿说要运用语音修饰技巧。

（6）设计教学用语A

请根据下列材料设计应变语和诱导语。

①有位教师在教学直线、线段、射线时，一个学生突然提出了这样一个问题："老师，直线长还是射线长？"这一问题的提出，引起了学生的争论。有的说，直线比射线长。有的反驳说直线无限长，射线也无限长。所以直线和射线一样长……这时老师该怎么说？

②一位教师在教了乘数是小数的乘法后让学生练习：在下面的（　　）里填上"＞"或"＜"符号。

756×0.9（　　）756　　1×0.94（　　）1

425×1.1（　　）425　　314×1.26（　　）314

然后让学生讨论：在乘法中，乘数的大小与积和被乘数的大小，有什么关系？一位学生回答道：

乘数比1大的时候，乘得的积比被乘数大；

乘数比1小的时候，乘得的积比被乘数小。众学生附和，教师也颌首称是。但有一个学生一反众议提出：如果被乘数是0，无论乘数大于1还是小于1，乘得的积都与被乘数相等，等于0。这时教师该怎么说？

③在教学"加法的简便运算"前，预先在小黑板上写好一些数，叫学生做"找朋友"游戏，即找出能凑成整百、整千的两个数，用

线连起来。这些数是：

215	346
28	785
201	53
654	822
547	172
178	399

请设计诱导、提问语，逐渐引入加法变换律和结合律简便运算的教学。

(7) 设计教学用语 B

请根据下面提供的教学内容，设计提问语。

①在教小学语文《沙漠里的船》时，如果让学生默读前进行提问，以让学生对全文有所了解，教师提哪些问题为宜？

②《一张珍贵的照片》中有这样一个句子："小桂花爹连忙让座，用袖子把一条长凳抹了抹。"为帮助学生深入理解，可以设计怎样的提问语？

③某老师在教《昆虫》一课时，是这样帮助学生形成"昆虫"这个概念的：a. 先让学生观察蚂蚁身体的头部、腹部、胸部等构造。b. 把蚂蚁的头、胸、腹部等联系起来考虑。c. 接着观察其他虫子的身体是否有跟蚂蚁相同的构造。d. 在这个基础上，抽出它们的共同的本质属性（身体分为头、胸、腹三部分，头部有一对触角，胸部有三对脚），舍去非本质属性（如触角的粗细，腿的长短等）。e. 从而认识到"凡是具有以上本质特点的虫子，都叫昆虫。"f. 最后，让学生再举出一些昆虫的名称来（如蝴蝶、蝗虫等）。根据这个教学构想，设计诱导、提问语并进行模拟教学。

【提示】

A 提问语、诱导语和应变语在小学各科教学中占有重要地位。训练中除讨论外，宜创设教学情境，把教学口语的实践放在首位。

B部分参考答案：第三题设计提问①：立即抓住这个时机作新知的进一步探究，因势利导地追问了如下问题：a. 为什么这道异分母分数加法题要变成同分母之后才能相加？b. 分数单位不同为什么不能直接相加？c. 变成了同分母为什么能直接相加了？

第三题设计提问②，系统提问可这样设计：

1. 这道题中自始至终谁是固定不变的量？

2. 题中哪两种量是相关的量？

3. 题中这两种相关联的量是怎样变化的？

4. 两种相关联的量变化有什么规律？

通过这样的系统提问，逐步揭示了这两种相关联的量具有“同扩、同缩、比值一定”的规律，进而帮助学生总结出正比例的意义。

第六题①：教师应立即告诉学生，由于直线和射线都是无限长，无限长的线测不出一个确定的长度，所以，直线和射线不好比较长短。关于无限的知识，要到以后才能学习，所以对这些问题我们现在不讨论。这样，可使学生对所讨论的问题是非分明，不致造成概念上的混乱。

第七题①：叫学生默读《沙漠里的船》一文前，提了这样三个问题：“文中讲了骆驼哪些生理特点及作用？”“骆驼有哪三种特殊的本领？”“骆驼为什么被称为沙漠里的船？”

第七题②：a. 周总理来到小桂花家，小桂花的爹有什么反应？b. 我们用什么来抹凳子？小桂花的爹为什么用袖子抹？c.“抹了又抹”的“又”表示什么？

4. 综合训练

【示例】

（1）一位教师教《刻舟求剑》的结束语是这样的：

师：那个人的剑没有捞上来，我们同学很聪明，能不能想个办法，帮他捞上来呢？

生$_1$：叫挖沙船把剑挖上来。

生$_2$：用捞鱼网捞上来。

师：用网捞行不行？

生$_3$：不行，因为剑是铁的，网会搞破的！

生$_4$：用块吸铁石，把剑吸上来。

师：这个方法好不好？

生$_5$：不好，如果是铜剑就捞不起来。

生$_6$：开潜水艇下去捞。

生$_7$：不行，因为那是过去，现在剑已经烂了。

…………

（2）教《桂林山水》可作这样的结语：

同学们，我们通过学习《桂林山水》，真正领略到了桂林山水秀美多姿的风景。正如老师在课开始时所说，我们的祖国是一个美丽的大花园，像桂林山水这种美丽的地方还有许多。我们能够生活在这样一个美丽的国土上，难道不感到骄傲和幸福吗？难道不应该去热爱它、保护它、装点它吗？

（3）五年制小学语文课本第三册《动物过冬》的结语：

师：小朋友们，你们还想知道鱼、鹿、蜜蜂、苍蝇、袋鼠、狼这些动物怎样过冬吗？老师介绍一本书给你们看。（出示书）这就是《少年科学》。其中有一篇《动物过冬》，可有趣了，看了以后，你会得到不少关于动物过冬的知识。如果你对动物有兴趣的话，老师再介绍两本书给你们看，一本是《有趣的动物》，一本是《中国动物故事集》。今天我们的课就上到这儿。

训练内容：

（1）讨论并仿说

①小学自然第二册第十六课《青蛙和蟾蜍》的教学，有这样的结语：

师：今天我们学习了第16课《青蛙和蟾蜍》，最主要的要懂得：

第一，青蛙和蟾蜍有能适应在水里生活和能适应在陆地上生活的外形构造特点。第二，青蛙和蟾蜍都会消灭大量的害虫，是人类的朋友，我们应当保护它们。第三，青蛙和蟾蜍的生活史。第四，青蛙和蟾蜍小的时候在水里生活，用鳃呼吸；长大后到陆地上生活，用肺呼吸。青蛙和蟾蜍都是两栖动物。

（引自朱特雄、熊源职、赵和平主编《口语教程》）

②一位教师教《燕子》时说了这样的结语：

师：这篇课文从燕子美丽的外形，写到它们在百花争艳的春天里赶来了，使春天更有生趣。接着又从燕子飞行的动态美写到燕子停歇的静态美。同学们想想，作者为什么把燕子写得这样美？

生：因为燕子是益鸟。

师：对，燕子是益鸟，我们要爱护它、要爱护一切益鸟。

（引自朱特雄、熊源职、赵和平主编《口语教程》）

③《分数的基本性质》教学有这样的结语：

师：今天我们学习分数的性质。通过这堂课，你们自己觉得学到了什么？

生$_1$：我学到分数的基本性质：只要分数的分子和分母都乘以或除以相同的数（零除外）分数的大小不变。

生$_2$：我学到了一个分数的分子和分母，如果不同时乘以或除以一个相同的数，分数的大小是要变的。

生$_3$：……

师：今天大家学得很认真，分数的基本性质能帮助我们以后解决约分、通分和分数计算许多问题。

（引自朱特雄、熊源职、赵和平主编《口语教程》）

训练方法：

①讨论：以上几则结语各有什么特点？

②仿说：选择相似或相近的教学内容，设计一段教学口语，作试讲。

【提示】

①复习教材中的有关教学结束语的知识；

②结语一般语速较慢，突出重要的内容，推动知识向能力的转化；

③仿说要注意教学用语的口语化和儿童化。

（2）设计教学用语

设定某班学生在数学作业中粗心大意现象严重，主要表现是答数写误或计算失误，往往把“0”丢掉或小数点移位。请根据下面提供的材料设计评价语：

①上海市某进口公司，向外商出售两吨中药——大黄，每吨价格应是27000元，但是电传报中丢掉了一个“0”，于是，“27000元”变成了“2700”元。外商一看这么便宜，可乐坏了。立即回电，并特地标明我方错报的价格：每吨“2700元”。进出口公司的一位科长看也不看，提笔就在外商的回电稿上签了字。掉了一个“0”，每吨差价24300元，直到我方银行向外商要贷款的时候，才发现每吨中药我方白白丢掉24300元，他们与外商交涉，外商说：“价是你们报的，是经过双方多次商定的，贸易不是小孩游戏，哪能想变就变呢！”后来，经过多次交涉，外商才同意双方各负担损失一半。

②英国剑桥大学的物理学教授瑞利，在研制纯氮的过程中，惊奇地发现从氮里得到的氮气比空气中得到的氮气轻0.064克，在一般人看来，这只不过是个微不足道的四位小数罢了。而一丝不苟的瑞利，没有轻易放过它，为了彻底弄清这个问题，他经过多少不眠之夜，反复地做实验，结果从氮里得到的氮气还是比空气中得到的氮气轻。

（3）设计小结语并试讲

①设计小学语文《十里长街送总理》的结语。

【资料】

《十里长街送总理》这篇课文写了在十里长街上，首都人民冒着严寒迎候送别总理灵车的经过，表现了人民无限热爱，无比怀念周总理的思想感情，也表现了人民因总理逝世而极度悲痛的心情。文章内容具体，层次清晰。人们读了以后，也仿佛身临其境，看到了十里长街上这极度悲壮的情景。

②设计小学语文《威尼斯的小艇》的结语。

【资料】

《威尼斯的小艇》是美国作家马克·吐温的作品，主要描写小艇的外形，介绍小艇对水上城市威尼斯的作用。新课结束前老师让学生用一两句话说出自己读后的感受。有的说“水上城市威尼斯美极了”，有的说：“威尼斯的小艇妙极了”，还有的说，“我真想到威尼斯尝试一下坐小艇的滋味”。学生发言后教师作了小结。

③教完语文课《司马光砸缸救人》这篇课文后，结合课文训练学生的发散思维。问：“司马光是采取砸缸的方法救人的，如果你碰到了小朋友落进水缸，你会想什么办法去救他？”大家的回答如果是：“用梯子爬下去，把他拉上来。”“用一根大的钓鱼竿把他钓上来。”“用一根大的虹管把水吸干，他就死不了。”“派一辆吊车或一架直升飞机把落水的小朋友吊出来。”……学生一下子说出了十几种方法。请设计评价语和结语。

训练方法：

(1) 仔细研究教材，设计教法框架，依据教材内容设计结语；

(2) 先个人试讲并征求别人意见，然后公开进行模拟教学；模拟教学时，先对这一课教学的先期过程作一说明，然后再讲。

训练要求：要贯彻小结语“概括、确定、强化”三原则。

【提示】

(1)《十里长街送总理》的小结语，应该与导入语相呼应，并使思想感情有所升华；

(2)《威尼斯小艇》的小结语，在总结全文以后，可以提到“东方威尼斯”苏州；

(3)《司马光砸缸》的小结语，应当先对学生的思维成果作出评价，然后归结到司马光在当时选这种方法的必要性。

【资料】

10种成功的课堂用语

(一)赞扬式——“这三点概括得多好啊！这位同学多会读书啊！同学们就要像他这样读书。”

(二)商量式——“我跟你商量一下，你刚才回答的这个词语能不能换一个更恰当的?”“我想请一位同学来朗读课文。刘小伟，请你读好吗?”

(三)逗趣式——“这个问题虽然难了些，但是如果能回答正确，我们为他鼓掌好不好?”

(四)鼓励式——“你主动举手回答问题，这很好，但不要照注释念，应该用自己的语言加以概括。”“你读得不错，但还要进一步体会作品的思想感情。”

(五)诱发式——“这么多人举手，太好了！下面一个一个地讲，看谁讲得最好?”

(六)追问式——“你说得对，还有没有其他的含义?”“对，为什么要这样?你能说说道理吗?”

(七)补充式——“‘反抗意识’。说得好！但说‘自发的反抗意识’更好。”

(八)壮胆式——“大家想好了吗?站起来讲讲，不要紧。陈文骁，你讲。”“她讲得很好。但我们不是固定一种答案，大家还可以各抒己见嘛。说错了没关系。”

(九)投石式——“《社戏》写了许多人物，都富有个性。你最喜欢哪一位?为什么?”

(十)归纳式——“同学们充分发表了意见，都很有见解。我要说的都被你们说完了。我只能把大家的意见稍微归纳一下……”

（据《演讲与口才》陈国良　文）

二、教育口语训练

训练目标：

初步把握与学生谈话的基本技能，能针对具有不同特点的学生进行教育谈话，能对学生群体进行教育谈话，做到：谈话具有针对性、诱导性和说理性。

（一）掌握教育口语特点的训练

1. 讨论与仿说

（1）某班举办生日活动，班主任以《送给你——生日的祝愿》为题，对过生日的同学说：

“不要忘记，今天曾是你生命的起点，不要忘记，你正踏上求知的征途……你急需的是生命的养料和水分——知识，更要珍重的是师生之情、父母之爱……愿你永远是一片绿叶，给人们以春天的点缀。”

说完，班主任给每一位过生日的同学赠送了自制绿叶书签一枚。

训练方法：

①思考并讨论：这段祝辞是怎样发挥教育作用的？这段祝辞用语犹如诗歌，是否完全切合语境？为什么？应用怎样的语气说这段话，才更能达到感染学生的目的？

②默记祝辞，仿说；并请几位同学监听评议。可根据语境作适当补充或加工。

（2）小学高年级学生写“德”字，还时常漏写“心”字上的短横，为此，某语文老师用说文解字的方法，对同学们说：

“‘德’字原来写作‘悳’，上下结构，上面是个‘直’字，下面是个‘心’字。后来，‘十字头’底下的‘目’横着写了，变成了‘扁四’，剩下的一长横变成了一短横，又加了个双人旁。‘德’是什么意思呢？从古字的‘悳’可以看出，‘直心’——心肠耿直、不搞阴谋诡计，双人旁表示行为，那么，‘德’字的本意就是心地正直、行为端正。少了这一短横，就不‘直’了。同学们，让我们都做一个心地正直、行为端正、品德高尚的人吧！记住，别再落下这个短横了。”

训练方法：

①思考并讨论：这段话结合字形字义教学对学生进行品德教育，是否画蛇添足？为什么？

②以“歪”、“友”为例，仿照“德”字的会意解字法，设计一段结合字形字义分析的教育谈话，拟好后说给同学们听。

2. 评析与设计

某师范实习生教三年级语文《麻雀》一课。该生本欲“一箭双雕”，即导入新课，又借机对学生进行纪律教育。

师：同学们见过麻雀吗？

生：见过。

师：你们喜欢麻雀吗？

生：喜欢。

师：可是，麻雀有时候是令人讨厌的。比如你们上课爱讲话，老师就说：“怎么叽叽喳喳？像是一群讨厌的小麻雀……”

生：（茫然或低头不语）

师：好！今天我们就来学习一篇新课文，课题就叫《麻雀》……

训练方法：

①思考并讨论：老师是否有必要如此借题发挥？这样的思想教育是否具有针对性？这对学生听课情绪产生怎样的负面反应？

②请围绕课文主题，重新设计《麻雀》一课的带有一定品德教

育意义的导入语。设计完毕，进行模拟演练。

【提示】

《麻雀》一文的中心是赞美崇高的母爱。

【示例】

有一天上手工课，大家都把自己的作业交给了老师。老师从一大堆泥鸭子、布娃娃、蜡水果等作业中，拿出一个很不像样的小板凳，生气地问："你们谁见过这么糟糕的板凳？"孩子们都笑起来，爱因斯坦却低下了头。老师看了他一眼，说："世界上还有比这更糟糕的板凳吗？"爱因斯坦站起来，小声说："有的。"只见他从书桌里拿出两个更不像样的小板凳，摆在桌子上，说："老师，这是我第一次和第二次做的。交给您的是第三次做的。它虽然不好，但是比这两个强一些。"老师看他这么认真，从此改变了对他的态度。

训练方法

①思考：爱因斯坦的老师所说的两句话为什么是不恰当的？违反了教育口语的哪些要求？可能对小爱因斯坦的心灵产生怎样的伤害？

②对爱因斯坦的老师作更正。

3. 话题训练

话题A：某校三年级某班上唱歌课《小鸭子》，一学生故意篡改歌词，唱成"在教室里养了一群大肥猪……呶呶呶呶呶……"他的胡编乱造扰乱了课堂秩序，老师当时很生气，真想对该生当众训斥一顿："你逞什么能嘛你！乱七八糟，呶呶呶呶……你就像那群大肥猪……"但经过心理调控，最终却心平气和地说：

"这首歌我们唱的是小鸭子，生活中还有许多动物都是值得我们歌唱的。大肥猪可不可以拿来唱呢？完全可以！只是不能像××同学那样唱，我们应该把大肥猪唱得很可爱……谁能编一段大肥猪的歌词，我们还用《小鸭子》的曲调来唱它，好吗？……"

这个倡议得到了全体同学的拥护，大家七嘴八舌凑成了“大肥猪”、“芦花鸡”等好几段歌词。由于是同学们自己编的词，大家唱得十分来劲。那位调皮同学想歌词特别积极。一堂课别开生面，活跃极了。

训练方法：

①思考：老师准备说的训斥语不符合教育口语的哪些特点和要求？老师赞成篡改歌词，是否是对捣蛋学生的迁就，为什么？

②分析这位老师诱导语的扩展诱导范围，把诱导语改得更完善。然后进行模拟演练。

话题B：在某个家长会上，家长问老师：“我的儿子评上‘三好’了吗？”老师答：“你的儿子嘛，体育好，智育好，就是缺了一点德。”在另一个家长会上，有一家长向老师提出了同样的问题。这位老师答道：“您的儿子‘三好’占了两好。如果注意团结友爱，他一定能评为‘三好学生’……”

老师回答家长提问的时候，学生也都在场。

训练方法：

①思考：两位家长和他的孩子听到老师的答语之后，将会产生哪些不同想法？哪一种答语能够对学生起到教育作用，为什么？

②设想学生在场，设计下列家长提问的恰当答语。注意答语能对学生起到勉励作用。

“为什么我的孩子老是学不好数学？”

“我希望孩子将来成为画家。老师，您看我应该在哪些方面帮助他？”

“老师，孩子交给您了，他要是不好好学习，您就骂他揍他！”

“我的孩子在家里，大家都夸他聪明。为什么他的学习成绩老是落在中下水平呢？”

话题C：某小学二年级一位女生摘了校园里花坛中的一朵盛开的芍药花，被花工老王抓住，送到值日的钟老师面前：

王：（气冲冲地）钟老师，今天总算让我逮住一个偷花贼了！好呀，我辛辛苦苦种的花，就让这些小坏蛋糟蹋了，今天我非要狠狠地整整她不可……

钟：王师傅，您先别上火。孩子还小，别吓着她了。

王：啊？她偷摘花你还护她呀？怕吓着她，你就不怕气死我呀！

钟：王师傅，您别急，让我问问情况好吗？

王：你问吧！

钟：（俯下身子，温和地）你很爱花，是吗？（轻轻地抬起小姑娘拿着花的那只手，仔细欣赏那朵花，赞美地）这花儿真好看。

生：（泪眼汪汪地看着钟）

钟：可是，你知道吗？很多人都爱花，都觉得花儿好看。现在，这花儿被摘下来了，大家就看不成了，我也看不成了，你说，这好吗？

生：（愧疚地摇头）

钟：这花被摘下来了，明天就得枯死，要是不摘下来，明天你来看，它还是那么鲜艳。你觉得是让花儿长着好看呢？还是摘下来玩儿好？

生：（低下头，泪珠滴在地下，哽咽着）长着好。

王：（不耐烦）钟老师你怎的？今天这么婆婆妈妈。（向小姑娘）快说，你是哪个班的，你的班主任是谁！不说，我就没收你的书包！

钟：王师傅，别问这些了，（转向小姑娘）王师傅辛辛苦苦种了许多花，他最爱花儿了。小同学，你摘了他种的花，怎么不会让王师傅生气呢？你对王师傅说一句话，说你现在最想说的话。（亲切期待地看着学生）。

生：（对王、诚恳地）王师傅，我以后一定不再摘花了……

训练方法：

①比较王师傅和钟老师对待“摘花事件”的态度和用语，说说

钟老师教育用语的说理性、诱导性特点。而王师傅对小姑娘的威逼问话却不能促使小姑娘认错，为什么？

②如果你遇到下列事件，你将怎么对学生进行教育谈话？其理论依据是什么？

学生双手吊在树枝上打“秋千”，把树枝折断了。

学生恶作剧，拔走了某老师的自行车气门芯。

学生在墙上写了谩骂某老师的话。

学生把学校附近农民家的菜摘了喂班里的兔子。

③小姑娘认错之后，钟老师亲自把她送出校门，路上继续对小姑娘进行教育谈话。钟老师还说了些什么？请你把话补出来，并用恰当的语气说一遍。

4. 情境设计

(1) 有一段时间，某校学生放纸“飞机”、“火箭”成风。当上课铃一响，玩坏了的纸飞机就全被丢弃在地上，不到半天，教室前后就落满了大大小小的“飞机”、“火箭”，严重影响了环境卫生，一些同学甚至从作业本上撕纸，于是又影响了学习。面对这一情况，既不能禁止学生玩儿，又要保障环境卫生和学生学习，怎么办呢？有一位班主任认为要对孩子们的游戏加以诱导，于是开展了一次“看谁飞得高”的活动。他带来了一把自制的螺旋桨（俗称“竹蜻蜓”），对全班同学发表了一通合情合理的、富于感染力的谈话，从而一举扭转了原来的局面。

训练方法：

请设计班主任的诱导谈话并进行模拟演练。

【提示】

①肯定同学们玩“火箭”、“飞机”是健康有益的。

②指出同学们的玩法也有不妥当之处。

③热情地指导孩子们玩儿，玩得更聪明，对学校、对个人都有

好处。

④演练时，要精心设计语气、语调的变化，注意态势语的运用。

(2) 某五年级同学甲在做操时扮鬼脸、做怪动作，引起其他同学哄笑，班长忍无可忍，当众批评了他。甲不服气，和班长争执起来。其他同学把这事报告了班主任。班主任分别找甲和班长个别谈话，诱导甲认识做操时扮鬼脸不对，诱导班长认识做同学的思想工作时要掌握恰当的时机、方法。

训练方法：

请分别设计班主任对甲同学和班长的诱导谈话，然后进行模拟演练，并注意从以下角度进行评价修正：

①内容和语气是否具有启示意义？

②选用句型是否具有诱导性？

③是否体现了“循循善诱”的要求？

(3) 五年级学生张家仁仅仅因为“忘了”，没有履行值日生打扫教室的义务，导致班级卫生评比扣分，于是遭到了同学们的批评。但他不服气，说：“谁都有忘了一件事的时候。”请以班主任的身份，对张家仁进行说理教育。

(4) 程蕾的钢笔丢了——那是她作文比赛的奖品。为此她非常气恼；她怀疑钢笔是被人家偷走的，于是乘人不备，拿走了另外一位同学的钢笔。这支钢笔和她丢失的那支一模一样。可这事到底还是让班主任知道了。请以班主任的身份，对程蕾同学进行说理教育。

以上 (3)(4) 两题教育口语设计以后，请进行表达练习并注意从下列方面进行评论和修正：

①内容是否符合有理有据、以理服人的特点？

②说理能否使受教育者转变错误认识？

③说理时的语态是否诚恳、得当？

【资料】

班主任如何对学生说话

班主任工作是学校实现教育目的的重要途径,其任务纷繁复杂。班主任对学生说话，则是工作中最常采用的手段，也是提高工作效率的重要方面。具体地说，班主任的说话应注意以下几个问题。

(1) 简单明了

首先要明确说话的目的。班主任在说话之前，就要把说话的内容考虑清楚，不管是布置任务，提出要求或批评谁、表扬谁，都要目的明确，让学生理解你说话希望达到的效果。因此，目的明确是班主任说话的先决条件。

其次要简明扼要。班主任对学生说话应当出语中的,少说废话。有经验的班主任常常在说话前拟一个提纲，说话中对重点的问题强调清楚，对枝节的、非重要的问题少谈或不谈。一次谈话不必解决许多问题。只要能真正解决一两个问题，谈话就获得了成功。而有些经验不足的班主任则经常说话无条理、东扯西拉、冲淡主题。

(2) 把握时机

把握时机是指班主任在说话时审时度势，利用客观的外部条件增强说话的效果。这种外部条件包括时间、地点、自然环境、学生的心理状况（这种心理状况对于学生是主观的，对于老师则是客观的）等。选择恰当的说话时机常常可以取得事半功倍的效果。例如：带领学生参观烈士陵园，可以结合烈士的英雄事迹对学生进行集体主义、爱国主义教育，这比课堂上空洞的说教好得多。当劳动课上成绩差的学生抢干脏活、累活时，班主任及时表扬，既可使大家改变瞧不起这个“差生”的看法，又能让他本人树立自信心，知道自己并不是一无是处。

另外，把握时机还包括创造时机。当班主任对学生说话，没有恰当的外部条件供利用或条件不够，教师要善于创造一种说话的氛围。有位班主任深夜发现一个学生在光线黯淡的路灯下复习功课,他便对学生说：“光线太暗了，眼睛受不了，容易近视。”接着又说：“晚上应遵守作息时间，按时睡觉。”学生愉快地接受了。因为学生首先从班主任关心的话里体会到温暖,相互间的感情距离拉近了,所以班主任的要求他也易接受。否则，他就可能找出诸如“晚上睡不着”、“功课太紧、必须温习”之类的“理由”来搪塞。

(3) 分清场合

同样的话在不同的场合产生的影响效果是不一样的。因此，班主任应针对所处的不同场合采取相应的说话方式。

在与学生个别谈话时,班主任要注意打消学生的拘束紧张感,态度要亲切、自然、和蔼，要以真诚的感情感染学生，启发学生说真话，对学生的成绩，鼓励、表扬，对学生的疾苦、烦恼，关心、安慰，对学生的缺点、错误则应严肃指出并分析危害，循循善诱，动之以情，晓之以理。

当有他人在场时,说话要注意其他人的存在对学生心理的影响。学生爱面子，怕人瞧不起。因此，即使学生犯了错误也不能一味指责。那种“让他在同学中丢脸”的教育方法肯定会使学生反感。事实上，有好些学生对班主任失去信心，疏远班主任，就是由于班主任曾当众扫过他的“面子”。

(4) 因人而异

对象不同，班主任与之说话的方式方法也不尽相同。“因人施教”就是强调教师要针对每个学生各自的特点，采用不同的教育方法，根据学生的年龄特征和个性差异，从年龄、身体发展、感知觉、记忆、思维、兴趣、性格等方面加以区别进行教育。

对不同性别的学生说话不应一样。这主要指要考虑不同性别学生的心理和生理方面的差异。男性学生普遍好动、爱冒险、崇尚力量、喜欢辩论、比较冒失。女性学生一般怕羞、爱美、敏感、感情细腻。因此，班主任对学生说话就要尽量避免涉及他们的“忌讳”。对男学生切不可骂他们“笨蛋”、“胆小如鼠”、“没出息”，对女学生不能指责她们“不知羞”、“丑八怪”、“傻样”。另外，班主任面对年龄较大的学生，更不能当着异性对其痛加贬斥。

按心理倾向，学生的性格可以分为外倾型和内倾型。外倾型的学生感情易于外露、开朗、活泼；内倾型的学生长于思考、谨慎，顾虑多。班主任对不同性格的学生说话也要有所区别。对外倾型的学生，要启发他们稳定情绪、多想少说、兼顾他人；对内倾型的学生要鼓励他们发表意见、参加活动、扩展交际。

当然，班主任对学生怎样说话并无定法，但只要班主任热爱学生、热爱教育事业，从学生的实际出发，以科学的唯物主义的态度去教育学生，就能成为合格的班主任。

（选自彭质彬《班主任工作的实践与艺术》）

（二）教育谈话基本技能的训练

1. 话题训练

（1）打扫卫生的动员

省教委领导到某校检查工作，学校要求各班将卫生打扫一遍，并要求班主任在班上作一次简短动员。一位班主任这样讲：

明天，省教委领导要来我校检查工作，不要我说，同学们一定知道又要打扫卫生。是的，领导来检查，先搞卫生，这是惯例，这次当然不能例外。再说领导来了，如果看见学校到处脏乱，一定有想法。为了给领导一个好印象，希望同学们将教室的里里外外彻底打扫一遍。

（摘自湖北省中师《口语教程》）

训练方法：

①讨论：这段话存在什么问题？试作简要分析；

②修改或重新设计这段讲话并进行模拟演练。

（2）向张舰同学学习

在一次全校性运动会上，五（4）班张舰同学获得了男子800米赛跑冠军。就这件事，班主任关老师作了一次讲话：

同学们：

张舰同学以坚强的意志和拼搏的精神，在全班同学的“加油”声中，获得了男子800米冠军。这是张舰同学的光荣，也是全班同学的光荣！

作为班主任，每当看到自己的学生在学校活动中取得了成绩，为班集体赢得了荣誉，我总是非常非常高兴。今天这件事，尤其使我感动。同学们，当我看到张舰同学咬紧牙关奋力奔驰在跑道上，我感动了！我想：张舰同学多么希望自己能跑出优异的成绩，为班集体争得荣誉！当我看到全班同学站在跑道两旁为张舰同学“加油”鼓劲，我感动了！我想：同学们多么希望张舰同学能跑出优异成绩，为班集体争得荣誉！

张舰的愿望实现了，同学们的愿望实现了！当我看到全班同学欣喜万分地簇拥着我们的小冠军的场面，我再一次感动了！我想：当一个同学为班集体赢得荣誉、作出贡献的时候，是多么值得自豪啊！同学向他祝贺，老师为他高兴，家长为他骄傲！现在，我又想：假如全班同学都像张舰赛跑一样，拿出敢干敢拼的劲头，在纪律、学习、劳动、思想品德、文明礼貌等各方面展开竞赛，努力为班集体作贡献、创先进、争荣誉，那么，咱们五（4）班一定会很快成为一个优秀的班集体！那时，同学们一定会为自己能生活、学习在这个集体里而自豪！你们的父母一定会为自己的孩子能生活、学习在这样的集体里而骄傲！老师们一定会为自己能工作在这个优秀的班级而自豪！学校领导一定会为创造了这个先进集体的全体五（4）班学生而高兴！

同学们，让我们一起发扬张舰同学运动场上的拼搏精神，在纪律、学习、劳动各方面比一比，赛一赛，使我们班更快地成为优秀班集体。同学们，胜利在等待着我们！

（选自湖北朱特雄、熊源职主编《口语教程》）

训练方法：

①分析这段谈话的层次和思路，说明老师在讲话中运用了哪些谈话技巧；

②熟记这段表扬语，用饱满热情的语气作模拟演练。

(3) 取消“楚河汉界”

下雨，体育老师只好上室内课，他给学生解说“运动与力”。这时，他发现后排两位同桌学生正在画“楚河汉界”。老师灵机一动，把“力”的解说引向拔河，在黑板上画上三幅简图。再把画“楚河汉界”的两位同学叫到黑板前，告诉大家：斜线、竖线都代表人体，箭头代表力的方向。然后让两位同学先互相鞠躬，再紧握对方的一只手，以握紧的手代替拔河绳，按图上的三种状态进行表演。最后让两位同学分别说不同状态下对力的倾向的感觉。

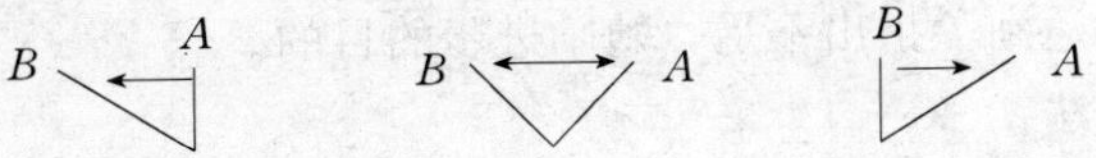

图9

两位同学只好照办：先鞠躬，再握手，第一回A同学倒在B同学怀里；第二回俩人怕摔，只能把手握得更紧，第三回B被A拽到身前。到这时，两位同学明白了体育老师的良苦用心。表演完毕，回座位以后，就自觉地把“楚河汉界”抹了。

训练方法：

①这位体育老师运用的是哪一种教育技巧？试作说明。

②在指挥二位同学表演的时候，老师可插入一些暗示性的话语。这些话语应当怎么说？请试举二、三例。

2. 仿说训练

【示例】

新转入某班的王方，作业马虎、潦草。班主任把他叫到办公室，拿出一本字迹工整的作业递给他，说：“你看这位同学的作业写得怎么样?”王方看了一眼，没说什么。班主任又拿出一本字迹潦草、错误较多的作业给他。说：“你看这本怎么样?”王方又看了一眼，说：“跟我差不多。”“你再看看两个作业本的名字。”这一回，王方疑惑了：“都是李林的?”班主任抓住时机，诚恳地说：“差的一本是李林同学去年的作业，这一本是他现在的作业。”然后，亲切地说：“你现在的作业和李林去年的作业差不多,但这不能说明你永远是这样。李林同学经过半年的努力能写出工整漂亮的作业，老师相信你一定会像李林一样，用不了多长的时间就能将作业写好。”

（选自湖北省中师《口语教程》）

【提示】

这段教育谈话运用直话曲说的技巧，意此言彼，既维护了学生的自尊，又达到了指出不足，勉励进步的目的。

训练方法：

仿照示例、设计针对下列情境的教育谈话。

某五年级女生学习好，还能歌善舞，就是爱贪小便宜，比如借了人家的东西不还，还编造“在某时某地还了”的谎话；有一次她乘人不备，拿走本班同学的一个发夹，过了几天，竟公然戴着上学，人家问她，她说是姑姑送的。对此，老师认为应该找她个别谈话，但又不能太伤害她的自尊。

【示例】

某老师接任某班班主任的第一天，就发现大个子学生葛立欺负一位小同学。这位老师抑制住不快，态度和蔼地对葛立说：“我听你上学期的班主任老师说，你的突出优点是爱护小同学。今天你怎么啦？是那位同学惹了你吗?”葛立一震，不好意思地连连说：“没惹，没惹我……”

【提示】

这种批评不带批评痕迹，巧妙之处在于寓贬于褒。

训练方法：

仿照实例、设计针对下列情境的教育谈话。

①李丽同学非常讲究个人卫生，身上常常一尘不染。可她一向讨厌值日，认为无论擦黑板还是扫地，都容易弄脏衣服。

②王超同学花钱大手大脚，同学们劝他节约一点，他却说："钱是花的，水是流的，何必留着不用。"

（选自湖北省中师《口语教程》）

3. 续说训练

（1）某农村小学一位班主任号召班上学生搜集断砖砌一花池以美化校园环境，但是许多学生带来的都是好砖。经了解，这些好砖的来路有如下几种：家里带来的，在人家的祖坟上挖来的，在供销社的围墙上挖来的，在某乡办企业的建筑工地上搬来的。对此，班主任说：

"砌花池美化校园是桩好事，我们让同学们去搜集断砖有两个目的；第一，让大家明白废物还可以利用，培养勤俭的美德；第二，让大家体验通过努力获得成功的愉快。可是……"

训练方法：

请依照事件缘由和班主任的谈话思路，把班主任的教育谈话补充完整。

【提示】

①班主任应充分理解学生错误行为的合理性，对不同行为做出客观的评价，该表扬的表扬、该批评的批评。

②班主任谈话应持耐心剖析、诚恳说理的语气，在交流中，与学生讨论搜集断砖与搬别人的整砖有什么不同。

（2）某班有两个爱打架的学生已有一段时间没有打过架了。但有一次为争夺一个篮球，互不相让，最后挥拳而上，又打起架来。打着打着，他们便扭在一起找班主任评理。班主任听了他们各自的辩解后，沉思了会儿，笑着说："你们两人都有进步。"两个后进生都愣住了。心想打架怎还说有进步呢？班主任不慌不忙摆出了三条理由：

“第一，你们打架是错误的，但这次是你们自己停手，不像过去那样，非要别人劝阻才罢休；第二，找班主任评理，说明你们愿意服理，不像过去那样任性。第三……”

训练方法：

请依照事件缘起和班主任的话题思路，试说出班主任的“第三”点肯定。

【提示】

这两位同学过去常为一些毫无意义的小事而争斗。

(3) 一天早晨，一位同学冒着大雨奔进教室。他父亲随后怒气冲冲赶来，大声说：“今天非打你不可！你要面子，我偏不给你面子。”班主任将学生拉到一边，一问，原来家里的折叠伞坏了。剩下一把油布伞，他嫌难看，宁愿冒雨上学，惹得他父亲动怒。

班主任就对学生说：“爱美是人之常情，但应当有正确的思想指导。你不用油布伞嫌丑，这是一种虚荣心，虚荣心好吗？”学生低下了头，班主任又说：“我们希望生活越来越好，但不能……”

(选自湖北省中师《口语教程》)

训练方法：

有分寸地接续这位班主任的话。

【提示】

可假定处于该生家长和部分学生在场或师生之间单独交谈两种语境。

4. 模拟训练

训练方法：

细读下列情境，运用恰当的教育口语策略设计教育谈话并模拟练说。

(1) 六〈1〉中队和六〈2〉中队举行足球比赛，请六〈3〉中队的冬冬当裁判。冬冬答应了，可是过了开赛时间，冬冬才到场。结果受到了同学们的批评，他不服气地说："我义务给你们当裁判，迟到几分钟你们就怪我。我图什么呀？我不干了！"说完就走了。老师为此找冬冬谈话。

【提示】

请运用提问、分析、设譬的方法启迪冬冬认识"不守信用"和"助人图报"、一言不合就"不干了"的错误。注意谈话要立足于启迪学生自己认识问题，分析要层层深入，说理要充分。

(2) 小春是一年级小学生了，可他做事还是毛毛躁躁，经常丢三落四。

小春忘了带学习用品，就随便把同学的东西拿来用。同学在，说声借；同学不在，就把人家的书包打开自己拿。同学们批评他，他满不在乎地说："这有什么，我反正要还他的？"

时间长了，小春的文具盒里，竟经常有好几样东西是人家的。同学们批评他，他总是说："我忘记还了呗！"

【提示】

请就小春的言行设计两套教育谈话，分别运用直接暗示或间接暗示、正暗示或逆暗示。

(3) 晓文（二年级）在放学路上把一个幼儿园小朋友碰倒了，他怕小朋友的父亲责骂，就一溜烟地跑走了。

【提示】

请设计对晓文个别教育的批评性谈话。要求应用"直话曲说"技巧，重在开导。语态要平和。

(4) 小波是个淘气包。一次自习课，他趁一些同学暂时外出之机，把扫把搁在门框顶上，想等同学回来时，扫把砸中同学取乐。没想到把老师给砸了。全班同学都吓傻了。老师很生气、厉声问："这是谁弄的？"小波只得"自首"。但同时老师还注意到小波嘟哝着说了一句话："我本来不是要砸您的。"老师稳住了自己的情绪。转而用"硬话软说"的技巧批评了小波，避免了一次冲突的激化。

【提示】

请设计批评性谈话。要做到既不伤害学生，又能达到教育目的。注意不说讽刺挖苦的话。

【资料】

说服学生的技巧

说服学生是班主任工作的一项基本功。说服学生是一门科学，也是一门艺术，它需要说服的技巧和机智。

在说服学生时，以下的做法是成功的：

(1) 褒奖说服术。心理学专家认为，褒奖的方向最好针对对方的潜在能力，夸奖他本人暗自注意的事，这样他一定会非常感激，下决心把这事做得比以前更出色；

(2) 暗示说服术。对学生的要求，命令式往往会引起学生本能的反感，用暗示法可以使学生有一个品味的余地，甚至是（下台阶）的余地，从而避免正面冲突；

(3) 宽容说服术。对学生提要求，可能的话，要给他们接受的准备，而不能操之过急；

(4) 升级说服术。心理学上有一个"登门槛"策略，即为了说服对方接受一个比较重大的要求，先让对方同意一个容易接受的很小要求，一旦他同意这个小要求之后，就可能同意那个更高更大的要求；

(5) 情感说服术。晓之以理，更须动之以情，这是班主任工作必须遵循的重要原则；

(6) 参与说服术。做任何一种事情，如果让学生作为旁观者，他们往往缺乏兴趣和热情；而一旦让他们投身其中，他们自然是表现出对事情的关切和热爱；

(7) 信任说服术。班主任表示对学生的信任，往往可以激发学生潜在的自尊和能量；

(8) 自责说服术。一件事没有达到预期的效果，如果师生都不无责任的话，那么，老师首先应该自责；自责可以造成一种民主的空气，在这种氛围下，学生更能愉快地接受老师的话；

(9) 幽默说服术。幽默的语言，往往能创造一种轻松的气氛。用幽默的语言来说服学生，比刻板的说教、严厉的斥责、尖刻的嘲讽，自然更能为学生所接受；

(10) 缄默说服术。对学生，在特定环境下，用沉默不语的方法，也许比喋喋不休的唠叨更奏效。

总之，作为班主任，要让学生接受什么，方法的确是多种多样的。如果努力从学生心理特点出发，尽可能地不挫伤学生的自尊心，是可以取得满意的结果的。

(选自《沧州日报》1991 年 5 月 13 日)

(三) 群体教育谈话的能力训练

1. 情境改说

(1)

庆祝教师节

——教师节前，三年级晨会谈话

同学们：

明天，我们就要过教师节了。教师节是怎么回事呢？她有什么重要意义呢？让我从头说起。

1985 年 1 月 21 日，全国人民代表大会常务委员会通过决定：确定每年的 9 月 10 日——就是明天——是教师节。教师节就是尊敬教师的节日。过去，很多人不懂尊敬老师，不懂尊敬老师的重大意义，所以现在有了教师节，让大家都来尊敬老师。

怎么才算尊敬老师呢?是不是给老师送礼物就是尊敬老师了?是不是见到老师问个好就算尊敬老师了？不是！不完全是，也不完全不是！你们如果能好好学习、天天向上，就是最大的尊敬老师。老师不会贪小便宜，要你们送东西，见到老师要不要问好呢？要！这是文明礼貌的标志。可是不要一见到老师就问好，不然老师就只够应付你们的问好了。我看，一天问一次好也就行了。

怎样来庆祝明天的教师节。首先，要打扫卫生，把教室内外打扫得干干净净，把窗户、凳子、桌子都擦干净，不能在地上乱扔纸屑果皮，不要带零食到学校来吃，吃零食是很不卫生的。

由于时间关系，今天我的讲话就到这里，各班回去以后要展开评比。立正——解散。

训练方法：

①边读边思考这段教育谈话存在什么问题。

②请以“尊师重教”为中心，联系庆祝教师节，重拟谈话内容并试讲。

（2）王旻该不该评为三好生

王旻同学曾多次被评为三好学生，可这次评选三好生时大家意见不一致。原因是本学期王旻与李勋打了一次架。王旻该不该被评为三好学生呢？老师在班会上说：

“打架是不文明的行为，从这点上看，把王旻评作三好学生是不合适的；但是，从全面看待一个人的角度出发，我们又不能单凭一时一事孤立地评价他的好坏，所以，王旻还是有资格评为三好学生的。不过，我们班好同学那么多，为什么要把“三好学生”的光荣称号授予一位有明显违纪行为的同学呢？因此王旻的三好生是可评可不评。同学们看着办吧，大家说“评”就评，说“不评”就不评……”

老师说完了，同学们还是大眼瞪小眼，茫茫然不知所措。

训练方法

①找出老师谈话有什么不当之处；

②重新设计老师在“王旻该不该评为三好生”问题上的教育谈话，然后进行演练。

2. 评析训练

(1) 根据批评的语言要求，你认为下面的批评语运用得好不好？为什么？

大扫除后班主任发现本班的清洁区内有一堆垃圾原封未动。他找到几位同学，批评道：“你看，垃圾原封未动，你们是怎样值日的？”这些学生委屈地说：“这是分给陈×的，我们的任务完成了。”老师一听，有些火了，说：“陈×没来，你们就不管了？各人管各人，那还叫什么班集体？”

(选自湖北省中师《口语教程》)

(2) 二年级杨老师给学生讲关于“象”的故事。故事讲完后，杨老师提问：“谁能站起来描绘一下大象的轮廓形态？”张灵林突然举手说：“我的妈妈像大象。”顿时全班哄堂大笑。

面对意想不到的回答，杨老师走到这个学生的桌旁，和蔼地问：“怎么说你妈妈像大象？”“因为我妈妈很胖，平时我也叫她象妈。”杨老师面带微笑地说：“哦，你妈只是有点胖，就说她似大象？你恐怕是同妈妈开玩笑吧？我们说的大象是两只耳朵像扇子，脚像柱子，身子像堵墙。你妈也是这样的吗？”学生连忙说：“我妈不是这样的。”“对了，你妈妈既然没有这些特征，以后就不要说你妈像大象了。”接着老师又对全班同学说：“你们看过《世上只有妈妈好》这个电影吗？妈妈是生育我们的母亲，没有妈妈就没有我们。今天张灵林既然提到了妈妈二字，我们都来唱‘世上只有妈妈好’这首歌好不好？”“好！”全班同学齐声回答。“那么，就由张灵林起头，大家一齐唱。”于是，“世上只有妈妈好”的歌声在教室里深情地回荡。一堂因势利导的伦理品德教育课告一段落了，听课的每个见习老师，都向杨老师投去了羡慕、敬佩的眼光。

（选自《小学心理学、教育学教程实例分析》）

训练方法：

①分析杨老师伦理教育诱导思路。

②学科德育是品德教育的重要领域，但学科德育不能游离于学科教学之外，而应在学科教学中自然渗透。语例中的杨老师是怎样做到这一点的？

③想象杨老师的语态并进行模仿练习。

（3）学生被叫到讲台上朗读课文，有的学生读得疙疙瘩瘩，没有达到教师预期的效果，不同的教师有不同的处理方法：1．你读得不好，回去先坐下，听别人读；2．不置可否，让学生回座位坐下；3．你能认真地朗读，并比上次有进步，很好！但有的地方读得还是不理想，注意听老师是怎么读的，好吗？

训练方法：

这三种不同说法（或做法），哪一种是对的，哪些是错的？为什么？请从语言对学生心理的激发调动角度作出评价。

3．模拟讲说

中国人的名字飞上天空

为了纪念科学家，表彰他们对人类立下的不朽功绩，他们的名字不但被载入史册，还飞上了天空。例如，月球上有牛顿环形山，哥白尼环形山；绕着太阳运转的小行星，有的叫伽利略，有的叫爱因斯坦。但是，由于旧中国是半封建半殖民地的国家，科学技术落后，中国人的名字没有一个飞上天空，浩渺的天空成了洋人的世界。

新中国成立后，国家渐渐富强起来，科学技术飞速发展，尤其是我国的国际地位日益提高，天空中终于出现了中国人的名字，打破了洋人的“一统天下”。

1970年，国际天文学联合会举行会议，决定以我国四位古代天文学家的名字：石申、张衡、祖冲之、郭守敬，为月球背面的环形山命名。石申是战国时期人，他编制了世界最早的星表；张衡是东汉时期人，他发明了浑天仪和地动仪；祖冲之是南北朝时期人，不仅以发现圆周率闻名于世，而且是世界上第一个把“岁差”引进历法的天文学家；元代的郭守敬创造了12种精巧的天文仪器，是一代天文观测宗师，他编制的《授时历》和现代的公历一样准确，却比公历早了360年。

月亮背面还有一座环形山以万户命名。万户是明代一个提倡科学的官员。他动手制作了47枚大爆竹，把他们捆在一张木椅下面，他让人把自己紧紧捆绑在木椅上，两只手各拉着一只大风筝。然后他指挥人们点燃爆竹，想利用爆竹的力量飞上天空。但是，“轰！”的一声巨响，一片硝烟弥漫，震得人们呆若木鸡，万户不知去向了。万户失败了，但是人们认为他是为“宇宙飞行”献身的第一个人，为了纪念他的这一勇敢创举，在月球上命名了万户环形山。

在小行星中，我们也以出色的工作，占了一席之地。我国天文学家张钰哲在1928年发现了一颗小行星，按照国际上的惯例，谁发现的行星就由谁起名字。张钰哲就为这个小行星起名叫“中华”。解放后，张钰哲领导南京紫金山天文台行星室的同志们，发现了几百颗行星，现在已有40多颗得到国际天文学联合会的认可。紫金山天文台给它们起的名字是：张衡、祖冲之、一行、郭守敬、沈括。他们都是我国历代的大科学家。

为了表彰我国天文学家对世界天文学的贡献，国际天文学联合会专门用中国现代的3位天文学家的名字来命名3颗小行星，他们是：邵正元（美籍华人）、张钰哲（中国天文学会理事长）、蔡章献（中国台湾台北天文台台长）。

随着中华民族的腾飞，将有更多的中国科学家的名字飞上天空。

（选自《祖国在我心中》）

训练方法：

以较高的语调、较大的音量、自豪的语气、有力的手势和稍慢的语速，以上述语例为材料模拟晨会谈话。让爱国主义激情感染每个学生。

4. 设计并演练

(1) 国旗下的讲话

主题：爱国主义教育

内容：国徽——国家的标志。

【资料】

国徽，是国家的标志和象征。她代表着我们伟大祖国的光辉形象和尊严。宪法规定："中华人民共和国国徽，中间是五星照耀下的天安门，周围是谷穗和齿轮。"其中天安门代表"五·四"运动的发源地，并作为新中国首都北京的象征。国徽颜色从中国特征的要求出发，用红、金二色互为衬托对比，体现我国长寿喜庆的民族色彩传统。五星红旗象征我国政权，用作天空背景，覆盖祖国大地，端正地放在国徽图案的正中轴线上，庄严对称，体现着中华民族的轩昂气概。图案中的齿轮、麦稻穗，象征工人阶级、农民阶级，表明了我国是工人阶级领导的以工农联盟为基础的人民民主专政的国家性质。

训练方法：

草拟600字左右的感情丰富的讲话内容，记熟：对着整容镜编配恰当的身姿手势，练熟。在班里以同学为对象演讲，注意充分发挥话语的感染作用。

(2) 人人献上一份爱

班里一位同学得了小儿麻痹症，留下了严重跛行后遗症。在班会上，老师动员"人人献上一份爱"。

训练方法：

请设计老师的动员讲话并进行模拟练习，要求感情深沉、凝重，充满对弱者的同情与爱怜，充分发挥口语动力功能和信号功能的感染作用。演练后并按此要求进行评价修正。

（3）什么是真正的集体荣誉

某小学开展评选校园“玫瑰大王”活动。四（3）班管理的花圃里有一朵玫瑰开得又大又艳，很有可能被选上。可是，在评选日期来临的前两天，这朵玫瑰不见了。四（3）班的同学们有的着急、有的气愤，纷纷猜测玫瑰是被五（4）班的同学出于妒忌摘掉的，于是主张偷偷地把五（4）班的“玫瑰王”也“干掉”。班主任知道以后赶忙召开班委会，先做班委们的思想工作。

训练方法：

①请草拟班主任的诱导、劝说谈话纲要，依纲要模拟对班委们的劝导讲话。

②可运用启迪、暗示、归谬等谈话技巧，着重启发干部们自己作出正确选择。

（4）该听谁的？

四年级某中队。中队长认为：“下级服从上级”，所以，小队长应该听中队长的；两位小队长认为：“谁说得对听谁的”，常常和中队长争执，于是双方闹不团结。辅导员召开中队委、小队长民主生活会，对干部们进行教育。

训练方法：

①分析中队长与小队长争执的实质问题所在，组织教育谈话的中心和思路。

②运用恰当的教育谈话技巧，重在诱导启发。

（5）话题训练

①法布尔是法国著名的昆虫学家。那一天，他正在花园里专心地捕捉昆虫，一个青年好不容易把他找到了。他问：“法布尔先生，为什么我付出了很大的努力而一事无成呢？”法布尔走过来，询问他

研究的科目和研究的方法，知道他兴趣广泛，非常勤奋，但是主攻方向似乎不大明确。法布尔从兜里掏出一块透境，递给青年人，并从玻璃瓶里提出一条小虫子，让青年透过镜片看。青年看到那条小虫顿时变大了，连它身上的细毛和毛孔以及微小的器官都看得清清楚楚。但他很茫然，不知这是什么意思。法布尔微笑着拍拍青年人的肩膀，说："请你把精力集中到一个焦点上，就像这块透镜一样！"

②驰名中外的艺名叫"泥人张"的张桂山老人，今年80多岁了，捏泥人60多年，坚韧不拔地追求这微型的雕塑艺术，终于使这不起眼的泥人儿走向世界。

③四川省蓬安县人民医院有个清洁工叫沈前明，他在工作中研究老鼠活动的规律达30年之久，与同伴一道消灭老鼠70多万只，创造出23种巧妙的灭鼠方法，写出专著，被研究所聘为特约研究员。

④美国作家马克·吐温说得好："人的思维是了不起的，只要专注于某一项事业，那你就一定会做出自己都感到吃惊的成绩来。"

训练方法：

利用提供的前三则小资料，以马克·吐温的话为线索，以《要专心致志》为话题，组织一段对象为三、四年级学生的教育谈话，并作模拟练习。

【资料】

班主任和学生集体谈话的艺术

集体谈话是班主任面向全体学生的谈话方式。集体谈话具有教育对象人数多，涉及面广、学生思想不一、接受程度各异的特点。针对班级的具体情况和学生的心理特点，可采用以下方式。

1. 漫谈式　这是一种"形散而神不散"的谈话方法。"形散"，指谈话内容丰富多彩，方法不拘一格。"神不散"，指紧紧围绕谈话主题，不东拉西扯，东一鎯头西一棒子。这种方式一般适用于贯彻规章制度、行为规范，对学生进行理想教育、爱国主义教育、集体主义教育、矫正班集体中普遍性问题等等。班主任把教育目的、手段"掩藏"起来，总结学生生活中反映出来的问题，抓住学生思想上的热点，以事明理，情理结合。班主任态度和蔼，亲切自然，机智诙谐，循循善诱，在宽松和谐的气氛中缩小师生间的心理距离，增强谈话的吸引力和教育实效；

2. 问答式　这是一种"记者招待会"式的谈话方式，学生提问，班主任对答。这种方式适用于指点学生思想上的困惑，行动上的迷惘以及社会、学校班级中出现的热点问题。班主任深入学生，摸清他们思想上的问题，做到心中有数。为了防止"冷场"，可以以班级学生干部为核心，事先作好提问质询的充分准备。谈话前，班主任首先消除学生的思想顾虑，并宣布鼓励提问诘难的奖励措施，以便形成气氛热烈，踊跃发言的场面。班主任对学生的提问不压制、不取笑，镇定自若，坦率耿直，入情入理地陈述利弊，并结合学生思考讨论，从而形成统一认识。问答式谈话，充分调动了学生的积极性创造性。让学生"敞开心扉给人看"，班主任极容易把握学生的思想脉搏，增加了师生的相互理解，又能为"迷惘"的学生澄清是非，指点迷津；

3. 讨论式　这是一种"主题辩论"式的谈话方式。学生相互讨论，班主任总结归纳。一般适用于学生对社会、校园内某些存在模糊认识尚难分辨是非的问题。运用这种方式，班主任要精心筹划、组织，根据学生思想上的"热点"，拟出讨论纲要，发动学生事前搜集论据，写好辩论提纲，并委托班干部将学生按不同的观点分成小组，并由各组推出主辩人，组成代表队。另由班主任、科任老师、部分班干部组成评委会。鼓励学生敞开思想，摆事实，讲道理。相互讨论后，班主任、科任老师客观公正、实事求是，谈谈自己的看法以及当前倾向性意见，增加学生对这些问题的进一步理解，消除偏见误解。讨论式谈话，班主任是"总设计师"，巧妙利用学生教育学生的方式，在相互交流中增强自我教育的能力。

（摘自1993年第7—8期《天津教育》恽抱一　陈建　文）

（四）处理偶发事件的谈话能力训练

1. 评析训练

（1）教师请你帮忙

小柱子身体棒、有力气、乐于助人，但究竟是孩子，爱淘气。一天放学后，他竟然和同学比赛爬树。爬上树就下不来了，还故意在枝条上晃。同学们急了，报告老师。老师说："你们回去，叫小柱子下来帮我搬东西。就说我想重新安排家里的摆设，桌呀、柜的，老师一个人搬不动。"同学们照着说了。小柱子就下了树。其实老师并不需要小柱子帮什么忙。

训练方法：

①讨论：老师这么说有什么不妥之处？

②设计另一种可以诱导小柱子从树上下来的办法。

（2）打坏了痰盂怎么办？

徐涌大扫除时，去倒痰盂，摔了一跤，也把痰盂摔坏了。其他同学把这事报告给老师。

"又是徐涌！"老师一皱眉头，很不愉快。徐涌是个顽皮学生，常闯祸。有一次他砸坏了教室的玻璃，还死赖不认账。老师让学生把徐涌找来。徐涌满腔懊丧，仔细一看，膝盖还渗着血呢。老师心里一软，打算安慰徐涌。徐涌说："老师，痰盂是我打破的，我赔吧。今天回家要钱，明天一早交给您……"老师听出徐涌话音里还带点委屈的味儿，说："不说赔的事儿了，明天大家来讨论一下，一准能找出解决的好办法。"

讨论时，大家说：

"损坏东西要赔，这是我们少先队员应该遵守的纪律。"

"徐涌是为集体做事，膝盖摔破了谁赔他？像这种情况，可以不叫他赔。”

“但总不能让集体财产受损失呀！”

“我们大家凑钱买一只新的。”

突然一位同学说：

“我不同意买新的，我看这只痰盂只裂了一条缝，修一下还是可以用的。”

“对，能节约就节约。”老师越听越高兴。

痰盂很快就补好了，从此徐涌特别愿意为班里，为同学们服务。

训练方法：

①思考并讨论：这个故事从老师处理一个偶发事件开始，到教育好一个学生，树立了某个良好班风结束，真实感人，给予你什么启示？

②思考并讨论：老师如果止于下列处理步骤中的一个，都无法取得现在的教育成效，为什么？

把徐涌批评一通，要求徐涌赔偿；

安慰一下徐涌，同意徐涌的赔偿请求；

同意同学们凑钱买一个新的；

自己出钱或用班费买一个新的。

(3) 玻璃碎了

一天，六年级一个学生进教室关门时，因用力过猛震坏了门上的一块玻璃。班主任知道后，当着全班同学的面，严厉地批评道：“你怎么破坏公物？”

“我哪里破坏公物了……”学生把“破坏”二字有意说得很重，但是未等说完，老师抢着说：“破坏公物还想狡辩？”老师显然火了。

“我就是没破坏公物嘛，跟你说明一下，怎么是狡辩？”学生不满地说。

“破坏了公物还强词夺理，你给我放老实点！”老师说着用手在讲桌上狠狠地拍了一下。

“你到底想把我怎样？”学生挑战似地说。

“你不承认错误，我开除你！”

学生气愤地走出教室。

（选自湖北省中师《口语教程》）

训练方法：

①说明该班主任处事失当之处；

②重拟处理本事件的方案；

2. 情境训练

参照提示，设计相应情境的偶发事件教育谈话：

(1) 三年级常识（自然）课，老师问：“我国人口最稠密的城市是哪个？”黄小冬抢着答：“是孙悟空大战铁扇公主的火焰山。”

二年级算术复习课，老师问：“连减法是怎么减？”宋玲回答：“先从金鱼尾巴剪（减）起。”

一年级口头造句，老师话音未落，高松就大声说：“孙悟空没有死。”

【提示】

低年级学生的答非所问不一定是因为“故意捣乱”，往往受注意心理品质发展不完全的影响。可能答话时小学生的思维兴奋点还停留在别的事物上，因此应针对这一心理特点设计教育谈话；

(2) 数学老师正准备出示直观教具时，发现教具不翼而飞了。他估计是被一位调皮学生藏起来了；

最好说几句幽默的话，用“舆论教育”的方式处理本事件。

(3) 某老师教《狼牙山五壮士》一课，先由学生质疑问难，一位女学生起立认真地说：“课文里多了一个‘铁’字。”她打开课本，继续说：“课文里有这句话，‘班长斩钉截铁地说……’班长名叫斩钉截，后面不是多了个‘铁’字吗？噢？‘地’字也可以不要……”话没说完，全班早已笑得人仰马翻，有的同学还使劲捶着桌子笑。这位女生茫然而尴尬地看看老师，又看看同学。老师极力克制，但仍忍不住笑。

【提示】

①应该肯定该女生认真读书、勇于质疑的精神，以保护该生钻研的积极性；

②该同学所闹笑话只是一个误会，要为其排解，使她不致过分难堪；

③老师要对学生和自己的笑作出批评和自我批评性质的表态，以示对该生人格的尊重。

【资料】

批评六法

班主任对学生进行思想品德方面的教育，少不了批评教育这种形式。但如何使批评运用得当，行之有效，这就要求班主任要善于掌握好“火候”。因人因事而异，做到有情有理，程度适宜，使批评真正达到“润物细无声”的好效果，这在方式方法上是大有讲究的。

师生之间的关系究竟是真正建立在平等的基础上，还是一味强调上下之间的服从，在批评教育时方法运用得恰当与否，确实是关系到能否建立正常的师生关系的关键。有的教师在担任班主任工作时，认为只要对学生严格要求，无须多讲究什么方法，甚至认为如果连学生也不敢批评，怕有失师道之尊严。其实对学生进行正常的批评教育时，除了将师生关系视为一种正常的人际关系外，施之以一些必要的艺术方式，应该说是能够收到良好的教育效果的。

下面着重介绍几种批评教育的方式，主要是提倡在批评教育时要做一个讲究艺术方式的有心人。

点化式：这种方式对于自尊心较强的学生比较适合，所谓点到即是。如上课时，班长喊了“起立”，老师发现一位同学还未站起来，于是便点道：“看谁站得最像解放军！”仅此一句，那位原先坐着的同学迅速起立。这位老师善于采用暗示或提醒之类的语言，稍加点拨，从正面加以引导，使对方默认改正也就达到了预期的效果。

交换式："将心比心"往往能起到彼此沟通，相互理解的作用，也就是我们通常所说的，相互彼此换一个位置来考虑。对于一些有明显缺点错误的学生，一时又因碍于对方的面子，难以直接启齿。这时不妨"以攻为守"，把问题摆给对方："假如我有你这样类似的毛病，你看应该怎么办？"在这种情境下，学生自然既能察觉到老师执行原则的必要性，又能体谅到老师的一番良苦用心，进而认识到"情"必须服从"理"，这正是师生通过情感上的交流所起到的作用。

自责式：这可以是因判断不准而造成的批评失当之后的一种弥补，自责之中仍不忘批评，以责己为出发点，达到责彼的目的。笔者有次上课时曾因一位同学未记好笔记而当堂给予批评，结果该生颇不服气。经课后了解，这位同学因家中困难需承担些劳动，致使上课时精力不济。于是我主动承担责任，首先当面向学生表示"我没有很好地关心你的学习和生活，不了解你的实际困难"。对于他的困境深表同情，这位同学也能心甘情愿地承认自己的不足之处了。

委婉式：态度上委婉，口气上温和的批评，有人往往误解为是不能从难从严要求。殊不知批评的最终目的是为了让对方接受，而且是心悦诚服地接受，决不能凭一时的情感冲动图个痛快。一次晚间就寝熄灯后，我到学生宿舍查铺，站在窗外只听到一位同学正津津乐道地讲着故事。睡在窗口边的同学发现了我，忙低声暗示："老师来查铺了。"室内戛然声止，此时我强忍住内心的一股无名火气，只是心平气和地说："继续讲完，故事不完，睡觉也不安心嘛！"略带点幽默讽刺的话语引起了一阵窃窃的笑声，随之也就平静下来。事后想来，当时我若是高声怒斥一通，不仅影响其他寝室的同学休息，就是我本班的学生也很容易产生对立情绪。从此以后，类似熄灯后讲话的现象就再也没有发生过。

提问式：我班曾有一位同学不假而归，数日后我忙去进行家访。

该生声称不想再念下去了，我便首先发问，以期引起他思想上的转变。他却说不想念书是因为家境贫困，想帮助父亲劳动改变家庭面貌。我抓住他对父亲的感情这个契机忙发问：“你现在这般小的年纪就失学，这是你父亲所期望的吗?”当他无言以答时，我也就探明了他不想学习的真正原因。趁此机会我一边帮他分析厌学的思想根源及其后果，一边使他在回答问题的过程中逐步加深认识，进而转变了他的思想，使他愉快地返校就读。

渐进式：有次班上学生的东西被窃，事情查清后当事者深感事态的严重。我先找来一些知情的同学，装作若无其事的样子同他们如拉家常，创造出一个宽松和谐的气氛。他们便如实道出了自己内心的一些想法，声称平时大家在场，相互的东西也是不分彼此就这么“拿”。这次因周末未回家，缺东西用于是便“拿”了起来。我随即抓住这个突破口，渐渐点出问题的严重性，严肃指出“当面”与“背后”的界限是有本质上的差别的。然后向他们分析“从小偷针，长大偷金”的危害性。这样由浅到深，循序渐进地将批评的信息传递给对方，让对方在比较轻松的气氛中认识到问题的严重性，而且也能心悦诚服。

（选自《班主任工作的实践与艺术》罗明涛文）

（五）个体教育谈话的能力训练

1. 仿说训练

【示例】

李俐的确聪明伶俐、学习好、守纪律。五年级以后，在穿着方面有些过分讲究。可是爸妈收入不多，不能常给她买新的漂亮衣服。看看班上一些女生款式“时髦”的衣着，她羡慕极了，也苦恼极了。

班主任看在眼里。一天，她和李俐聊起写文章怎样用小素材表现大主题的事。

"俐俐，还记得《周总理的睡衣》吗?"

"记得。"

"这篇课文用什么材料，表达什么中心思想呢?"

她沉思会儿，不好意思地说:"二年级读的，时间长了，记不清楚了。"

班主任没再往下问，岔开话题谈别的。临走时，却另有深意地说:"再读读《周总理的睡衣》吧，这会对你有帮助的。"

第二天，班主任收到李俐一封"燕尾柬":

"老师:

打您让我重读《周总理的睡衣》，我就明白您劝我艰苦朴素也教我怎么写文章。感谢您！我一定以周总理和邓奶奶为榜样，艰苦朴素。"

老师读信后，欣慰于李俐认识的提高，便把李俐找来。说:"我们要以艰苦朴素为荣，这是对的。周总理、邓奶奶是'大官儿'，完全买得起一件新睡衣。他们艰苦朴素，是因为心里想着人民群众都还过着艰苦的日子呢；他们'先天下之忧而忧'、'后天下之乐而乐'，这是多么高尚的思想啊！不过，艰苦朴素的目的，仍然是为了改善生活。有条件的人，吃得好点儿，穿得好点儿，只要不浪费，也是应该的；条件不怎么好的人，暂时艰苦些，为改善生活条件而努力奋斗，将来也都可以过上好日子……总之，艰苦朴素和美好的生活追求并不矛盾。关键是现在你把注意力放在哪里，是为穿不上时髦的衣服而苦恼呢？还是乐意为创造以后的美好生活而艰苦奋斗呢……"

俐俐再不羡慕别人的衣着，学习更加勤奋了。

【评析】

对于李俐这样的好学生，随着年龄增长出现追求打扮的倾向，无须严加责难。班主任仅对其巧妙点拨，借他山之石以攻玉，使学生明理尚德。老师的诱导谈话给她以深刻的启迪。

训练方法：

仿照实例、针对下列事件设计教育谈话并练说：

(1)数学科王老师提了一个问题，接连几个同学都回答不了。黎华自告奋勇地说："我来！"站起来准确地作了解答。王老师表扬她，她得意地朝那几位不能答题的同学撇嘴，课后还说："和他们一个班听课，真是浪费时间……"

(2) 班上有位同学守纪律、爱学习、讲卫生，对师长也很有礼貌，可就是不太关心同学，很有点独善其身的味儿。为了帮助他克服弱点、全面进步，班主任决定单独找他谈话。

【示例】

导向"忘我"

一次，一位教师讲课文《忘我的人》。讲着讲着，人称"调皮鬼"的同学忽然站起来问："老师，什么叫忘我的人？"老师按课文的意思作了回答。接着这位同学又问："老师，我是不是忘我的人？"他一问，闹得全班哄堂大笑。老师调整了一下课堂秩序，认真地说："这个问题下课老师单独回答你。"

课后，老师在教师办公室同这个学生进行了个别谈话。老师说："现在老师单独回答你课上提出的第二个问题。""调皮鬼"一听，不好意思地说："我哪是一个忘我的人！"老师说："不，你现在虽然还不是一个忘我的人，但你有忘我的表现。我记得有一天午后，同学们在操场上练投手榴弹，一个小同学突然跑过来，手榴弹眼看要落在他身上。这时，你不顾自己，跑过去把他推开，没被打着。还有一次，二年级小同学把球掉进了防空洞，取不出来，很着急。是你大胆地进去，给取出来的。这些事都是你忘我的表现。当然你和王进喜比还有很大差距。你有忘我的表现，也有一些缺点，比如你不大遵守纪律，上课好逗大家笑，有时调皮淘气，学习不踏实。老师希望你、也相信你能下决心改正这些缺点，争取做一个'忘我的人’，将来为祖国作贡献。”

老师这番恳切的谈话，使他受到很大的鼓舞，他表示决心改正缺点。

【评析】

老师应是一个胸怀宽广的人。面对故意捣蛋的学生，这位老师不但谅解，而且捕捉这些学生的“闪光点”给予正确引导。谈话寓理于事、深入浅出，娓娓叙谈之中巧妙自然地将一个高尚的道德观念输入学生的心田。

训练方法

仿照实例、针对下列事件设计教育谈话并练说。

四年级某班上看图作文课。图意大概是：江阿姨承包的桃园大丰收，可是眼看一场暴风雨就要来临，于是大家都来帮助江阿姨收桃子，少先队员们也都来了。老师启发学生说：“少先队员见到江阿姨，他们会说些什么呢？”毛凯起立，嘻皮笑脸地答道：“我就对江阿姨说：江阿姨，反正你的桃子就要被暴雨打烂了，不如分些给我们吃吧……”同学们哄堂大笑。

2. 比较并分析

找准钥匙才能开锁

有一位小学实习老师听到陈锐同学说，不知班里谁偷了他的铅笔盒，就马上在班里处理这件事。“谁偷了陈锐同学的铅笔盒?!”连问几声无人回答，老师就生气了，说：“偷了东西还不敢承认，这是什么行为?!”全班你看我，我看你，还是没有人出声。这样，老师更恼火了，说：“如果自己再不承认，等我查出来就要加重处分！并要告诉你父母的!”结果还是问不出偷铅笔盒的人。原班主任知道后，就马上来到教室，一面暗示实习老师不要再追问，一面安慰大家不要太紧张。他说：“乱拿别人的东西是不好的一种行为，可是，我们谁不做错事呢？做错了就要大胆承认，能认识错误，以后不再犯了就是好孩子。”接着，班主任讲了中外伟大人物小时候曾经做了错事而又能承认错误、改正错误的故事。最后，班主任说：“今天，陈锐同学的铅笔盒不见了，他是很心疼的，但如果拿他铅笔盒的同学能大胆承认错误，交还铅笔盒，陈锐同学会原谅他的，我们大家也很欢迎。我们还要表扬他诚实，勇敢……”说到这儿，一位学生慢慢地站起来承认了错误，并向全班同学检讨。这时班里响起热烈的掌声……

（选自《小学心理学、教育学教程实例分析》）

【提示】

（1）从语用角度，分别分析实习老师追查无效而原任老师诱导有术的关键所在。

（2）这种诱导一般对低年级小学生更有效。

3. 讨论

【示例】

杨华同学平时爱欺侮弱小同学，同学们都不愿和他交往。一次，他不小心摔破了鼻子，结果没有一位同学主动帮助他。班主任带他到医务室上了药，打了针后，和杨华同学谈了一次话。

“你摔倒时有同学在场吗？”

“没有。后来跑过来几位同学，可看看是我，又走开了。”他气鼓鼓地说。

“上次小卫的脚崴了，那么多同学主动关心他。今天你摔得比他重，可同学们看看又走开了，你想过这是为什么吗？”

“没想过，只觉得好气人。当时如果不是摔得太痛，硬是想揍他们。”

“幸亏你没揍，要不以后有什么困难，恐怕连看一眼的人也没有了……今天的事说明了一个道理：一个同学如果不关心别人，甚至以大欺小，等到他需要别人帮助的时候，别人可就不大愿意了。一个人总会遇到些什么困难，有些困难自己努力努力，咬咬牙也就克服了；有些困难需要得到他人的帮助才能克服。如果你平时经常关心、帮助他人，那么当你有了困难时，别人就会主动来关心、帮助你。希望你好好想想，从今天的事情得出教训，改掉身上不好的习气，变欺负弱小为爱护弱小。那时，大家一定会喜欢你，也一定愿意帮助你。”

一席话，说得杨华同学既感激又惭愧。

【提示】

诱导学生只有让他们懂得透过现象看本质，才能达到提高学生道德认识水平的目的。

【示例】

某校三年级有三个一贯表现较好的学生偷摘人家的苹果吃。经老师谈话后，他们表示认错，愿意检讨。事情本来完全可以了结，但这位老师却进一步说道：“老师不要你们写检讨，而要看你们的改错行动。大家想想，什么行动最好？结果三位同学买了几个又红又大的苹果给果园主人送去，并附上一封信，说明了原因，表示了歉意。

【提示】

具体说明老师的教育口语为什么能取得较好的教育效果？

4. 情境训练

要求：参照提示，分析下列情境，设计恰当的教育口语并模拟练习。

（1）小明是小学二年级的学生，在学习上、工作上取得好的成绩时，就信心十足，精神愉快；成绩不好时，就灰心丧气，一蹶不振。

【提示】

在分析并准确判定小明气质、性质类型的基础上设计恰当的教育口语。重点考虑低年级学生情感不稳定的特点。

(2)独生子鹏鹏已是三年级学生了，每当遇到不会做的数学题、不会写的作文的时候，他的口头禅就脱口而出：“爸爸、妈妈快来帮我!”在学校里，他也同样，一遇到困难，就气馁。

(3)四(1)班有几名成绩低下、自律不严的“双差生”，他们上课不专心听讲，经常违反课堂纪律，放学后还合伙干坏事。班主任李老师通过家访、谈心，发现其中的小刘同学具有一定的组织能力，有较强的表现欲，在学生中颇有影响。李老师将小刘作为重点帮教对象，并交给他帮助另几名差生的任务。一学期后，几位差生的转化取得明显效果。

训练方法：

请设计三次谈话：①对小刘“交任务”的个别谈话；②当小刘取得一定进步后的激励性谈话；③对其中某个后进学生的个别谈话。

【提示】

设计时，需先假设情境，要全面考虑养成学生个性特点的各种主客观因素。

(4)王雷四年级时，语文、数学都不及格，曾对学习失去信心。当学校举行首届“小百灵歌手”评选活动时，班主任支持王雷参赛，结果他一举夺魁，被正式命名为校级“小百灵歌手”。班主任认为此时是鼓励王雷进步的好时机，于是找王雷谈话。

【提示】

谈话核心是鼓励王雷建立自信。

(5)三年级学生王欣是个好胜心很强的学生，从一年级以来历次考试(语、数)成绩都是双百分。但在第六学期的期末考试中，由于粗心。数学只考了90分，下课后，他暗暗地把分数改成100分，把试卷带回家给父母看。如果你是这位数学老师，怎样同王欣同学进行教育谈话?

【提示】

“响鼓也要重锤敲”，对王欣的批评要严肃，同时要鼓励小王欣继续努力争取更好的成绩。

【资料】

批评的方式与效果

一、训斥式批评：逆反心理因素加剧——产生不满对立情绪——导致破罐破摔。

二、指斥式批评：学生默认——感到委屈——内心不服——知错难改。

三、公开式批评：感到难堪——伤害自尊心——埋怨不满——妒恨心理上升。

四、谈心式批评：认识提高——满意接受——心悦诚服——主动改正缺点。

五、鼓励式批评：引以自豪——自感不足——发扬优点——改正错误。

六、对比式批评：认识错误明显快——辨别正误能力提高——学有榜样，赶有目标。

七、诱导式批评：受到启发——通事明理忌讳缺点——勇于改正错误。

八、反省式批评：感情融化——自我批评——敬慕老师——自觉改正缺点。

同小学生个别谈话的艺术

同小学生接触，进行个别谈话，要讲究谈话艺术。下面介绍10种谈话方式：

1. 接近式谈话。先谈双方共同的话题，使师生间感情融洽，然后由浅入深，有层次地涉及谈话内容。这种谈话对那些缺点较多，自尊心较强的比较合适。

2. 直接式谈话。即开门见山，一针见血的谈话法。这种谈话方式常用于那些勤奋好学，成绩优良的同学。

3. 参照式谈话。运用对比方式烘托出谈话的内容，使学生在参照物的对比上，感到客观上的某种压力，促使其自我认识。这种谈话往往适用于那些班上的中等生。

4. 触动式谈话。这是一种措词比较尖锐，语调较为激烈的谈话方式。运用于那些形成惰性、行动散漫，不正视自己的缺点的学生。

5. 商讨式谈话。即带有商量、讨论性质的谈话。这种方式运用于那些产生对抗心理的学生。

6. 发问式谈话。即采用提问的办法进行谈话，让学生自己去思考，在思考中达到自我认识。这种谈话方法适用于优等生。

7. 布置式谈话。这是一种传达某种信息、交代某项任务的谈话。采用这种谈话方法常常是先鼓励或表扬，使学生产生喜悦的心理，然后再布置任务，那么学生就乐意接受并完成任务。

8. 鼓励式谈话。谈话开始，首先对学生的成绩、优点、长处给予充分肯定和表扬，然后很有分寸地指出其存在的问题和缺点，从而达到教育的目的。

9. 启发式谈话。即针对学生的某一个问题，在谈话中加以说明，进行启发诱导，使学生在思想认识上提高一步。这种谈话适用于那些不善言词，有紧张心理的学生。

10. 慰问式谈话。当学生遇到困难或疾病时，老师给予安慰、问候和予以帮助所进行的谈话。这种谈话方式常能帮助学生消除某些心理阻碍，产生克服困难、战胜疾病的勇气。

三、教师其他工作口语训练

训练目标：

初步把握对家长、对上级、对同事的谈话技巧在集体和研讨活动中讲话，做到态度得体、讲话有理、有说服力和感染力。

（一）同家长谈话的训练

1．模拟家访训练

训练方法：

请参考“提示”，设定家访的内容和时机，作一次模拟家访谈话。分角色演练，有人扮演家长，有人扮演老师。模拟家访开始前，扮演者应向大家简要说明家访的目的、时机　内容和言语策略。全班学生观摩，并作评议。

【提示】

（1）家访谈话时，可选择下列内容：

①学生家长的职业、文化和经济生活背景；

②家长对孩子的教育态度和方法；

③学生在家做作业情况；

④学生的生活习惯和在家表现；

⑤向家长介绍用科学方法教育孩子的经验；

⑥向家长宣传党的教育方针政策和学生守则；

⑦向家长汇报班上情况，学校对学生的教育情况；

⑧向家长汇报学生在校德、智、体诸方面表现；

⑨和家长共同研究教育学生的措施；

⑩向家长传递教育子女成长的信息。

（2）家访中的询问要讲究方式，敏感问题一般不宜直问，而采用委婉的曲问为宜。“问”的本身能体现教师对家长、对学生的看法，因此，择词用语要注意分寸，同时宜多用商榷语气说话。

（3）家访的时机可选择：

①学期初、学期中和学期末；

②学生生病不能到校的时候；

③学生生日那天；

④差等生获得较好成绩的时候；

⑤学生被评为优秀队员、优秀班干部和三好学生的时候；

⑥优等生考试成绩突然下降的时候；

⑦学生精神不振，学习情绪低落的时候；

⑧学生犯错误屡教不改的时候；

⑨学生进入青春期初恋的时候；

⑩学生突然旷课的时候

2. 家访情境训练

训练方法：

根据下列情境材料，在同学之间进行家访谈话训练；然后互相评议。

训练内容：

（1）一位同学将要留级，请你作为班主任老师进行一次家访。

假设家长有这种情况：

①家长是一位暴跳如雷的父亲；

②家长是一位放任自流的母亲；

③家长是一位溺爱孙子的老奶奶。

请根据上列三种情况，设计三个家访片断

【提示】

家访时，教师要使人感到他已把学生看成自己的孩子，可以自谦地说没有教育好学生主动向家长表示歉意，以此来平息家长可能对教师产生的怨气。注意对不同家长选择不同言辞。

如，对第一位家长可采用委婉暗示法，不要刺伤对方的自尊心，要让家长对教育好孩子有信心。教师始终要真诚、热情，用平和的语调说话。

对第二位家长可先采用直表法，激起家长对孩子的责任心，对“放任自流”的后果作坦诚的描述，然后共同商讨教育子女的良方。

对第三位家长可用“苦口婆心”的方式，用语要亲切，讲清对孙子的教育要“严”与“爱”相结合的道理，让老奶奶心服口服。

（2）学生课间打闹，一位学生不小心用一块石头将另一位同学的头打破了，请分别对两个学生进行家访。

【提示】

教师及时登门看望受伤学生，主动将事故的责任承担起来，要有耐心听家长的责怪与埋怨，同时要争取家长对无意中肇事的学生及家长的宽容及谅解。

对无意中惹祸的学生家访，切忌“告状式”开场白，既批评学生，也承担自己所负的教育责任，切不可用言辞暗示家长惩罚学生。

（3）对一位“三好”学生进行一次家访（可以设想这个学生就在旁边）假设有下列几种情况：

①发现这位“三好”学生在家里表现并不好。

②发现这位“三好”学生家庭经济十分困难，学习条件极差。

③发现这位学生还有许多优点（例：热情帮助有困难的邻居；帮学习有困难的学生补课；自学了许多课外知识等）。

请根据上面几种情况，发挥想象，设计三个家访语用方式。

（选自上海第六师范学校《口语训练教程》）

【提示】

既要对“三好生”有积极的肯定，又要体现热切的期待和严格的要求。

3. 电话家访模拟训练

训练方法：

对实例中的两次电话家访，从言语策略的角度进行对比，分析成功或失败的原因。然后设想家访的对象和内容，以模拟“打电话”的方式，分角色演练。

【示例】

(1) 一次未成功的电话家访

教师（拨通电话）：×经理吗？我是×老师。有件事跟您说一下，×××（学生姓名）在学校……

家长：（打断教师的话）×老师，这事很急吗？

教师：（犹豫地）……唔，不能说很急，但是……

家长（再次打断教师的话）不急的话，就以后再说吧！我现在正忙着呢。对不起了！（匆匆挂断电话。“家访”失败）。

(2) 一次成功的电话家访

教师（拨通电话）：您好！您是×××的爸爸吗？我是您儿子的班主任×××。请问您现在有空吗？我能不能请教您几个问题？”

家长：（如果有空）×老师，甭客气，您说吧！

教师：（简明扼要地说明预先想好的内容）……（略）

家长：（如果没空）哎呀！×老师，真对不起，我正在开会。

教师：没关系，那咱们再约个时间，您来定。

家长：那就今晚8点吧。

教师：行！晚上谈。再见！（晚上电话家访获得较好的效果）

【提示】

电话家访能及时沟通教师与家长的联系，是城市学校现代常用的一种家访方式。电话家访前要想好该说的话、推测对方的情绪和心理变化、言简意明，不可在电话中长谈。当然，由于语境的局限，电话家访不能替代实地家访。

4. 家长会讲话的情境训练

训练方法：根据下面的情境材料，准备一段家长会讲话，在班上试讲。

训练内容：

（1）小学、初中或高中新生入学后，第一次家长会上，作为班主任讲一段话。

（2）临近中考、会考或高考前的一次家长会上，作为某课程任课教师讲一段话。

（3）你所教班级的学生这次期中考试成绩不太理想，为此召开家长座谈会征求改进教学意见。你作为教师怎样使家长都开口讲话？当家长们你一言我一语地说过之后，你又怎么说？

5．讨论

某市教委收到一批来信，对“小学生的作业让家长签字”这一现象众说纷纭，褒贬不一。请参看实例，在班级讨论会上谈谈你的看法；或在模拟家长会上对“家长”谈谈你的主张。

讨论内容：小学生的作业要家长签字的目的、动机是什么？效果如何？利弊得失怎样？学校教育应如何配合并指导家庭教育，以促进学生素质的全面提高？

【示例】

……不久前，我因公出差，回到家已是晚上 9 点，孩子还在哭哭啼啼地抄作业。原来孩子的爸爸未在练习本上签字，老师罚孩子重抄三遍。当晚，我在孩子抄好的练习后面签了字，同时写了这么一句：这么做是否妥当？谁知这下捅了马蜂窝，第二天孩子回家时更加愁眉苦脸了：“老师看了你写的字可生气了，要我再抄 10 遍。”不到 10 岁的孩子，在家长帮助下一直搞到 10 点半才完成，手酸了，人也累了。从此我们再也不敢给老师提意见了。

……督促孩子学习是我们家长的责任。但是老师规定学生课外作业每天都要家长签字，完全不信任孩子们。老师用这样的方式指挥家长实在让人受不了。昨晚我下班迟，早上又忙，忘记查孩子作业本，结果孩子早晨到了学校又被老师赶回家来。我补签字后慌忙送孩子到教室。这时已开始上第一节课了。我走到校门口时有七八个孩子拿着各自的作业本围上来，央求我签字。出于同情我照办了。我就这么莫名其妙地当了这许多孩子的“家长”。但是，这样的“家长”签字又有什么意义呢？……

（方家章《小学生的作业让家长签字好不好？》，《江苏教育》）

【提示】

在家长会上谈这个问题，应该以商询的口吻让家长先谈，教师在归纳小结时谈出自己的想法。

6. 话题训练

设想你是班主任，根据下列资料，以“21世纪的竞争是人才的竞争”为话题，给独生子女“家长”（模拟）作一次联系实际的、言近旨远的讲话。

【资料】

夏令营中的较量

作者孙云晓给记者讲述了他亲身经历的事情：第一届中日儿童探险夏令营办在我国黄海的一个孤岛上。在小营员选择搭帐篷的宿营地时，日本孩子每人身上都带着一把锋利的小刀。在荆棘丛生的山坡上，他们真是披荆斩棘，“大刀阔斧”地向前开进。而我们的孩子怕身上穿的新衣服搞脏了，又怕枝枝叉叉刮了手，小心翼翼地落在后面。到一个海岛去玩，岛上没遮没挡，把人晒得头晕目眩。只为医生、病号、女教师准备了一顶帐篷，这种时候，中国孩子都使劲往里钻。

（苏婷《教育者之间的较量》，引自《中国教育报》）

【提示】

这是一种独白方式的陈述，话题集中，既要谈出自己的看法，又要注意用生动的事例说明问题，注意交流。

7. 改说

先说说下面实例中那位教师的话有何不妥，如果你是这位教师，你认为这句话该怎么说？（可试用多种形式）

【示例】

家长会后

一位青年教师在家长会后，要求一位家长留步，说："研究一下你孩子的事。"等其他家长走了，老师热情地请他坐下来谈，可是家长已经是怒气满面了。他第一句便说："我孩子怎么了？你当这么多人的面太叫我难堪了！"这位教师费了好多唇舌才挽回局面。

（董杰锋、朱若真《教师语言艺术》）

8. 对比分析

不少班主任在做学生工作遇到困难的时候，都希望得到家长的支持和配合，往往将家长请到学校来谈话。对比实例中教师与家长的两种不同的口语表达，分析两位家长听到不同的话后的不同心情、对老师的不同态度以及谈话的不同效果。将你认为不妥的说法进行改说。

【示例】

教师对家长的不同谈话

(1)"这孩子我管不了啦！""学校教育不了他，家长你领回去吧！"等等。

(2) 有一位女教师，虽然她在十分气愤、又无可奈何的情况下，却很善于组织自己的语言。家长来了，她先说："您看，我又麻烦您了。请您来帮助我！"经她这么一说，家长被请到学校一路上的狐疑、不满都消失了。教师又说："我知道，孩子是听您话的，他也是一时在气头上，您来就好了。"

（董杰锋、朱若真《教师语言艺术》）

（二）对上级的谈话训练

1. 请示性谈话仿说

参看实例，学习小高老师向领导请示工作时说话的艺术，与教委副主任（由同学扮演）对话。设定语境：这位领导开了一上午会，刚散会准备回家，交谈话题：想举办一个“家长学校”，作为一个小学的教导主任想争取教委的支持。

【示例】

×县实验小学体育教师小高，由学校委派，就筹办全县重点小学学生春季田径运动会一事，来到县教委，找到管教育的副主任请示运动会筹备工作，小高是这个教委副主任上班后接待的第四位来访者。送走上一个无理取闹者之后，他正心烦意乱。当小高说出寒暄话的时候，这位主任拿起了一张报纸，往沙发上一靠，把脸遮在报纸后面，说：“你有什么事呀？有什么事就说吧。”小高坐到能看见这位主任的脸的座位上，微笑着说：“×主任，现在，我是您接待的第四个人了。我看您的工作确实千头万绪，够忙够累的了。看着您这么劳累，本该让您休息一会儿。但因工作紧急，我还是用较短的时间，就全县重点小学学生春季运动会的筹备事宜作一汇报并请示，看您的意见怎么样？”×主任放下手中报纸，正坐起来，看着小高温和地说：“来自教学第一线的老师比我们更辛苦，都是为了工作，说吧！时间长一点也不要紧，以解决问题为重嘛！”于是小高条分缕析地说了开来，×主任对这项工作也表示了明确的意见。

（赵和平、熊源职、朱特雄《口语教程》）

【评析】

同领导进行社会交往，由于种种原因，可能遇上言语交际的障碍。作为交往的下级一方就要讲究同领导说话的艺术，以取得语言交际的良好效能。小高面对教委领导“报纸遮面不屑谈”的尴尬局面，不反感，不动气。而是以对领导理解、同情、尊重的语言，换取领导对自己的理解与尊重。因而心理相容，言语相通。

【提示】

向领导请示工作的谈话，要寻找合适的时机；谈话时要注意中心突出，条理清晰，言辞简洁，如：需要请示的问题是什么。问题的迫切程度，如何解决等。不要一次请示时摆出一大堆问题，说话东扯西拉。

2. 改说

分析实例中这位师范生对乡教育组领导说的第一句话有没有什么不得体之处。设想这个任务由你去完成，你将怎样说？

【示例】

联系实习的开场白

毕业实习之前，学校派一位同学到一个乡教育组联系实习工作。这位同学来到乡教育组办公室，一边拿出介绍信，一边对接介绍信的同志说：“我是学校派来联系实习工作的，请你们安排。”

（赵和平　熊源职　朱特雄《口语教程》）

3. 汇报性谈话模拟训练

设想你是一名班主任，将你们班近期的学习情况或发生的大事，向校长（由同学扮演）作一次汇报谈话。

【提示】

向领导作汇报工作的谈话，除了时机要适宜外，还要注意对领导态度尊重而不谄媚，汇报的情况真实而不夸大，话语要简明而不啰嗦。

4. 与领导谈话情境训练

训练方法：

设想当你遇到以下情况时，你将怎么说？在班上当众试试。

训练内容：

(1) 领导找你谈话，布置某项工作任务时。

(2) 领导称赞你工作中取得的成绩时。

(3) 领导批评你工作中的某些不足之处时。

(4) 领导让你为他办某件事，而你感到棘手时。

【提示】

领导主动找下级谈话时，作为下级要热情相迎，态度谦虚；要注意聆听，问清不明确处；如有难以解决的困难，应言辞委婉地予以说明；如有合理、可行的建议应及时提出。

(三) 与同事及校外协作人员的交谈训练

1. 与同事谈话情境训练

训练方法：设想你是一名刚刚毕业上岗的青年教师，怎样与不同身份、年龄的同事交谈，并给对方留下良好的第一印象？自己设计话题，在班上分角色演练，同学们评议。

训练内容：

与你（青年教师）谈话的对象是：

(1) 老年教师。

(2) 比你年长但学历比你低的中年教师。

(3) 与你同龄的青年教师。

(4) 学校总务部门的职工（如司机、电工、清洁工等）。

(5) 学校某部门的干部。

【提示】

不管与哪种身份的同事交谈，都应热情大方，真诚谦虚；尤其是对比自己年长者，更要注意发现对方的长处，虚心求教。

2．仿说

设想你是下面介绍的实例中的那位青年教师的同事、好朋友，当时校长不在场，你出面调解劝说。仿实例说一段话，请同学评议：那位想打架的青年人是否会平息怒火。

【示例】

一次，某小学校外一个青年人为一点小事与学校一位青年教师发生矛盾。那青年拿起棍棒冲进学校找这位青年教师打架。学校校长出面调解劝说，那青年怒气更甚："你不要管，我今天非打个你死我活不可，你让我去找他！"面对这剑拔弩张之势，校长突转话锋，大声说："好吧，既不问青红皂白要打人，又不听人劝说，那就请便。但有一点必须说清楚：校外人进校打架闹事，破坏教学秩序是犯法的。国有国法，故意伤人，罪加一等。你若不顾你家中老小，一意胡干，后果自负。现在就随你的便。"青年人听后，火气骤降，冷静了下来。再经劝导，事端平息。

（赵和平　熊源职　朱特雄《口语教程》）

【评析】

这位校长在突发事件面前言辞锋利，应变自如；对怒火中烧的青年人先以柔克刚，冷静劝解；继而晓以利害，以刚克刚。

3．与校外协作人员谈话训练

为改善学校与社区的关系，校长请你去与附近的几家单位商谈。你怎样作商谈准备？设计一定情境，与同学分角色演练。

4. 话题训练

设想你作为教师，已经“桃李满天下”。你以前的学生不期而至，到办公室或家中拜望你，面孔还熟，但你却一时叫不出对方的名字，处境相当尴尬。请设计一段话，为自己解围。

5. 模拟训练

训练内容：当教师与社会各界进行工作性交往时，往往遇到这种情况：你出于身份，对对方提出的问题或要求，难以立即回答或表态。仿照实例中这位教师的言语技巧回忆你曾经历或见过的类似情境，作一次模拟答话训练。

【示例】

一次得体的回答

某中学一位优秀语文教师随中国代表团访日。在访问东京一所中学时，见到日方校长。他接过日方校长转交我方中学校长的礼物后说了声“谢谢”。这时，日本朋友说：“我们东京××中学想和你们××中学结为友好学校。”面对日本朋友的这一友好要求，这位老师既不能点头，也不能摇头，那该怎样说才好呢？只见他不慌不忙地从口袋里掏出一枚校徽，有礼貌地给日方校长别上，借戴校徽的一瞬间，他想好了词句。这位老师说：“校长先生对中国人民、对××中学的友好情谊，我代表我校全体师生表示感谢。对于您的友好愿望，回国以后一定转达给我的校长先生和我们的全体师生。谢谢！”

（陈建民《语言应变能力是口才的重要特点》）

【评析】

在外事活动中，当对方提出的要求难以表态时，这位老师采用了“侧面作答”的方法，应对得体，不失礼节。

【提示】

当你遇到类似情况，可针对具体语境选用：或以问作答，反宾为主；或间接回答，婉言相告；或笑而不答，缓和僵局；或答非所问，岔开话题等。

6．导练

你代表学校与某单位洽谈关于集资修建教学楼的事宜，洽谈中遭到在场少数人轻视教师的冷言。仿造实例中这位老师的思路，设计一段更加简短的话，使你既能维护教师形象，又能达到洽谈目的。

【示例】

问：有人把教师职业说成是“太阳底下最高尚的职业”，你不认为这是阿Q式的自我安慰吗？

答：太阳底下有许多高尚的职业，没有进行过有关的大赛，很难评出“高尚之最”。但忠诚于人民教育事业的人，把自己的职业视为“最高尚的”也不为狂。相传古代欧洲有个国王举行了一次最隆重的授奖大会，要把从阿尔卑斯山上采来的一枝并蒂桃花，奖赏给对社会最有贡献的人。将军、诗人、名医、画家都满怀信心地登上了领奖台，却又一个个空手而回。国王最后把这支桃花别在一位满头银发的教师的衣襟上，对他说：“你是人类灵魂的工程师，没有你，既没有将军、诗人，也没有名医、画家！”

（《演讲与口才》1988年第3期）

7．讨论

中师毕业生小胡，在校期间天真活泼，热情爽朗，爱说爱笑，快嘴直言，备受领导、老师、同学的称赞。走上工作岗位后，仍是如此。周围的人称赞的有，但非议的不少。如，在一次闲谈中，一位年老的老师说错了一个字，她当众予以纠正。于是，有人说她有“傲气”。小胡有点疑惑不解。请你从社交的角度帮助小胡分析一下这个问题。

(赵和平、熊源职、朱特雄《口语教程》)

【提示】

当你走上工作岗位后，在社交活动中，一要注意从学生到教师的角色转换；二要注意因人择言。

(四) 研讨活动中的讲话训练

1. 情境训练

你毕业上岗之后，被学校派往参加一次县级教研会。参加会议的有男有女；有老年，有中年，也有青年。与会者被介绍相识之后，会议安排一段时间“自由洽谈”。你也要根据一定的目的，选择一个对象进行交谈，请以实录的方式写出交谈片断，并根据“看人说话”的要求在班上谈谈体会。

2. 话题训练

结合所学课程中的某个难点、疑点问题，或针对大家普遍感兴趣的教学或教育工作中的热点问题，在班上组织一次研讨会。

四、教学口语赏析

(一)《精彩的马戏》教学实录（片断）

执教者　上海市特级教师　袁　榕

师：现在我们继续学课文。谁把第一节读一下？(指名学生读第一节)

师：对。那么这场马戏究竟有哪些精彩节目呢？作者先写了猴子爬杆这一节。你们认真看一看，这一节作者写了几句话？

生：这一节写猴子爬杆，写了四句话。

师：对的，写了四句话。谁来读？（指名四个学生分别读第一、二、三、四句）

师：对，猴子爬杆作者一共写了四句话。（出示小黑板，上面写着：1. 先说猴子爬杆吧。2. 猴子爬到高杆的顶上。3. 猴子瞅着观众。4. 那顽皮的样子逗得大家直笑。指名学生读这四名话。）现在小朋友默读课文，看看插图，再比比书上的句子和黑板上的句子，看书上多了哪些词语，用了这些词语好在哪里。（学生默读、思考）

师：我们来讨论。第一句“先说猴子爬杆吧”，书上和黑板上都是这样写的。第二句“猴子爬到高杆的顶上”，书上多了哪些词语？多了这些词语好在哪里？大家发表意见吧。

生：第二句书上多了“穿着小孩的衣服”，这句是说猴子穿了怎样的衣服。书上还有“在上面倒竖蜻蜓”，把它爬到顶上的样子写出来了。

生：书上多了“穿着小孩的衣服”，说明这猴子很逗人喜爱，它还穿了小孩的衣服呢！

师：对啊！这猴子身上穿着小孩的衣服，还写了“在上面倒竖蜻蜓”，这个动作是它表演的特点。你们看插图，这猴子在高杆顶上倒竖蜻蜓，这是一个精彩的动作，所以作者就把它写下来了。

生：书上多了“穿着小孩的衣服”，就比黑板上的句子写得生动具体。

师：噢，你说得对！再看看第三句话书上又多了哪些词语，好在哪里呢？

生：第三句多了“一双圆溜溜的眼睛”，写出了猴子倒竖蜻蜓的时候眼睛圆溜溜的，很逗人喜爱。还多了“好奇地”，这就写出了它圆溜溜的眼睛怎样地看着观众。

师：讲得很好。“好奇地”是什么意思呢？

生：奇怪的意思。

师：很奇怪的。它看到那么多观众觉得很有趣，又觉得很奇怪，它就好奇地瞅着观众。

生：多了“好奇地”和“一双圆溜溜的眼睛”，就说明这猴子很顽皮的，因此后面写“它那顽皮的样子逗得大家直笑”。

师：对啊！就是因为这样，所以它那顽皮的样子逗得大家直笑。第二、三句话把它表演的情况、神态，那个顽皮的样子都写清楚了，所以最后写“它那顽皮的样子逗得大家直笑”。“直笑”什么意思？

生：“直笑”就是一直在笑。

生：就是不停地在笑，不是一笑就停下来。

师：一直在笑，演的过程中一直在笑，你们讲得真好。一起把这一节课文读一遍。(学生齐读第二节)

师：接着作者就写“熊踩木球”这个节目了。作者在这一节里说“熊踩木球也很好玩”，现在要同学默读这一节，看看插图，从字里行间来看，哪些地方说明“熊踩木球也很好玩”，好玩在哪里？(学生默读、思考)

师：好，大家来发表意见。

生：这几句话说明熊很好玩：“笨重的黑熊，爬到大木球上，直立着身子，小心地移动着双脚”。

师：你觉得这句话说明熊很好玩，那么你从这句话中的哪些词看出黑熊好玩呢？

生：从“笨重”这个词可以看出黑熊很好玩的。黑熊跟猴子不一样，猴子很灵活，黑熊很笨重，笨重是黑熊的特点，这笨重的黑熊还要爬到大木球上去呢！这样是很有趣的。

生：还有“直立着身子”。熊本来是爬的，现在它直立着身子，也很好玩。

师：它本来四只脚着地，现在爬到木球上，直立着身子。看插图，熊的两只脚站在那个球上，这一个动作很精彩，所以作者把它写下来了。

生：我从“小心地”看出这黑熊很好玩的。黑熊像人一样，做难的动作都是很小心的。

师：是啊，它“小心地移动着双腿”。

生：我还从“你看那黑熊多紧张呀”，看出黑熊不像猴子那样顽皮，那样好奇。它是很紧张的。

师：正因为它这个紧张的样子，才引起人们怎样？

生（齐）：哄笑。

师：一阵哄笑。黑熊笨重的身体在木球上移动的样子和它那紧张的样子是黑熊表演这个节目的特点，作者都写出来了，最后说人们发出一阵哄笑。想想看，这地方“哄笑”换上“直笑”行不行？

生：不行。黑熊很紧张，人们发出一阵哄笑；猴子顽皮的样子逗得大家直笑。

生：“一阵”是笑好了就停下来了，直笑是一直在笑。

师：对，猴子顽皮的样子逗得大家直笑，观众看到猴子穿着小孩的衣服就笑了，看到它爬上高杆的那副顽皮样子又要笑了，观众不停地在笑，所以是“直笑”。想一想，观众看到熊很紧张的时候怎么样？

生：我想观众看了一定会哄堂大笑的。

师：我想，观众一直是聚精会神地观看黑熊表演节目的，当看到跷跷板的那一头掉下来了，黑熊显出很紧张的样子的时候，大家才突然笑了起来，所以是“一阵哄笑”。

生：假如用“直笑”就不通了。

师：不通在哪里呢？

生：如果用“直笑”，就不能用“一阵”。

师：对了。一起把这一节读一遍。（学生齐读第三节）

生：怎么不用“这时”人们发出一阵哄笑？

师：你们读读看，用上“这时”好，还是不用“这时”好？

生；不用“这时”好，熊滚来滚去一直很紧张，所以观众就发出一阵哄笑。

师：我觉得这地方可以不用“这时”，因为书上写着“你看那黑熊多紧张呀”，紧接着人们发出一阵哄笑。这就告诉我们，就在黑熊显得很紧张的时候，人们发出一阵哄笑，所以不用“这时”意思也很明确。

师：这个精彩节目我们就学到这里，下面还有一个精彩节目。

【评析】

严谨、扎实是袁榕老师一贯的教学风格。她的教学语言同样体现这样的特点。袁老师还善于用诱导语与激励语时时处处给学生以肯定与鼓励，学生的学习积极性之高，真有“满园春色关不住”的感觉。

（二）数学课《圆的认识》教学实录（片断）

执教者　北京市丰台区胡秉贤老师

师：同学们，看老师手中的小球画出一个什么图形？（老师示范表演，一段细绳，一端系着小球，另一端用手拽着甩小球。）

师：我把刚才甩小球的活动用电动教具演示出来，请大家注意看。（教师边说边演示电动“圆”）

我再演示一次，这回请大家注意看：针尖是怎样移动的？形成了什么图形（教师再次演示“电动圆”）看见了吗？我把针尖那一点移动形成的图形画在黑板上。（师画圆）这是什么图形？

生：圆形。

师：在日常生活中，你们见到过哪些圆形？

生：汽车上的方向盘。

生：硬币的面。

生：水碗的口。

师：对了，在日常生活中有很多很多的圆形。今天这节课我们就学习圆的有关知识。（板书：圆的认识）

师：你们会画圆吗？

生齐答：会。

师：请大家在练习本上随便画两个大小不同的圆，边画边想：铅笔尖是怎样移动的？（生画圆）画完了吗？谁知道画圆时铅笔尖是怎样移动的？

生：画圆时，铅笔尖绕着中间的点转一圈。

师：中间的点动吗？

生：不动。

师：我们把这个不动的点（师指黑板上圆的圆心）叫定点。（板书：定点）铅笔尖画出的线为什么能首尾相接呢？

生：圆的边上的任意一点到定点的距离是一样的。

师：应该说圆上任意一点到定点的距离是一样的。对了，这是因为圆上任意一点到定点间的距离是相等的。我们把这段相等的距离叫定长。（板书：定长）现在我在圆里画一条线段。（师画半径）你们看，这条线段两个端点分别在什么位置上？

生：一个端点在定点上，另一个端点在圆上。

师：我画的这条线段（师画直径）有什么特点？

生：这条线段通过定点，两个端点都在圆上。

师：这个定点（师指圆心）叫什么？用字母怎样表示？这两条线段（师指半径、直径）又分别叫什么？用字母怎样表示？请同学们把书翻到102页，在书中找答案。（学生自学课本）同位子两个同学讨论一下。（学生议论）现在谁来回答老师指的这点（师指圆心）叫什么？用字母怎样表示？

生：这点叫圆心，用字母O表示，（板书：圆心O）

师：什么叫圆心？

生：固定的点叫圆心。

师：(师在黑板上任意点一点) 这点固定，它叫圆心吗？

生：画圆时，固定的一点叫圆心。

师：对了，画圆时，固定的点叫做圆心。(板书：圆心) (师指半径) 这条线段叫什么？用字母怎样表示？

生：半径，用字母 r 来表示。(板书：半径 r)

师：谁知道：什么叫半径？

生：从圆心到圆上任意一点的线段，叫做半径。

师：半径必须符合哪几个条件？

生：半径必须符合两个条件：(1) 是一条线段，(2) 一个端点在圆心上，另一个端点在圆上。

师：(用黄笔描半径) 对了，半径必须是一个端点在圆心上，另一个端点在圆上的线段，它实际上就是刚才说的定长。(板书：半径)

(师指直径) 这条线段叫什么呢？

生：这条线段叫直径。用字母 d 来表示。(板书：直径 d)

师：那么什么是直径呢？

生：通过圆心并且两端都在圆上的线段，叫做直径。

师：直径必须符合哪几个条件？

生：直径必须符合三个条件：(1) 是一条线段，(2) 通过圆心。(3) 两个端点在圆上。

师 (用黄色笔描直径) 对了，直径必须是通过圆心、而且两个端点在圆上的线段。

师：请同学们找出下面每个圆的半径和直径。(出示小黑板)

师：谁来找第一个圆的半径和直径？

生：第一个圆中第二条是半径，第三条是直径。

师：为什么第二条是半径，第三条是直径？

生：第二条是一个端点在圆心，另一个端点在圆上的线段，所以叫半径。第三条是一条通过圆心，而且两个端点都在圆上的线段，

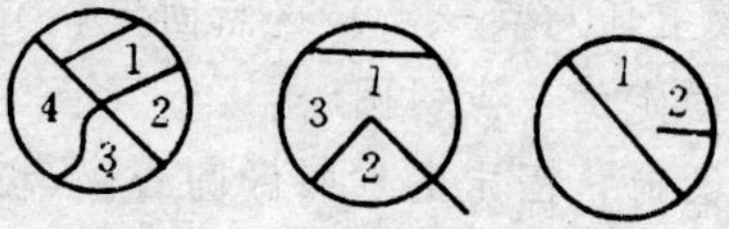

图　10

所以叫直径。

师：为什么一、四条不是半径呢？

生：第一条一个端点没在圆心上，所以不是半径。第四条不是线段，所以也不是半径。

师：第二个圆呢？

生：第三条是半径。

师：为什么第一条不是直径？第二条不是半径？

生：第一条没通过圆心，所以不是直径。第二条是射线，所以不是半径。

师：第三个圆呢？

生：第一条是直径。

师：正确。

师：刚才我们认识了圆心、半径和直径，那么圆到底应该怎样画呢？下面我们具体研究。请大家在练习本上再画一个圆，画时想一想，怎么画圆？也就是先确定什么？再确定什么？最后做什么（学生画圆）画完了吗？谁来说说你是怎么画圆的？

生：先把圆规的针尖固定在本上，然后把另一脚旋转一周就画出了圆。

师：有不同意见吗？

生：还要把圆规两脚张开。

师：对了，在画圆时，首先在要画圆的地方点上一点，确定圆心，（师在黑板上点上一点）再把圆规两脚张开，（师演示：张开圆规两脚）确定半径；然后把针尖一点固定在圆心上，另一脚旋转一周（师示范画圆）就画出了圆。画圆时注意针尖不要移动。现在请大家再画一个比刚才稍大或稍小的圆。

（学生画圆）画好了吗？再画一个半径是2厘米的圆。想一想，这个圆怎样画？（学生画圆）谁来说说你是怎样画这个圆的？

生：先画一条2厘米的线段做半径，然后再画圆。

师：还有不同画法吗？

生：先用圆规的两脚在尺子上量出2厘米，然后再画圆。

师：这种方法可以吗？

生齐答：可以。

师：对了，两种方法的道理是一样的。你们再想一下，画圆时圆的位置是由什么决定的。

生：圆的位置是由圆心决定的。

师：回答得很好，圆的位置是由圆心决定的。（板书：位置）那么圆的大小是由什么决定的呢？

生：圆的大小是由半径决定的。

师：对，圆的大小是由半径决定的。（板书：半径）

【评析】

胡老师《圆的认识》一课教学设计严谨，师生配合默契，学生思维活跃。他的教学语言清楚准确、逻辑严密、亲切自然，示范、操作与态势语的运用又增强了本课的启发性与生动性。

（三）教学片断欣赏

《分数》教学

师：这节数学课我们来学习分数（板书“分数”）。

师：（将一块方糕平均切成两块，举起其中一块）同学们请看，我把这块方糕平均切成两块，这其中的一块是这整块方糕的多少呢？

生：是整块方糕的一半。

师：是整块方糕的几分之几啊？

生：是二分之一。

师：是谁的二分之一呀？

生：是这整块方糕的二分之一。

师：对啦！必须说是这整块方糕的几分之几。必须是整体一（一条绳子、一个圆、一个苹果、一张纸等等）的几分之几。（教师把一条绳子平均分为三段，把一个正方形纸片平均分为四块，让学生识别）。

师：（将一个长方形纸片，任意分成三块）大家说，我拿的这一块纸片，是这整个纸片的几分之几啊？它能不能用分数来表示？

生：不能！

师：为什么不能？

生：因为你剪的那三块纸片不一样大小。

师：对啦。一定要平均分。

师：那么，什么是分数呢？请大家看书，分数就是表示一个单位的几分之几的数。这里，同学们一定要注意两个要点：①是一个单位（即整体一）的几分之几；②无论分成几份，都一定要平均分。

师：我在咱们班里占几分之几呢？

生：（思考、讨论）五十五分之一（学生数为55）。

生：五十六分之一。

师：是五十六分之一，因为我也是咱们班的一员么。

（转引自董杰锋等著《教师语言艺术》）

《我的伯父鲁迅先生》的教学实录

师：看课文第二段。默读课文，把重要的词画下来。（学生默读课文）

生：“老实”。

生："囫囵吞枣"。

师：我和你找的一样，这个词找得很好。(板书：囫囵吞枣)

生："张冠李戴"。(师板书：张冠李戴)

师：对！还有个句子我觉得也很重要。

生："哈哈！还是我的记性好。"

师：好，我们就讨论这两个词和一个句子。谁知道"囫囵吞枣"是什么意思？

生："囫囵吞枣"就是把枣整个吞下去，课文里是比喻不加分析不加辨别。

师：找书上的句子说明"我"读书"囫囵吞枣"。(指名读"老实说……全搞不清楚"。)

师："张冠李戴"是什么意思？

生："张冠李戴"的"冠"是指帽子，把姓张的帽子戴到姓李的头上去，比喻弄错对象和事实。

师：读书上的句子说明"我"是"张冠李戴"的。(齐读"有时候……安在那个人身上"。)

师：看一看这两个词之间有什么关系？

生：因为"我"看书"囫囵吞枣"，所以才会"张冠李戴"。

师：是什么关系呢？简单些说。

生：因果关系。

师：谁用"因为……所以……"说一句话？

生：因为我读书"囫囵吞枣"，所以讲起话来"张冠李戴"。

生：因为"我"看《水浒传》"囫囵吞枣"，所以和伯父说起话来就"张冠李戴"乱说一气。

生：之所以"我"和伯父说话"张冠李戴"，是因为"我"看书"囫囵吞枣"。

师：他很巧妙，来个由果推因，好。

师：这就说明"我"读书很不认真，马马虎虎，所以伯父听了以后说："哈哈！还是我的记性好。"这句话的意思懂吗？

生：就是拿这句话来教育"我"今后读书要认真。

生：拿"我的年纪大了，但我的记性比你好"来教育"我"。

师：这句话应该这样讲：照理年轻的人，记性要比年纪大的人好，而现在年纪大的人反而比年纪轻的人记性好了，为什么？因为"我"读书不认真，所以记性不好；伯父读书认真，所以记性好。

师：这句话是鲁迅先生对"我"的婉转的批评，所以"我"听了以后又羞愧、又悔恨，比挨打挨骂还难受。从此之后，"我"读书再也不马马虎虎了。为了使"我"读书认真，所以伯父临走的时候送"我"两本书，一本是《表》，一本是《小约翰》，让"我"好好读。

五、教师职业口语"常见病"的诊治

训练内容：

按照下表所列的教师职业口语10种"常见病"进行自查和互查，看你能得多少分（每小项语病扣2分）

教师职业口语“常见病”诊治表

病症类型	语 病 现 象	自查（√）	治 疗 办 法
话语啰嗦	①大多数语句都以“哦”“嗯”开头。 ②频繁使用：“我们知道……”“就是说……” “大家明白……” ③语句结尾都带上“是不是？”“对吗？”“你们说，是吗？” ④双语症。一个句子说两遍：“今天讲三个问题，嗯三个问题。”		①使用录音机自查，找出语病是什么，有意克服。 ②讲话前认真准备，可避免语意不清造成话语啰嗦的毛病。 ③把自己的口头禅写在一个小条上，讲话时放在一旁，提醒自己克服。
语速失调	①讲话过快，如连珠炮。 ②讲话拖沓，让人焦急。 ③沉吟时间过长。		①讲话前提醒自己一个“慢”字。 ②尽可能在讲话前思考成熟。
语音不清	①语声弱化、虚化，最后一个字的字音消失。 ②发音器官运动不到位造成的语音含混。 ③音节间有再拼合现象。 ④语音发飘，话语朦胧。		①大声朗读，要求字音到位，字正腔圆。 ②让人帮忙给你找出哪几个音节发不准，并认真纠正。
语流阻滞	①讲话不顺畅，吞吞吐吐。 ②讲话时常有卡壳现象。		①多练习流利的朗读。 ②是思维卡壳，还是选词跟不上，找出原因对症下药。

续表

病症类型	语病现象	自查(√)	治疗办法
话语干瘪	①老是那几个词语翻来覆去地说。 ②不会运用“同义”但不同词的技巧。		①多读多写多听多说，增加自己的词汇量。 ②练习“同义反复”的技巧。
语调沉闷	讲话老是一个调、一个节奏、让人昏昏欲睡。		①通过朗读，练习语气、语调、重音、节奏等各种技能技巧的运用。 ②使用录音机自查并纠正。
语脉混乱	①语意杂糅。 ②语意跳跃，让人不得其要领。 ③话语颠三倒四。 ④随意插说，不着边际。 ⑤说话跑题。		①尽可能想好了再说。 ②先写一个讲说提纲再说。 ③录下自己的讲话后，再用文字整理出来，检查一下毛病在哪里。
话语伤人	①出语欠思量，话语过量，让人接受不了。 ②直话直说但不会见机委婉地说。		①戒怒。 ②替对方着想：如果我听了这话会怎么样？ ③学习委婉语、暗示语的表达技巧。

续表

病症类型	语　病　现　象	自查（√）	治　疗　办　法
“满堂灌”	①一讲到底。无提问，无启发。采用“目中无人”讲授法。 ②语气无间歇。语流似洪水，造成学生听力疲劳。		①学会运用设问句、反问语及各种提问语。 ②话语节奏要快慢结合。重要之处要有停顿和必要的重复。
语态呆板	①只看书本，不看学生。 ②没有眼神交流。 ③不走动或频繁走动。 ④没有手势语。 ⑤面孔无表情。		①有条件时可用录像来检查自己的态势语。 ②把学生当成“朋友”，讲课像谈心一样，要有说有笑。

后　记

《教师口语训练手册》(以下简称《手册》) 是教师口语主干教材的重要组成部分。在国家教委师范教育司的组织和直接指导下，经过编写组各位专家、教师的艰辛努力，《手册》将于1994年秋季与教科书、音像教材配套出版、发行。《手册》为师范生课内外训练提供了较丰富的训练材料和形式多样的训练方法。

编写《手册》，力图体现《师范院校教师口语课程标准（试行)》的要求，在建立教师口语技能训练方面，做了初步的探索和实践，并力求使这一体系具有科学性、系统性和可操作性；符合语言应用理论、教育理论和教师职业技能养成的规律。选择训练内容、设计训练方法时，注意体现师范性和时代特色，并注意兼顾文、理、艺、体等学科的教学特点。

《手册》由下列同志参加编写：

肖云峰（黑龙江省农垦师专）：名家谈教师口语；心理素质训练

彭　红（江苏太仓师范）：普通话训练；发声训练

李　珉（襄阳师专）：普通话口语；态势语和教师其他工作口语训练

万　里（沧州师专）：朗读技能训练

崔达送（安徽师范大学）：口语交际技巧（初稿）

徐天佑（沧州师专）：思维训练

张　锐（北京师范大学）：听话训练；教师口语“常见病”诊治

关　湘（广州教育学院）：复述、解说、交谈和表演性口语训练

谢承志（上海师范大学）：演讲；论辩训练

应天常（广州师范学院）：主持人口语技巧训练；教学口语训练

吴天锡（上海浦东教育学院）：礼貌语训练；优秀教学口语赏析

周　存（长汀师范）：教育口语训练

统稿：万里、张锐、应天常、吴天锡、徐天佑

教师口语主干教材的编写，受到师范院校广大教师的热情关注和支持。在编写过程中，我们参阅、选摘了各地口语训练资料及报刊、杂志中有关材料，有的未一一注明。谨向支持本教材编写的专家、教师，向我们选材料的原编著者表示感谢！

由于编写时间仓促，教师口语系列教材的编写尚处于探索阶段，我们恳请师范院校广大师生及中小学在职教师，对这套教材的重新修订，提出意见和建议，使其在培养提高未来的和在职的教师口语技能方面，发挥应有的作用。

《教师口语训练手册》编写组

1994 年 3 月